Johannes von Buttlar, 1940 in Berlin geboren, studierte zunächst Psychologie, später in England Mathematik, Physik und Astronomie. Er war langjähriger Mitarbeiter eines bedeutenden amerikanischen Instituts für wissenschaftliche Informationen. Johannes von Buttlar ist einer der erfolgreichsten internationalen Wissenschaftsautoren. Von seinen Büchern wurden, auch über die Grenzen Deutschlands, bekannt: »Zeitsprung«, »Schneller als das Licht«, »Die Einstein-Rosen-Brücke«, »Das UFO-Phänomen«, »Sie kommen von fremden Sternen« sowie der Thriller »Der Marder«.

Von Johannes von Buttlar ist bisher
als Knaur-Taschenbuch erschienen:

Der Marder (Band 1317)

Vollständige Taschenbuchausgabe
© Droemersche Verlagsanstalt Th. Knaur Nachf., München 1984
Das Werk einschließlich aller seiner Teile ist urheberrechtlich geschützt.
Jede Verwertung außerhalb der engen Grenzen des Urheberrechts-
gesetzes ist ohne Zustimmung des Verlags unzulässig und strafbar.
Das gilt insbesondere für Vervielfältigungen, Übersetzungen,
Mikroverfilmung und die Einspeicherung und Verarbeitung
in elektronischen Systemen.
Umschlaggestaltung Adolf Bachmann
Umschlagillustration Christian Dekelver
Druck und Bindung Ebner Ulm
Printed in Germany 5 4 3 2 1
ISBN 3-426-03828-5

Johannes von Buttlar:
Unsichtbare Kräfte

Was Menschen zueinander führt
und was sie trennt

ISBN 3-426-03828-5   780

Für Lidi

Dank

meinem langjährigen Freund Dr. Heinz Kurz für kreative Gespräche und wertvolle Anregungen.
Rüdiger Hildebrandt für seine konstruktiven Vorschläge und sein Vertrauen.
Vor allem aber Dr. Rolf Cyriax für die fruchtbare und harmonische Zusammenarbeit.
Nicht zuletzt danke ich Ellida Freifrau v. Stetten und meiner Frau Elise, die mir während der Entstehung dieses Buches tatkräftig zur Seite standen.

Inhalt

	Vorweg	9
I	Verhängnisvolle Kräfte	11
II	Zwiespalt im Ich	25
III	Fesseln der Vergangenheit	37
IV	Die Wut im Blut	55
V	Paschaherrschaft	77
VI	Die Illusion der Wirklichkeit	87
VII	Die Schranken der Vernunft	99
VIII	Die Waffen des Teufels	121
IX	Zoon politikon	151
X	Willst du dein Herz mir schenken	167
XI	Mienenspiel und Imagepflege	183
XII	Auf den ersten Blick	193
XIII	Die Fackel des Eros	213
XIV	Radar der Seele	231
XV	Begegnung in fremden Dimensionen	245
XVI	Symbiose	281
	Literaturverzeichnis und Quellennachweis	293
	Register	299

Vorweg

Wir werden von unsichtbaren Kräften beherrscht, von Kräften, die uns aufrichten oder zerstören können. Unsichtbare Kräfte vermögen Menschen ein Leben lang in Zuneigung aneinander zu binden, können ihnen helfen, selbst furchtbare Situationen zu ertragen. Aber sie können Menschen auch Welten voneinander trennen. Aus dem Verborgenen heraus haben unsichtbare Kräfte ganze Kulturen beeinflußt, den Aufstieg und Niedergang von Staaten. Durch sie sind zahllose Menschen getötet worden, haben zahllose Menschen getötet. In unserer Welt herrschen unsichtbare Kräfte, und keine Macht kann schöpferischer oder zerstörerischer sein als Liebe oder Haß, Zuneigung oder Abneigung, Sympathie oder Antipathie. Die Menschheitsgeschichte wurde von diesen Kräften geschrieben, die jeden von uns antreiben, aber auch die Politik ganzer Staaten bestimmen. Es wird Zeit, daß wir mehr über diese unsichtbaren Kräfte in uns wissen.

I

Verhängnisvolle Kräfte

Der Verlauf unserer Geschichte wird von den Mächtigen, den Entscheidungsträgern dieser Erde gesteuert. Ihre politischen, ökonomischen und sozialen Direktiven bestimmen über Wohl und Wehe des eigenen Landes – wenn nicht sogar über das der ganzen Welt. Doch auch diese Präsidenten, Kanzler, Premierminister, Monarchen, Diktatoren oder Generalsekretäre sind nur Menschen, die oft aus persönlichen, irrationalen Beweggründen Entscheidungen treffen, indem sie sich von Vorurteilen, Sympathien oder Antipathien leiten lassen. Scheinbar klare, rationale Beschlüsse entspringen oft Kräften, die weit in die Evolution der Menschwerdung zurückreichen. Ausgerechnet in der Politik, wo Vernunftdenken oberstes Gebot sein sollte, führen Emotionen immer wieder zu Fehlentscheidungen. Es ist daher auch kaum verwunderlich, daß fehlgeleitete Emotionen Gewalt gebären mit Mord, ja Völkermord als den traurigsten Wahrzeichen der Menschheit.

Schon in frühgeschichtlich erfaßbaren Zeiten wurde das Schicksal von Regierenden und Regierten oft durch Gewaltverbrechen bestimmt. Mord und Meuchelmord setzten die legale Erbfolge häufig außer Kraft. Die Mächtigen von gestern, ob Sippenoberhaupt, König oder Präsident, starben nicht selten durch Mörderhand.

Sie nahmen den Giftbecher aus der Hand der Geliebten entgegen, fielen dem Dolch des »Freundes«, des Rivalen oder der Schußwaffe des Attentäters zum Opfer.
Selbst wenn die Motivation für politische Konflikte – für Umsturz oder Anschläge – auf der Hand zu liegen scheint, bei sorgfältiger Durchleuchtung wird doch immer wieder deutlich, daß unbewußte Kräfte die eigentlichen Handlungsauslöser waren.
Vordergründig mögen politische Kalkulation – Machtstreben, Nationalgefühl, der Wunsch nach Freiheit oder Befreiung und vieles andere mehr – Täter und Opfer zusammenführen. Hintergründig jedoch brodeln persönliche Leidenschaften – Gefühle, Liebesaffären, Eitelkeit, Haß, Neid, Geltungssucht, Fanatismus –, die den Lauf der Welt verändern.
In letzter Konsequenz sind die Leidenschaften weniger Menschen dafür verantwortlich, ob es zu einem Weltkrieg kommt, der dann die gesamte Menschheit ins Chaos stürzt. – Diese Konstellation war zum Beispiel 1914 gegeben. Und die politischen Konsequenzen der damaligen Ereignisse sind heute noch auf tragische Weise wirksam.

Einer der letzten Herrscher im Sinne des Absolutismus war Kaiser Franz Joseph I. Nicht nur die Innen- und Außenpolitik der Habsburger Monarchie wurden von seiner autokratischen Herrschaft geprägt, sondern auch der Führungsstil des Erzhauses, dessen Oberhaupt er war.
Als Erzherzog Johann, der dem Kaiserhaus den Rücken gekehrt hatte, um zum einfachen Bürger Johann Orth zu werden, auf einer Schiffsreise verscholl, sah Kaiser Franz Joseph darin eine »göttliche Fügung«.

Der Konflikt mit seinem Sohn Rudolf, dem Thronfolger, machte dem Monarchen am meisten zu schaffen. Nicht genug damit, daß Rudolf ein »hemmungsloses« Liebesleben führte, er verstieß auch gegen das vom Kaiser so hartnäckig vertretene spanische Hofzeremoniell. Während eines Hofballs hatte Rudolf ungeniert die 17jährige Mary Vetsera begünstigt und damit seine eigene Frau, die belgische Kronprinzessin Stefanie, in aller Öffentlichkeit bloßgestellt. Ein solcher Affront gegenüber einer Frau von königlichem Geblüt – noch dazu der Gattin des Thronfolgers – war für Kaiser Franz Joseph unverzeihlich. Er vergaß den Vorfall nie. Zusätzlich wurde die Situation dadurch erschwert, daß die schöne, dunkelhaarige Vetsera zwar dem Adel angehörte, aber für die Hofgesellschaft wegen ihrer Abstammung »indiskutabel« war. Der Thronfolger hätte sie allenfalls als Geliebte hinter verschlossenen Türen halten können, aber daß er ihr in aller Öffentlichkeit den Hof machte, war ein Skandal.

Daraufhin befahl der Monarch seinen Sohn zu sich, verlangte von ihm Rechenschaft und absoluten Gehorsam. Wie sich herausstellte, gehörte Erzherzog Rudolf zum Kundenkreis sowohl »hochkarätiger« als auch anrüchiger Kupplerinnen von Wien. Mary Vetsera hatte Rudolf bei der Gräfin Larisch kennengelernt, einer Tochter von Herzog Ludwig in Bayern.

Es gab keinen Zweifel darüber, daß Rudolf Mary rettungslos verfallen war. Der Kaiser war außer sich. Er mußte wieder erleben, daß sich ihm ein Erzherzog, zudem noch der Thronfolger, widersetzte. Der Monarch ließ nichts unversucht, um seinen Sohn zur Räson zu bringen. Er bediente sich erfahrener Höflinge und bemühte selbst Kirchenfürsten. Vergeblich. Schließlich wurde Baron Krauß, der mächtige Polizeipräsident von Wien, eingeschaltet. Alle Einzelheiten des Liebesverhältnisses zwischen Rudolf und Mary wurden gewissenhaft bis zu ihrem Ursprung zurückverfolgt und sorgfältig in die Polizeiakten aufgenommen, die übrigens erst 1956 der Öffentlichkeit zugänglich gemacht wurden.

In der Nacht vom 28. zum 29. Januar 1889 endete die Liebe des Thronfolgers der Habsburger und der Mary Vetsera in einer Tragödie. Was sich in jener Nacht im Schlafzimmer des kronprinzlichen Schlosses Mayerling bei Wien abgespielt hatte, erfuhr die Öffentlichkeit nicht. In amtlichen Verlautbarungen hieß es, der Thronfolger sei eines natürlichen Todes gestorben. Erstaunlich aber war, daß man Schloß Mayerling und seine Umgebung hermetisch von der Außenwelt abriegelte. Mary, Rudolfs Geliebte, wurde in aller Eile beigesetzt.
Den plötzlichen Tod des Thronfolgers brachte man lange Zeit mit den abenteuerlichsten Gerüchten in Verbindung. Erst nach Freigabe der polizeilichen Geheimakten kam die Wahrheit ans Licht: Aufgrund der ausweglosen Situation hatte Kronprinz Rudolf erst seine Geliebte Mary und dann sich erschossen. Trotz der vorliegenden Dokumente beharrt die letzte österreichische Kaiserin Zita allerdings weiterhin auf ihrem Standpunkt, es sei Mord gewesen.
Zweifellos kann es sich bei der Beziehung zwischen Rudolf von Habsburg und Mary Vetsera nicht nur um eine oberflächliche Liebesaffäre gehandelt haben. Beide waren vielmehr durch eine tiefgreifende Leidenschaft miteinander verbunden, durch die Kräfte wachgerufen wurden, die nicht mehr auf die Ratio zurückgeführt

werden können. Denn Liebe, Zuneigung, Abneigung und Haß entstammen allein der Gefühlswelt, und diese Emotionen können Bindungen schaffen, die stärker sind als der Tod. Das vernunftwidrige Verhalten des habsburgischen Thronfolgers kann nur bedeuten, daß Mary Vetseras Liebe ihm mehr bedeutet hat als alles andere auf der Welt, die Krone inbegriffen.
Ob die Geschichte einen anderen Verlauf genommen hätte, wenn sich Rudolf für das Leben und nicht den Tod entschieden hätte? Wäre es auch dann zu einer weltweiten Katastrophe gekommen?

Die Tragödie zog bittere Konsequenzen nach sich. Gräfin Larisch, in deren Salon Rudolf Mary Vetsera kennengelernt hatte, wurde vom Wiener Hof verbannt, obwohl ihr kein schuldhaftes Verhalten nachgewiesen werden konnte. Doch allein die Tatsache, daß sie als Frau von königlichem Geblüt den Thronfolger in seiner Liaison unterstützt und ihm Unterschlupf gewährt hatte, war in den Augen des Kaisers ein Verbrechen. Auch die Sippe der Vetseras wurde verfemt. Marys Mutter, die Baronin Helene Vetsera, war, wie auch ihr Vater, bürgerlicher Herkunft. Dieser, der anrüchige Levantiner Wucherer Themistokles Baltazzi, hatte seine Töchter mittels seiner Millionen mit adeligen Ehemännern versorgt; so waren aus den drei Baltazzi-Töchtern Gräfin Stockau, Gräfin Julian sowie Baronin Vetsera geworden, die bei Hof selbstverständlich nicht anerkannt wurden.
Der Tod des Kronprinzen schmerzte Franz Joseph sehr, doch mehr als der Verlust seines Sohnes traf den leidverhärteten Monarchen dessen »unrühmliches« Lebensende. Die Liebesaffäre mit einer dahergelaufenen Frem-

den, der Widerstand gegen den Kaiser und Vater, schließlich Mord und Selbstmord – das waren für den Kaiser unverzeihliche Verbrechen gegen Gott und das Haus Habsburg, gegen Staat und Kirche.

Mit dem Tod Rudolfs stand der Kaiser vor dem Problem seines Nachfolgers. Nach den Gesetzen der Erbfolge nahm Erzherzog Franz Ferdinand, sein Neffe, den ersten Rang ein. Dieser Neffe aber war dem Monarchen unsympathisch. Und als Franz Ferdinand auch noch auf einer Ehe mit der nicht standesgemäßen Gräfin Chotek bestand – selbst unter Verzicht auf die Erbfolgerechte für die Kinder aus dieser Ehe –, zerbrach die ohnehin brüchige Beziehung zwischen dem Kaiser und seinem Nachfolger endgültig. Auch hier setzten sich die Kräfte durch, die stärker sind als Staatsraison und die strengen Gesetze des Erzhauses. Durch seine morganatische Eheschließung verzichtete Franz Ferdinand auf wichtige Erbfolgerechte, weil ihm – genau wie Rudolf – die Liebe wichtiger war als alles andere.

Franz Joseph I. ließ nichts unversucht, den Erzherzog zum Thronverzicht zu bewegen. Als alle Bemühungen fehlschlugen, mußte er Franz Ferdinand wohl oder übel als Thronfolger anerkennen. Doch diesem wurden von vornherein wenig Sympathien entgegengebracht: Viele namhafte Parlamentarier und ranghohe Militärs begegneten ihm mit offenem Mißtrauen und brachten diplomatisch ihre »schwersten« Bedenken vor. Selbst unter der Hocharistokratie gab es nur wenige, die ihm bedingungslos vertrauten.

Als er bekanntgab, daß er als Kaiser die autokratische Herrschaft der österreichisch-ungarischen Monarchie in einen Staatenbund habsburgischer Prägung umzu-

wandeln gedenke, stieß er auf wenig Gegenliebe – vor allem bei den deutsch-österreichischen und ungarischen Führungsschichten. In bestimmten Kreisen wurde vermutet, daß derartige »Erneuerungspläne« nicht nur eine Einschränkung des eigenen politischen Machtbereichs mit sich bringen würde, sondern auch den Entzug wirtschaftlicher Privilegien im Rahmen zusätzlicher Reformpläne.
Zu den Erzfeinden des Thronfolgers gehörte Alfred Fürst Montenuovo – nicht zuletzt wegen dessen »unebenbürtiger« Frau, der Gräfin Chotek. Dabei war ausgerechnet dieser Montenuovo ein unehelich geborener Sohn der Erzherzogin Maria Luise von Parma und des Grafen Neipperg. Erst nach Vollzug der morganatischen Ehe zwischen der Erzherzogin und dem Grafen verlieh der Kaiser Neipperg und seinen Nachkommen den Fürstenrang unter dem Namen Montenuovo. Alfred Montenuovo vertrat eine besonders unnachgiebige Anschauung in bezug auf Ebenbürtigkeit. Vermutlich kompensierte er damit unbewußt seine Komplexe hinsichtlich seiner unehelichen Geburt. Er war schließlich, dem Kodex der damaligen Gesellschaft entsprechend, ein Bastard. Und insgeheim konnte er seine Abstammung nie verwinden. Diese unheilvoll in ihm wirkenden Kräfte waren sicherlich die Triebfeder für sein gehässiges und eifersüchtiges Verhalten. Sein einziger Trost blieb, daß durch die Mutter kaiserliches Blut in seinen Adern floß. Das war immerhin etwas, dessen sich die unebenbürtige Frau des Thronfolgers nicht rühmen konnte.
Ausgerechnet diesen Mann hatte der Kaiser zum Obersthofmarschall ernannt und mit geradezu einzigartigen Machtbefugnissen ausgestattet. Es gibt nur Ver-

mutungen über die Gründe der kaiserlichen Entscheidung. Aber vielleicht sah der Monarch gerade in einem Fanatiker seiner Art den sichersten Garanten für Aufrechterhaltung höfischer Sitten sowie Einhaltung des strengen spanischen Hofzeremoniells, selbst wenn dieses dem Zeitgeist nicht mehr entsprach.

Am 28. Juni 1914 wollte der Thronfolger an den für diesen Tag festgesetzten Manövern zweier Armeekorps in Bosnien teilnehmen, und zwar allein.
Doch die Herzogin bestand darauf, ihren Mann zu begleiten. Sprach doch vieles dafür, daß ihr auf dieser Reise endlich jene Anerkennung zuteil werden würde, die der nicht standesgemäßen Frau des Thronfolgers bisher hartnäckig verweigert wurde. Zudem gab es in der bosnischen Hauptstadt keinen Montenuovo, der ihr das Leben vergällen konnte.
Nicht nur der Erzherzog, sondern auch die verantwortlichen Sicherheitsorgane waren auf die Risiken der bosnischen Reise hingewiesen worden. Wer in Umlauf gesetzt hatte, der Thronfolger sei nicht Gefahren ausgesetzt, wenn er nach Bosnien reise, konnte später nie ermittelt werden.
Ebensowenig ließ sich je feststellen, welches Militärkommando den Befehl ausgegeben hatte, die Manöver am 28. Juni abzuhalten, an jenem Tag also, der für die Serben von ganz besonderer Bedeutung war. Hatten sie doch am 28. Juni 1389 ihre nationale Unabhängigkeit in der Schlacht am Amselfeld verloren. – Ein Gedenktag, der in Serbien feierlich begangen werden sollte. Der Besuch eines Habsburgers ausgerechnet an diesem Tag mußte also als beabsichtigte Provokation aufgefaßt

werden. Obersthofmarschall Montenuovo, bei dem alle Geheimberichte zusammenliefen, muß gewußt haben, daß Bosnien für den Thronfolger ein »lebensgefährliches Pflaster« bedeutete.
Urkundlich festgehalten ist der Besuch des damaligen serbischen Gesandten in Wien bei Finanzminister von Bilinski, dem Chef der Zivilverwaltung von Bosnien und der Herzegowina. Jowan Jowanowitsch wies den Finanzminister anläßlich seines Besuches am 5. Juni 1914 ausdrücklich auf die mit der Reise des Thronfolgers verbundenen Risiken hin.
Doch Bilinski behielt die Warnung für sich. Als der serbische Gesandte Jowanowitsch erfuhr, daß Bilinski nichts zum Schutz des Thronfolgers unternommen hatte, suchte er diesen ein zweites Mal auf und gab ihm unmißverständliche Hinweise dafür, daß mit einem Anschlag von Verschwörern auf den Thronfolger gerechnet werden müsse. Auch diese Warnung hielt Bilinski geheim – aus welchen Gründen auch immer.

Die Manöver waren planmäßig verlaufen.
Am 28. Juni, kurz nach dem Frühstück, verließ das Thronfolgerpaar mit seiner Begleitung das Manövergelände, um in die Provinzhauptstadt Sarajevo zu fahren. Am Stadtrand wurde die Wagenkolonne von den Honoratioren in Empfang genommen und durch die Appelstraße zum Rathaus geleitet. Festlich gekleidete Menschen in bunten Trachten säumten den Straßenrand. Immer wieder brausten »Zivio«-Rufe auf – das landesübliche »Hoch«. Endlich näherte sich der offene Wagen des Thronfolgers. Für Freund und Feind weithin sichtbar wehte der mächtige grüne Federbusch an Franz Ferdinands Helm im Fahrtwind. Neben ihm die

Herzogin von Hohenberg im breitrandigen, mit Reiherfedern geschmückten Hut.
Plötzlich flog eine Bombe auf den Thronfolger zu, die er geistesgegenwärtig mit dem Arm abwehrte. Sie explodierte einige Sekunden später neben dem nächstfolgenden Wagen. Die Insassen, Graf Boos-Waldeck und der Flügeladjutant des Landeschefs, kamen mit leichten Verletzungen davon, während einige Zuschauer schwer verletzt wurden.
Der Attentäter konnte auf der Stelle verhaftet werden. Es war ein 21jähriger Typograph namens Gabrinowitsch, der aus Trebinje in der Herzegowina stammte. Nach dem Empfang im Rathaus, der geprägt war von heller Empörung über den Anschlag, setzte der Thronfolger trotz des vorangegangenen Attentats seine Stadtrundfahrt fort. Als der Chauffeur an einer Straßenecke kurz anhielt, drängte sich ein Jugendlicher durch die Menge und gab mehrere Schüsse auf das Thronfolgerpaar ab. Durch einen Schuß in den Hals getroffen, sank Franz Ferdinand blutüberströmt in den Fond des Wagens zurück. Schreiend erhob sich die Herzogin, erhielt einen Schuß in den Unterleib und brach über dem Thronfolger zusammen. Die Schwerverletzten wurden in rasender Fahrt zum Konak zurückgebracht. Franz Ferdinand verschied bereits auf dem Weg dorthin, seine Frau überlebte ihn nur wenige Augenblicke.
Princip, der Mörder, war ein 17jähriger Gymnasiast, der kurz vor dem Abitur stand. Er stammte aus Grahovo, in der Nähe von Trebinje, dem Heimatort des Bombenattentäters Gabrinowitsch. Beide Attentäter wurden von der aufgebrachten Menge um ein Haar gelyncht. Bei den späteren Verhören machte Princip nie ein Hehl aus seiner Freude über den gelungenen An-

schlag. Zynisch erklärte er, es sei schon lange seine Absicht gewesen, irgend jemand von Rang und Namen aus nationalistischen Gründen zu töten. Komplizen bestritt er.
Einige Meter vom Schauplatz des Verbrechens entfernt wurde allerdings eine nichtgezündete Bombe gefunden, die ein dritter Attentäter fortgeworfen haben mußte, nachdem Princip der Anschlag gelungen war.
Durch den gewaltsamen Tod des Erzherzogs und seiner nicht standesgemäßen Frau, den er in unverständlicher Härte als »gottgewollten Schicksalsschlag« ansah, konnte der inzwischen 84jährige Monarch das Problem der Thronfolge nun durchaus in seinem Sinne lösen. Der nächste Thronanwärter entsprach seiner Lebensanschauung: Es war der mit Prinzessin Zita von Bourbon und Parma standesgemäß verheiratete Erzherzog Karl, ein Großneffe des Kaisers.
Die Ordnung war also endlich wiederhergestellt.
Auch für Fürst Montenuovo. Nach dem erfolgreichen Attentat auf Franz Ferdinand und dessen Frau konnte er seinen Gefühlen endlich hemmungslosen Lauf lassen. Der seiner eigenen Einstufung zufolge höchstrangige Bastard der Hofhaltung wollte den Thronfolger und seine unebenbürtige Frau wenigstens im Tod voneinander trennen. Als die Herzogin noch lebte, hatte ihm der Mut gefehlt, sie öffentlich zu diskriminieren. Nach ihrem Tod konnte er sie nun endlich mit seinem ganzen Haß verfolgen.
Die Überführung der beiden Ermordeten an Bord des K.u.k.-Linienschiffs »Viribus Unitis« gestaltete Montenuovo daher auch zu einer einzigen Entwürdigung der Herzogin von Hohenberg. Auch setzte er alles daran, die Totenfeier und Einsegnung beider Leichen in der

kaiserlichen Schloßkapelle in Wien zu unterbinden. Aber dieses Vorhaben scheiterte an den Wünschen des Kaisers. Zur Genugtuung Montenuovos war wenigstens das von ihm angeordnete Aufbahrungsprotokoll streng eingehalten worden. Die Katafalke standen zwar dicht beieinander, aber der des toten Thronfolgers erhob sich hoch über dem der Herzogin von Hohenberg. Wenigstens im Tod konnte Montenuovo der verhaßten Frau den Platz zuweisen, der ihr seiner Ansicht nach zustand.
Wir wissen, wie das Verhängnis, bis hin zum Ausbruch des Ersten Weltkriegs, unaufhaltsam seinen Lauf nahm.
Aber abgesehen von offensichtlichen politischen Beweggründen für diesen Krieg gab es hintergründig verborgene Strömungen. Bestimmte Schlüsselfiguren unterlagen Kräften, die sie aufeinander zutrieben oder gegenseitig abstießen. Durch einige Liebestragödien, durch Selbstmord, Mord und Fanatismus, durch einen eifersüchtigen oder neidzerfressenen Fürsten Montenuovo, der, gepeinigt von Komplexen, hinter der Szene Unheil stiftete, wurde die Welt ins Chaos gestürzt.
Auch Princip muß als »Mordinstrument« emotional präpariert worden sein, bevor er seine Opfer zur Strecke brachte. Was ihn in letzter Konsequenz motivierte, kaltblütig abzudrücken, wird uns wohl immer verborgen bleiben. Wir kennen weder seine Liebes- und Haßfähigkeit, noch sind uns seine genetisch bedingten Stärken und Schwächen bekannt.

Wären Franz Ferdinand und seine Frau – deren Beziehungen zueinander ja auch von starken Gefühlen bestimmt waren – mit dem Leben davongekommen,

wenn sich der Obersthofmarschall um ausreichende Sicherheitsvorkehrungen gekümmert, wenn er sich objektiv verhalten und nicht seinen Haßgefühlen freien Lauf gelassen hätte? Wäre der Erste Weltkrieg dann vermeidbar gewesen?
Laut Geschichtsschreibung sind politische Hintergründe für diese Katastrophe verantwortlich gewesen. Man sollte allerdings nie vergessen, daß Politiker häufig nicht vom Standpunkt des Intellekts operieren, auch wenn sie dies heftig bestreiten. Natürlich werden sie in vieler Hinsicht dazu gezwungen, denn Massen lassen sich nur dann erfolgreich mobilisieren und manipulieren, wenn ihre Gefühle angesprochen werden. Politiker werden also von einem Bereich des Gehirns gesteuert, dessen Ursprung Millionen Evolutionsjahre zurückliegt – nämlich dem Zwischenhirn unserer Tiervergangenheit, das vorwiegend durch Lust- oder Unlustgefühle, durch Hoffnungen und Ängste aktiviert wird. Und auf eben diesem Schauplatz können sich Politiker am besten profilieren. Schließlich sind Emotionen – Zuneigungen und Abneigungen – in diesem atavistischen Umfeld am besten einzusetzen. Genügen doch bereits relativ primitive Schlagworte, um Massen zu berauschen, zu hypnotisieren, ja selbst in einen Krieg zu treiben.

II

Zwiespalt im Ich

Ohne das Du ist das Ich unverständlich, und erst aus diesem Gegensatz ergibt sich sein Wesen. Das anfängliche Ich war nichts anderes als der erste menschliche Versuch, sich als Mensch und Individuum zu objektivieren. Es war der erste tastende Schritt in die Welt des Denkens, wenn auch einer Denkweise, die unserer heutigen weltenfern ist. Denn auch das Tier denkt – wenn auch nicht im Ich. Es kann sich seiner Umwelt irgendwie verständlich machen und Gedanken zum Ausdruck bringen. Aber soweit das Tier überhaupt »denken« kann, sind seine Gedanken programmiert. Daher zielt das gedankliche Erlebnis eines Tieres auch nie auf eine objektive Abstraktion hin, sondern bewegt sich völlig im subjektiven Bereich. In dieser subjektiven Welt sind die dem Tier gegebenen Triebe Ziel und Ansporn zugleich. Alle dem Tier reichlich zur Verfügung stehenden Kombinationsmöglichkeiten beziehen sich auf seine Erlebniswelt – also die Triebwelt des Tieres. Und paradoxerweise würde der innigste Satz der menschlichen Sprache, »Ich liebe dich«, instinktgesteuert etwa bedeuten: Jemand will jemand. Denn bei der neben dem Nahrungstrieb stärksten Steuerfunktion aller Lebewesen – dem Geschlechtstrieb – geht es keinesfalls um die Individualität des anderen, sondern ganz einfach um sein Geschlecht. Damit soll natürlich nicht behauptet werden, daß Tiere nicht in der Lage sind, sogenannte Sympathie füreinander zu empfinden.

Die bewußt empfundene, in Worten und Gesten ausgedrückte Ich-Du-Trennung ist gleichzeitig die primitivste Form der Objekt-Subjekt-Beziehung. Voraussetzung für diese Beziehung ist, daß sich aus der ursprünglich rein somatischen (körperlichen) Denkvorstellung heraus Gefühle abstrahieren lassen, die nicht nur empfunden, sondern auch gedacht werden können. Es geht hier also um die Formulierung.
Die Grundpfeiler der Menschwerdung sind Denkvermögen und individuelle Trennung von anderen der gleichen Art. Der denkende Mensch stellt gegenüber anderen Menschen Betrachtungen an, wie er sich auch in Selbstbetrachtungen ergeht. Schon in dieser Phase beginnt das anhaltende Bemühen des Menschen um Selbsterkenntnis. Und damit stellt sich ihm auch erstmals die Frage nach dem *Warum*. Denn der Denkprozeß veranlaßt den Menschen zur Selbstkontrolle.

Der Mensch hat den Ich-Begriff in allen Sprachen der Welt geprägt, und er spricht nur von sich selbst als vom Menschen. Zwischen sich, der Tier- und der Pflanzenwelt stellt er eine ebenso deutliche Schranke auf wie zwischen sich als Einzelwesen und jedem anderen Menschen.
Das Ich ist äußerst scharf abgegrenzt. – So geht zum Beispiel die christliche Lehre mit ihrer höchsten Forderung – der Nächstenliebe – so weit, diese an der Eigenliebe zu messen: »Du sollst deinen Nächsten lieben wie dich selbst«, heißt es da. Danach ist die Eigenliebe also Voraussetzung und Maßstab für die Nächstenliebe.

Dem Ich-Begriff steht der Gemeinschaftsbegriff gegenüber. Wenn auch nicht notwendigerweise feindlich, sorgt das Ich doch dafür, daß der einzelne im großen ganzen ständig bestrebt ist, sich selbst zur Persönlichkeit zu entwickeln und auch der Gemeinschaft gegenüber seine persönliche Lebenssphäre durchzusetzen und zu behaupten.

Mit dem ständigen Anwachsen der Erdbevölkerung tritt das Ich-Problem im Verhältnis zur Gesellschaft in eine weitere Entwicklungsphase. Einerseits wird der einzelne durch die Übervölkerung gezwungen, mit der Gesellschaft, ohne die er nicht mehr existenzfähig ist, zurechtzukommen. Andererseits ist die Entwicklung der hochindustrialisierten Staaten bereits weit über dieses primitive Evolutionsstadium hinaus. Und der Ich-Prägung eines Individuums sind in einer Industriegesellschaft insofern Grenzen gesetzt, als sich das Ich in ständiger Abhängigkeit von Fremdleistungen anonymer Persönlichkeiten und deren Einrichtungen befindet. Außerdem ist das Allgemeinwissen dieser Völker bereits so weit fortgeschritten, daß sie die mögliche Freiheit als die Beschränkung der Ich-Rechte des einzelnen gegenüber den Ich-Rechten des anderen verstehen. In anderen Worten heißt das: Die mögliche Freiheit, über die das Ich verfügt, bedeutet nichts anderes als den gerechten Ausgleich zwischen den Leistungen, die das individuelle Ich von der Allgemeinheit empfängt, und jenen, die es selbst dafür einbringen muß.

Das Prinzip von »Leistung gleich Gegenleistung« ist eines der fundamentalsten des menschlichen Lebens überhaupt. Da diese Leistungen festgesetzt und eingestuft werden müssen, sind auch Recht und Ordnung notwendig, um diese mögliche Freiheit zu bestimmen.

Diese Prinzipien sind zwar selbst den höchstentwickelten Völkern bekannt, aber verwirklicht worden sind sie noch lange nicht. Ihre Durchführung wird jedoch früher oder später durch die Gesamtentwicklung erzwungen werden.

Die Art und Weise, in der sich das Ich eines Menschen entfaltet und ausdrückt, ist durchaus nicht nur von seiner eigenen Entwicklung abhängig, sondern vielmehr auf die Entwicklungsreihe zurückzuführen, der er entstammt. Wie eine Gruppe von Menschen ihre Gruppenorganisation und Gruppenindividualität zum Ausdruck bringt, also das »Gruppen-Ich« durchsetzt, hängt ebenso entscheidend davon ab, wie der einzelne seinem Ich in dieser Gemeinschaft Geltung verschafft. Beispiel dafür sind unter anderem die nomadisierenden Reiterstämme der zentralasiatischen Völker und die Reisbauern im alten China.
Je stärker die Ich-Betonung ist, um so weniger ist es für den einzelnen erforderlich, sich in eine Gemeinschaft einzufügen, von der er abhängig ist. Entsprechend schwieriger gestaltet sich auch die politische und staatliche Organisation solcher Menschengruppen.
Die Bildung des Ich-Begriffs war für die Entwicklung des Menschen absolut notwendig. Denn ohne das Ich-Denken und die Prägung des einzelnen zur Persönlichkeit befände sich die Menschheit immer noch im Primitivzustand. Aber gleichzeitig ist die Überindividualisierung das größte Hindernis, wenn es um die Entwicklung des Menschen in der Gemeinschaft geht.
Der Philosoph Karl R. Popper führt aus: »Es erscheint mir von erheblicher Bedeutung, daß wir nicht als Ich geboren werden, sondern erst lernen müssen, ein Ich zu

haben, ja, erst lernen müssen, ein Ich zu sein.« Popper untermauert seine Aussage durch die Feststellung, daß Kleinkinder ein Interesse an anderen Personen und eine Art Verstehen anderer erst entwickeln. Er nimmt an, daß sich ein Ich-Bewußtsein durch das Medium anderer Personen zu entwickeln beginnt: »Genau wie wir uns selbst im Spiegel sehen lernen, so wird das Kind dadurch seiner selbst bewußt, daß es sein Spiegelbild im Spiegel des Bewußtseins, das andere von ihm haben, spürt. Dadurch, daß es etwas über seinen eigenen Körper lernt, lernt es mit der Zeit, daß es selbst eine Person ist.« Ein Ich zu sein, meint Popper, sei teils das Ergebnis angeborener Dispositionen, teils das Ergebnis von Erfahrungen, besonders sozialer Art.

Die Fähigkeit, zu einem Ich-Bewußtsein und damit zur Du-Erkennung und -Identifikation zu gelangen, liegt in der Natur des Gehirns. Der entscheidende Faktor auf dem Weg zur Menschwerdung war hier die Entwicklung unseres komplexen Großhirns. Deshalb liegen auch die Wurzeln der Kräfte, die Menschen zueinander führen oder trennen, in den Tiefen der menschlichen Evolution. Jeder Schritt bis hin zum Homo sapiens widerspiegelt das Verborgene und wirkt sich auch heute noch ausschlaggebend auf unsere zwischenmenschlichen Beziehungen aus. Die Identifizierung mit dem Du ist also die Voraussetzung für das Zustandekommen von Sympathie oder Liebe.

Diese Fähigkeit versetzte auch Thomas Eduard Lawrence, einen 26jährigen, schmächtigen Engländer, in die Lage, sich mit den jungen Arabern – Dahoum und Scherif Ali – zu identifizieren. Und damit veränderte er auch grundlegend die Geschichte des Nahen Ostens –

Nebenschauplatz des Ersten Weltkrieges. Denn allein die Zuneigung zu den beiden jungen Arabern trieb ihn dazu, den arabischen Aufstand gegen die Türken zu organisieren. Unsichtbare Kräfte – Liebe, und Haß gegen die Türkenherrschaft – zwangen ihn, unmenschliche körperliche Qualen in der Wüste auf sich zu nehmen. Dieser Lawrence von Arabien wurde zu einem der großen politischen Abenteurer im Nahen Osten. Die Motivation dazu zeigt sich aus der Einleitung zu seinem Buch »Sieben Säulen der Weisheit«:

»Für S. A.

Ich liebte dich, drum nahm ich diese Menschenwogen

auf in meine eignen Hände

und schrieb am Himmel meinen Willen in die Sterne.

Nur, damit die Freiheit dir gewänne

– das siebensäulige werte Haus –

auf daß mir deine Augen hell entgegenleuchten,

wenn wir kämen ...«

Die Sublimierung seiner Zuneigung ließ ihn einen Weg beschreiten, der letztlich in die Katastrophe führte. Denn er war nicht imstande, die Entscheidungen französischer und englischer Politiker mit seinem aus Emotionen geborenen arabischen Befreiungskonzept in Einklang zu bringen.

T. E. Lawrence kam am 15. August 1888 in Wales zur Welt. Die Tatsache, daß er als unehelicher Sohn eines Landedelmannes geboren wurde, überwand er sein ganzes Leben lang nicht. Er wuchs in Oxford auf und absolvierte dort auch sein Geschichtsstudium. Schon in früher Jugend kamen sein exzentrisches Wesen, seine Zwiespältigkeit und sein übermäßig ausgeprägter Individualismus zum Durchbruch. Während der Semester-

ferien im Jahre 1909 besuchte er erstmals den Mittleren Osten. Doch erst in den sogenannten karkemischen Jahren ab 1910 – er war an den Ausgrabungen der Hethiterstadt Karkemisch nahe den Hügeln von Dscherablus beteiligt – bot sich ihm die Gelegenheit, die Araber und ihre Lebensgewohnheiten gründlich zu studieren. Er lernte ihre Schwierigkeiten kennen, ihre Stammes- und Familieneifersüchteleien, ihre Rivalitätsgefühle, Tabus, Liebes- und Haßempfindungen. Dieses mühsam erworbene Wissen sowie seine bemerkenswerte Fähigkeit, sich mit den Emotionen und persönlichen Prioritäten individueller Araber zu identifizieren, brachten ihm Vertrauen und Anerkennung der Araber. Der berühmte Archäologe Leonard Woolley, Leiter des Projekts Karkemisch, äußerte sich nach jahrelanger Zusammenarbeit mit Lawrence folgendermaßen: »Als ich 1912 bei den Ausgrabungen von Karkemisch Hogarth ablöste, griff ich dessen Anregung, Lawrence zu übernehmen, mit Freuden auf. Wir haben dort bis zum Sommer 1914 zusammengearbeitet ... Trotz seiner Leidenschaft für alles Arabische waren Lawrence die Einwohner von Jerablis und der Umgebung von Karkemisch wenig sympathisch. Nur zwei von ihnen waren seine Freunde. Der eine war Hamoudi, unser Vorarbeiter bei den Ausgrabungen. Er hatte Lawrence unter Einsatz des eigenen Lebens vor dem Tode bewahrt. Der andere war der 15jährige Dahoum, ein nicht besonders intelligenter, dafür aber gut gewachsener und bildhübscher Araberjunge. Lawrence hatte ihn sehr gern.
Die Araber entrüsteten sich über diese Freundschaft, besonders als Lawrence 1913 nach Beendigung der Ausgrabungsarbeiten im Haus zurückblieb und Dahoum bei sich behielt. Der Junge stand ihm für eine kauernde

Gestalt Modell, die er aus weichem Kalkstein schlug und schließlich an einer Ecke des Hausdachs aufstellte. Für die Araber war es schon schlimm genug, etwas abzubilden, aber das Modell einer nackten Figur bedeutete für sie den ›Inbegriff des Bösen‹.
Lawrence bereitete es ein diebisches Vergnügen, andere Menschen zu schockieren. Doch es war ihm verhaßt, wenn sich andere über ihn amüsierten. Seine Empfindlichkeit gegenüber allem, was ihn lächerlich machen konnte, war höchstwahrscheinlich darauf zurückzuführen, daß er wußte, wie schwer es anderen Menschen fiel, ihn ernst zu nehmen. Für seine Körpergröße von etwa 1,65 m war sein Kopf unverhältnismäßig groß. Seine Bewegungen waren langsam und gemessen. Nach langem Schweigen sprach er stets mit verhaltener Stimme. Auf den ersten Blick war er wenig beeindruckend. Selbst wenn sich manifestierte, was alles sich hinter diesem unscheinbaren Mann verbarg, so weckte er doch bei vielen das Gefühl von Unreife und Unfertigkeit.«
George Bernard Shaw sah Lawrence mit ganz anderen Augen. »Das Scheinwerferlicht der Geschichte folgt dem wirklichen Helden wie das Rampenlicht der Primaballerina. Es warf sehr bald grellstes Licht auf den Oberst Lawrence, alias Luruns Bey, alias Fürst von Damaskus«, schrieb er. »Wäre es von ihm verlangt worden, hätte dieser große Unbekannte, dieser Wundermann Arabia felix und Arabia deserta auf die Schultern genommen ... Und nach Abzug aller Lügen und Legenden war ausschließlich er es, der in Wirklichkeit die türkische Herrschaft über Arabien auf seine Weise – und größtenteils mit seinen eigenen Händen – in die Luft gesprengt und zerstört hat. Er hat sich schließlich mit Allenby in Damaskus getroffen – an der Spitze von

Arabien als Bundesgenossen von Großbritannien, just als Britannia es brauchen konnte...
Der vernünftige Mensch paßt sich der Welt an. Aber der Unvernünftige besteht darauf, daß sich die Welt ihm anpaßt. Daher wird jeder Fortschritt vom Unvernünftigen abhängig.«
Selbst wenn viele Menschen, die Lawrence gekannt haben, behaupteten, er sei vom Äußeren her wenig beeindruckend gewesen, waren sich doch alle darüber einig, daß von seiner Persönlichkeit – seiner Ausstrahlung, seiner Aura – eine bleibende Wirkung ausging. Das Geheimnis seiner Ausstrahlung hat ihn wohl auch in die Lage versetzt, verfeindete Araberstämme gegen die Türken zu vereinen. Winston Churchill zum Beispiel hielt Lawrence für einen der bedeutendsten Menschen seiner Zeit: »Und nirgends sehe ich seinesgleichen. Ich fürchte, wie sehr wir auch in Not geraten können, einer wie er wird nicht mehr auftauchen.«
Major Hubert W. Young, der gemeinsam mit Lawrence auf dem arabischen Nebenschauplatz des Ersten Weltkriegs kämpfte, äußerte sich allerdings wesentlich kritischer über ihn. Er sagte: »Ich muß leider offen gestehen, daß ich ihn immer für einen bösartigen kleinen Kobold gehalten habe, und diese Bösartigkeit überschattete die guten Seiten seines Charakters. Ein weiteres Manko war seine Eitelkeit, die ihn dazu trieb, sich in Pose zu setzen und die ihn selbst quälte. Je nach Laune sonnte er sich darin oder schämte sich deswegen. Er gab zwar vor, die Reklame über sich zu mißbilligen, hatte aber seine Freude daran. Erst als das von ihm selbst inszenierte Rampenlicht für ihn störend und geradezu beschämend wurde, machte er halbherzige Versuche, es abzustellen. Aber da war es bereits zu spät. Es mag sehr

unfreundlich von mir erscheinen, diese verhältnismäßig kleinen Schwächen überhaupt zu erwähnen, aber sie werden durch seine überragenden Fähigkeiten so in den Schatten gestellt, daß sein Bild dadurch kaum getrübt werden kann.«

Richard Aldinton zeichnet T. E. Lawrence in seiner vernichtenden Biographie als einen zerrissenen, masochistischen Homosexuellen, der seine eigene Legende durch Lügengeschichten kreierte und sich zum Helden hochstilisierte. – Ein eitler, kleiner Mann, dessen größtes Talent es gewesen sei, sich am Ende unter den angenommenen Namen – erst Ross und danach Shaw – ins Rampenlicht »zurückzuziehen«. Nichtsdestoweniger gelang es diesem »eitlen, kleinen Mann« als britischem Offizier, politische Vorgänge in den arabischen Staaten des Nahen Ostens aus persönlich-emotionalen Gründen entscheidend zu beeinflussen. Die Auswirkungen dieses Einflusses sind bis in die Gegenwart spürbar. Denn nach dem Sieg über das Osmanische Reich und den damit in Zusammenhang stehenden nachfolgenden Gebietsaufteilungen entstand der Nahe Osten in seiner gegenwärtigen Gestalt. Neben den militärischen Siegen sind auch die politischen Auswirkungen auf den Einfluß von Lawrence zurückzuführen. Er hat die nationalistischen Hoffnungen und Träume der Araber mit aller Kraft und sehr wirkungsvoll unterstützt und bemühte sich bereits um einen Abbau des westlichen Machteinflusses, bevor der Westen überhaupt daran dachte, eine solche Veränderung in Erwägung zu ziehen.

Vielen, die sich mit T. E. Lawrence befaßt haben, ist sein zwiespältiges Wesen bis zum heutigen Tag ein Rätsel geblieben. Die Lösung dieses Rätsels dürfte in der Erkenntnis liegen, daß Lawrence dem Widerstreit evolutionärer Kräfte weit stärker ausgesetzt war, als es im allgemeinen der Fall ist. So faszinierend diese Tatsache auch für den Beobachter, den Außenseiter, sein mag, für Lawrence bedeutete sie ein gerüttelt Maß an Unheil. Der Ästhet und brillante Intellektuelle unterlag im Kampf mit den eigenen Emotionen und seiner Sexualität.

Die Zwiespältigkeit seines Wesens übertrug sich auch auf seine Anhänger und Gegner. Während die einen Lawrence ob seines Mutes, seiner Individualität, seiner Ausstrahlung, seines Intellekts oder profunden literarischen Wissens bewunderten, verabscheuten ihn die anderen wegen seiner Egozentrik, seines Exhibitionismus oder seiner Bosheit.

In vieler Hinsicht verdeutlicht die Persönlichkeit des T. E. Lawrence das Hauptproblem des modernen Menschen, den Zwiespalt zwischen Vernunft und Gefühl, wenn auch in extremer Weise. Um diese Kräfte, die bestimmend sein Leben gestalteten, begreifen zu können, ist es notwendig, die Evolutionsgeschichte des Menschen im Zeitraffer zu skizzieren.

III

Fesseln der Vergangenheit

Dr. Herbert Ellingher ist im Institut für extraterrestrische Kommunikation tätig. Mit Hilfe modernster Computertechnik arbeitet er an einem elektromagnetischen Code, der zur Suche und eventuellen Kontaktaufnahme mit außerirdischen Zivilisationen dienen soll. Die Problemstellung und Erfordernisse einer interstellaren »Sprache« setzen neben logischer, mathematischer Analyse auch kreativ-intuitives Einfühlungsvermögen voraus. Ellingher geht davon aus, daß sich auf einigen Planeten anderer Sonnensysteme – ähnlich wie auf der Erde – intelligentes Leben entwickelt hat. Er ist zudem überzeugter Anhänger der Darwinschen Evolutionstheorie, der zufolge sich viele der heutigen menschlichen Charakteristiken herauskristallisierten, weil sich ihre Träger besonders erfolgreich vermehrt haben.
Nach Darwin verändern sich Lebewesen durch Vererbung. Sie produzieren über die Arterhaltung hinaus einen Überschuß an Nachkommen. Das führt zum Daseinskampf. Hier überleben nur diejenigen, die sich im Hinblick auf ihre Artgenossen am besten an ihre Umwelt angepaßt haben und am stärksten und widerstandsfähigsten sind. Mit der Anpassung der Artgenossen an den Lebensraum wandelt sich eine Art im Sinne einer Höherentwicklung zu günstigeren Lebensformen.

Von den anderen, höheren Lebensformen dieser Erde unterscheidet sich der Mensch vor allem durch seine komplexeren Hirnfunktionen.

Da Ellingher bei seiner Arbeit voraussetzt, daß auch unter außerirdischen Zivilisationen menschenähnliche existieren könnten, ist er gezwungen, den Menschen zu definieren, um Rückschlüsse für seine Forschung ziehen zu können. Das ist mit großen Schwierigkeiten verbunden, da die biologische Kluft zwischen Mensch und Tier geringer ist, als noch vor einigen Jahren angenommen wurde. Denn es gibt Tiere, die Werkzeuge benutzen; andere, die in komplizierten Sozialverbänden leben, haben relativ umfassende Kommunikationssysteme.
Zweifellos hat der Mensch bei der Herstellung und Anwendung von Werkzeugen Fähigkeiten entwickelt, über die keine andere irdische Spezies verfügt. Außer dem Menschen ist kein anderes Lebewesen auf der Erde einem lebenslangen Lernprozeß verhaftet. Und nur aufgrund dieses unausgesetzten Lernens konnten sich Zivilisationen entwickeln und menschliche Gesellschaften formen, die für jede andere Art undenkbar sind. Die Vielschichtigkeit der menschlichen Sprache bietet Ausdrucksmöglichkeiten, die mit den Verständigungsmitteln anderer Spezies nicht vergleichbar sind. So muß sich jede Definition der Einzigartigkeit des menschlichen Wesens auf graduelle Unterschiede stützen: auf Unterschiede, die im menschlichen Gehirn begründet liegen.

Paläontologen gehen von der Voraussetzung aus, daß wir Menschen und die Menschenaffen einen gemeinsamen Vorfahren haben müssen. Wenn aber Schimpanse, Gorilla und Mensch von einem gemeinsamen Vorfahren abstammen, muß sich das Genprogramm – also das Erbprogramm – seit jener Zeit offensichtlich gewandelt haben, sei es durch Mutation oder geschlechtliche Zuchtwahl, durch die eine leichte Veränderung der genetischen Struktur vollzogen wurde. Biologische Untersuchungen des genetischen Materials von Menschen und Schimpansen haben gezeigt, daß ihre Proteinketten zu 99 (!) Prozent übereinstimmen. In anderen Worten: Nur ein Prozent unseres Genmaterials ist dafür verantwortlich, daß wir Menschen geworden sind und nicht Schimpansen.

Wenn wir das Äußere von Menschen und Schimpansen vergleichen, erscheint die Abweichung von nur einem Prozent im genetischen Material einfach absurd. Aber beim Vergleich zwischen den Körpermaßen eines Babyschimpansen und eines ausgewachsenen Menschen sieht die Sache schon ganz anders aus. Hier ist der Unterschied wesentlich geringer. Es hat den Anschein, als sei die winzige genetische Abweichung dazu da, Wachstum und körperliche Entwicklung, inklusive Gehirn, zu steuern. Danach wäre der Mensch eine Art körperlich »unterentwickelter« oder »Kind-Affe«, der gegenüber seinen Vettern, den Schimpansen, »zurückgeblieben« ist. Hier handelt es sich um ein Phänomen, das Neotonie genannt wird.

Die Neotonie als Prinzip der Menschwerdung wurde von Biologen schon vor einem halben Jahrhundert erkannt: Das Kind des Menschenaffen ist dem erwachsenen Vormenschen ähnlich, und dessen Kind gleicht wiederum dem erwachsenen Menschen von heute. Oder:

Jugendliche, ja sogar kindliche Merkmale bleiben in einem als Neotonie bezeichneten Vorgang bis ins Erwachsenenalter erhalten.

Am noch ungeborenen Jungen eines Tieraffen kann veranschaulicht werden, wie sich die Neotonie in der Entwicklung eines Primaten ausgewirkt hat. Das Gehirn des Affenfetus nimmt vor der Geburt rasch an Größe und Feinstruktur zu und hat bereits 70 Prozent seiner endgültigen Kapazität erreicht. Die restlichen 30 Prozent vollenden sich in den ersten sechs Lebensmonaten. Das Gehirn des Schimpansenkindes, also eines Menschenaffen, wächst innerhalb des ersten Lebensjahres aus. In dieser Hinsicht ist damit der Unterschied zwischen dem Hirn eines Schimpansen und dem eines Tieraffen, zum Beispiel eines Pavians, nicht wesentlich. Dagegen vollzieht sich das Wachstum des menschlichen Hirns viel langsamer. So beträgt das Gehirnvolumen eines Neugeborenen nur 23 Prozent der Größe, über die es als Erwachsener verfügen wird. Der sogenannte schnelle Wachstumsprozeß des menschlichen Gehirns dauert sechs Jahre; bis das Gehirn endgültig ausgewachsen ist, vergehen 23 Lebensjahre. Bei uns allen setzt sich das Gehirnwachstum also zehn Jahre über die Geschlechtsreife hinaus fort. Demgegenüber ist das Schimpansenhirn bereits sechs bis sieben Jahre vor dem ersten Geschlechtsverkehr ausgewachsen.

Unsere spezifischen Eigenschaften haben sich mit unterschiedlicher Schnelligkeit entwickelt: bei den Fortpflanzungsorganen war die Zeitspanne kürzer als beim Gehirn. Auch andere Teile unseres Körpers haben sich schneller oder langsamer entwickelt. Im Prozeß der

»Verkindlichung« traten also Abweichungen auf. Doch nachdem der erste Schritt in dieser Richtung erst einmal getan war, wurde durch die natürliche Auslese alles begünstigt, was durch verzögertes Wachstum der verschiedenen Körperorgane das Überleben in einer feindlichen Umwelt unterstützte. Die Verzögerung in der Entwicklung des Gehirns ist ein Merkmal der Neotonie, was bedeutet, daß das Gehirn eine Größe annehmen kann, die vor der Geburt unmöglich wäre. Denn vollzöge sich seine Gesamtentwicklung im Mutterleib, wäre der Kopf des Kindes so groß, daß seine Mutter bei der Geburt sterben müßte. Als Folge der Neotonie nehmen Kinder und Jugendliche während des über Jahre anhaltenden Wachstums des Gehirns ständig neues Wissen in sich auf. Wahrscheinlich kann sogar die Anpassungsfähigkeit des modernen Menschen mit diesem Phänomen erklärt werden.

Der auffälligste Kontrast dazu wird bei der Nachkommenschaft von Wild erkennbar. Die Jungen laufen zwar gleich nach der Geburt mit ihrer Mutter herum und haben ein Gehirn, das auf das Herdenleben vorprogrammiert ist, sind aber nicht in der Lage, außer dem festgelegten Verhalten etwas anderes zu lernen.

Sicherlich war auch der aufrechte Gang und die verbesserte Sehkraft unserer Vorfahren recht vorteilhaft, wenn es darum ging, Gefahren zu erkennen und zu vermeiden. Doch im Vergleich mit den meisten Säugetieren bedurfte es dazu einer recht ungewöhnlichen Kopfhaltung. Wer schon einmal auf allen vieren auf dem Boden herumgekrochen ist, weiß, daß der Kopf dann direkt auf den Boden ausgerichtet ist. Vierfüßler haben einen im rechten Winkel zum Hals abgekippten Kopf entwickelt, der ihrer Lebensweise angepaßt ist.

Während ihrer Entwicklung durchlaufen Säugetierfetusse ein Stadium, in dem sie die Evolutionsgeschichte sozusagen wiederholen. Während dieser Phase deutet ihr Kopf direkt auf den Rumpf. Das trifft auch auf den Menschen zu. Die Art, wie wir heute unseren Kopf tragen, ist eine Hinwendung zum Fetusstadium – auch hier wirkt sich die Neotonie aus. Doch von größter Bedeutung ist, daß der relativ einfache, evolutionäre Schritt der Neotonie unseren Vorfahren ein fähigeres Gehirn bescherte.

Im Verlauf der letzten Dekaden mußte die wissenschaftliche Auffassung vom Gehirn stark revidiert werden, da sich herausstellte, daß die Struktur des Gehirns noch wesentlich komplexer ist, als Neurologen in ihren kühnsten Träumen erwartet hatten. Wenn der Mensch das menschliche Gehirn näher untersucht, demonstriert er schon allein durch diese Handlung, was ihn vom Tier unterscheidet. Denn hier wird das Hirn sozusagen vom Hirn erforscht. Das Gehirn »wandelt auf den Spuren« des Gehirns. Und das ist ein Phänomen – ein unfaßbares Wunder der Evolution.
Der Mensch hat nicht nur ein Gehirn, sondern deren vier, die in relativer Harmonie zusammenwirken, wenn sie sich auch in ihrer Struktur, Biochemie und Funktionsweise voneinander unterscheiden. Jeder dieser Gehirnabschnitte – Stammhirn, Kleinhirn, Zwischenhirn und Großhirn – zeigt auf der Evolutionsleiter eine höhere Sprosse an. Wie alle unsere Organe hat sich auch unser Gehirn im Verlauf vieler Jahrmillionen entwickelt. Mit wachsender Vielschichtigkeit hat es auch seinen Informationsfundus ständig weiter ausgebaut. In seinem Aufbau spiegeln sich daher sämtliche Entwick-

lungsphasen wider, die es durchlaufen hat: Aus einem kleinen, vorn plazierten Riechhirn ist unser Großhirn entstanden. Zwei kleine, degenerierte Läppchen sind das »Überbleibsel« dieses ursprünglichen Riechhirns. Davon ausgehend, haben sich zwei größere Lappen gebildet, die als sogenannte Großhirnlappen das gesamte übrige Gehirn bedecken. In der Entwicklung der Arten erhielt das Großhirn durch die allmähliche Verschiebung der Evolutionsbedingungen ein immer stärkeres Gewicht. Alle Lebewesen, denen es bis heute gelungen ist zu überleben, haben sich jeder neuen Umweltbedingung auf eine ihnen eigene Art angepaßt. Je höher sich Lebewesen entwickelten, um so vielschichtiger wurden ihre Reaktionen auf die jeweils zu meisternden Situationen.

Verglichen mit der Evolution der Tierwelt, die sich über viele Millionen Jahre erstreckt hat, sind die Charakteristiken, die uns zu Menschen stempeln, nur wenige Millionen Jahre alt. Die Basis der wesentlichen Strukturen unseres Körpers beruht jedoch größtenteils auf den urtümlichen Lebensformen. Der Mensch hat zum Beispiel einen bilateralen symmetrischen Aufbau. In anderen Worten: Seine Glieder und Organe treten meistens in Paaren auf – zwei Beine; zwei Füße mit je fünf Zehen; zwei Arme; zwei Hände mit jeweils fünf Fingern; zwei Augen; zwei Ohren; zwei Lungenflügel; eine linke und eine rechte Körperhälfte; zwei Gehirnhemisphären ...

In der Evolution des Lebens hat sich dieser Schritt erstmals vor etwa 500 Millionen Jahren bei Meerestieren vollzogen. Unser entlang der Wirbelsäule gelagertes Zentralnervensystem, dessen wichtigster Teil im Schädel verborgen liegt, begann sich bereits vor mehr als

400 Millionen Jahren bei primitiven Fischen zu entwickeln. Vor etwa 225 Millionen Jahren konnten sich gewisse Reptilien bereits auf zwei »Beinen« fortbewegen. Die Schweißdrüsen, durch die der Mensch heute seine Körpertemperatur – unabhängig von Witterungseinflüssen – automatisch regulieren kann, entstanden beim Säugetier wahrscheinlich vor etwa 200 Millionen Jahren. Selbst unser stereoskopisches Sehvermögen dürfte wenigstens 50 Millionen Jahre alt sein.

Zum besseren Verständnis des tatsächlichen Alters unserer stammesgeschichtlichen Erbanlagen wollen wir die Evolutionsgeschichte des Lebens – auf ein Jahr zusammengedrängt – im Zeitraffertempo vor unserem geistigen Auge ablaufen lassen. Dieser Zeitrechnung zufolge fängt es am 1. Januar mit den Einzellern an. Ihnen folgen die ersten mehrzelligen Organismen nicht vor Ende April. Die Entwicklung der ältesten Fische beziehungsweise der ersten Wirbeltiere vollzieht sich Ende Mai. Im August kriechen die ersten Amphibien an Land, und etwa Mitte September erscheinen die ersten Reptilien. Oktober und November bleiben den Dinosauriern vorbehalten, obwohl im November auch die ersten Säugetiere auftauchen. Ihnen folgen im Dezember die Vorfahren der Tier- und Menschenaffen. Am 31. Dezember um die Mittagszeit sind die ersten Vorläufer des Menschen in den afrikanischen Steppen anzutreffen, und etwa eine Stunde vor Mitternacht, am letzten Tag des Jahres, sind die ersten Menschen mit der Herstellung von Werkzeugen beschäftigt, die sie aus Stein zu hauen versuchen. In den letzten fünfzehn Minuten des Jahres sind die Menschen dabei, die ersten primitiven Anfänge des Ackerbaus zu entwickeln. Die ersten komplexen menschlichen Kulturen im Zweistromland, in Südostasien und Ägypten entstehen eine Minute vor Mitternacht. Aber der größte Teil aller intellektuellen und technologischen Errungenschaften kommt in den allerletzten Sekunden des Jahres zustande. – In dieser, auf ein Jahr komprimierten Evolutionsgeschichte des Lebens nimmt die Existenz des Menschen nur etwa die letzten zwölf Stunden ein.

Vielleicht muß das für den Menschen so charakteristische Wachstum seines Gehirns eher als Folgeerscheinung denn als Voraussetzung für die Herstellung von Werkzeugen betrachtet werden. So gesehen, wäre die Beschäftigung der eigentliche Anstoß für die intellektuelle Entwicklung des Menschen.
Alle erfolgreichen Tierarten waren in ihren Frühstadien einmal klein, schwach und mit geringem Durchsetzungsvermögen ausgestattet. Im Lauf ihrer stammesgeschichtlichen Entwicklung erfolgte eine Reihe von notwendigen Verbesserungen, die schließlich in einem ›neuen‹ Organismus verschmolzen wurden, der dem Daseinskampf besser gerecht wurde.
Der Mensch bildet hier keine Ausnahme. Unsere Affenvorfahren sind nie besonders erfolgreich oder in Massen aufgetreten. Es bedurfte einer Anzahl evolutionärer Schritte, bevor sich die Umwandlung zum Menschen vollziehen konnte: der Abstieg von den Bäumen, eine aufrechte Haltung, ein bestimmtes Gehirnwachstum. Die Umstellung der Kost auf mehr Fleischnahrung, die Anwendung und Fertigung von Werkzeugen; weiteres Wachstum des Gehirns, die Entdeckung des Feuers, Ausdrucks- und Sprachvermögen, Verfeinerung des Werkzeugs und rituelles Brauchtum. Die Entwicklung zum Menschen wurde also größtenteils durch diese

etappenweise Wandlung bestimmt. Zum dominanten Wesen wurde der Mensch aber erst vor knapp 100 000 Jahren. Doch bevor er wirklich beherrschend war, vergingen noch einmal etwa 90 000 Jahre. Auch nach seinem Aufstieg zum Menschen ging die Entwicklung weiter, wenn auch auf unterschiedliche Art. Inzwischen setzt sich die Evolution nicht mehr auf biologischer Basis fort, sondern ist psychosozial ausgerichtet und wird durch die Überlieferung in Gang gehalten.
Vermutlich war das Gehirn der ersten Hominiden von Anfang an größer und komplexer als das der Vorfahren gleich großer Menschenaffen. Und daran hat sich bis zum Homo sapiens nichts geändert. Der Gorilla ist fast dreimal so schwer wie ein Durchschnittsmensch, aber das menschliche Gehirn mit seinen etwa 1 350 bis 1 450 Gramm ist dreimal so groß wie das des Gorillas. Allerdings sind der Aufbau des Gehirns und seine Vernetzungen wesentlich wichtiger als seine Größe.
Die bereits im Primatenhirn vorhandenen evolutionären Anlagen wurden durch das Gehirn der frühen Hominiden immens verstärkt: Die nicht zweckgebundene Hirnrinde erweiterte sich; eine Verlagerung vom Riechen auf das Sehen und eine hervorragende Augen-Hand-Koordination waren die Folge.
Äußerlich gleicht das menschliche Gehirn einer riesigen Walnuß. Es besteht aus zwei zerklüfteten, am Ansatz zusammengewachsenen Hälften. Diese halbkugelförmigen Hemisphären stellen das vorerst letzte Produkt der Gehirnevolution dar. Ein dicker Stiel aus Nervenfasern – der Balken – verbindet die beiden Hemisphären. Ihre Oberfläche – die Hirnrinde oder Kortex – ist in vielfältige Windungen zerklüftet, damit die etwa 10 bis 15 Milliarden Nervenzellen im verhältnismäßig be-

grenzten Schädelraum Platz finden. Die beiden in die Hirnrinde eingehüllten Hemisphären haben größere Bedeutung erlangt; sie überdecken schon in niederen Tierarten vorkommende Gehirnteile und machen fast sieben Achtel der Gesamtmasse unseres Zentralnervensystems aus.

Nach dem amerikanischen Neurologen Paul McLean vollzog sich die Evolution des Gehirns in drei deutlich voneinander abgegrenzten Phasen – wobei McLean allerdings mehr von evolutionären als strukturellen Aspekten ausgeht.

Im Reptilienhirn – Phase eins – waren die uns heute bekannten Emotionen noch nicht entwickelt. Es galt lediglich, Triebe und unmittelbare Bedürfnisse zu befriedigen. Die Fähigkeit der Erkenntnis über das Gestern und Morgen hatte sich noch nicht herausgebildet, alle Ereignisse waren gegenwartsgebunden. Das Verhalten basierte nicht auf Überlegungen und war schwankend. Revierverhalten, Sozialhierarchie und Aggressionen, die sich bei unseren Reptilienvorfahren vor einigen hundert Millionen Jahren entwickelt haben, trägt jeder von uns tief im Inneren seines Schädels – in seinem Reptilienhirn – mit sich.

Phase zwei war mit dem einfachen Säugerhirn erreicht. Es enthält den größten Teil des sogenannten subkortikalen (unter der Hirnrinde liegenden) Systems. Angst und Wut sind hier herausragende Emotionen. Verhaltensweisen werden nicht mehr starr vom Instinkt kontrolliert, und Reaktionen erfolgen weniger automatisch und unmittelbar.

Phase drei stellt das auf dem Kortex basierende menschliche Gehirn dar. Es ermöglicht eine detailliertere Analyse der Umwelt. Weitere Emotionen haben sich entwickelt, und Handlungen werden in zunehmendem Maße geplant.

Diese drei Evolutionsphasen des Gehirns sind im Verlauf langer Entwicklungsstadien allmählich ineinander übergegangen, wobei die früheren Strukturen erhalten geblieben sind. In diesem Zusammenhang wird angenommen, daß sich eine Verlagerung der Funktionen vollzogen hat. Deutliches Beispiel dafür dürfte die Fähigkeit des Sehens sein: War das Sehen in Phase zwei noch Angelegenheit des Thalamus, wurde es in Phase drei vom Kortex übernommen. Frühere Strukturen wandelten ihre nicht mehr benötigten Funktionen höchstwahrscheinlich um, halten mit den neueren Funktionen aber sicherlich eine Arbeitsverbindung aufrecht.

Strukturell gesehen zeigen sich diese Evolutionsphasen des Gehirns folgendermaßen: Der älteste Teil, der Hirnstamm, liegt tief innen, da sich die Entwicklung sozusagen von innen nach außen vollzogen hat. Er ist für die Steuerung lebenswichtiger Stoffwechselfunktionen zuständig, reguliert den Herzschlag und die Atmung. Da alle Nervenleitungen der Sinnesorgane den Hirnstamm passieren, wird hier auch der Informationsfluß überwacht und, falls es angebracht erscheint, der Kortex alarmiert. Das im Hinterkopf plazierte Kleinhirn mit seinem sogenannten Lebensbaum koordiniert alle bewußt ausgeführten und automatischen Muskelbewegungen. Nachrichten der Sinnesorgane und Instruktionen der Großhirnrinde an die Muskeln werden dort aufeinander abgestimmt und das Resultat an die Muskulatur weitergeleitet. Wenn wir neue Fertigkeiten erlernen, beispielsweise das Autofahren, müssen wir hier beim Kuppeln, Bremsen und Schalten zuerst unseren

Kortex benutzen. Denn dieser Lernprozeß ist mit bewußtem Denken verbunden. Später können wir diesen Vorgang ohne Nachdenken automatisch ablaufen lassen, weil der Kortex den Tätigkeitsablauf an das Kleinhirn weitergegeben hat.
Die nächsthöhere Stufe in der Gehirnentwicklung stellt das Zwischenhirn dar. Es ist die Grundlage all unserer angeborenen Verhaltensweisen, unserer Triebe, Gefühle und Emotionen. Im sogenannten Thalamus, einem bestimmten Teil des Zwischenhirns, werden alle wahrgenommenen Sinneseindrücke mit Gefühlen wie Schmerz, Freude, Angst, Lust oder Wut in Zusammenhang gebracht. Alle aus den verschiedenen Regionen des Großhirns hier zusammentreffenden Informationen werden mit früheren Erfahrungswerten verglichen, ausgewertet und an andere Gehirnbezirke weitergeleitet. Im sogenannten Hypothalamus, dem unteren Teil des Thalamus, entstehen Hunger- und Durstgefühle. Gleichzeitig ist er für eine gleichmäßige Körpertemperatur und die reibungslose Zusammenarbeit der Hormondrüsen verantwortlich. Auf diese Weise bringt der Hypothalamus unsere Körperreaktionen mit den Umweltanforderungen in Einklang. Vor allem ist dafür jedoch die Hirnanhangdrüse – die Hypophyse – zuständig, durch die auch das Wachstum und fast der ganze Hormonhaushalt reguliert wird. Außerdem steuert sie die Geschlechts- und Verdauungsorgane sowie die Schilddrüse. Selbst die Auswirkungen von Streß werden von hier aus reguliert. Das heißt: Die im Zusammenhang mit Eindrücken, Gedanken und Erinnerungen empfangenen und wieder an die grauen Hirnzellen zurückgeleiteten Gefühle werden gleichzeitig als neue Bewußtseinsinhalte gespeichert und mit anderen Informationen

verknüpft. Durch Überschneidungen von Nervensignalen, Hormonschüben, Erregungs- und Hemmungszuständen, durch Erinnerung, Information und Gegeninformation können oft Rückkopplungseffekte auftreten, die zu Komplikationen führen. Unsere Gefühlswelt wird hier durch die unsichtbaren Kräfte des Zwischenhirns geprägt. In vieler Hinsicht machen sie uns zu Marionetten, deren subjektives Urteilsvermögen zu drastischen Fehlentscheidungen führen kann. Archaische Vorstellungen mit ihren versteckten Ängsten, Unlust- und Lustgefühlen bemächtigen sich hier unseres Bewußtseins.

Mit dem Großhirn hat sich der vorläufig letzte und großartigste Schritt der Gehirnevolution vollzogen. Die Großhirnrinde mit ihren über zwei Dritteln der Gehirnmasse ist die Region der Intuition und der kritischen Analyse. Hier entstehen unsere Ideen, unsere Inspirationen. Hier lernen, rechnen, schreiben, lesen wir — in anderen Worten: Hier unterscheidet sich der Mensch vom Tier. Denn sein bewußtes Dasein wird von der Großhirnrinde gesteuert.
Als Neurobiologen diese Großhirnrinde sozusagen »kartographierten«, mußten sie zu ihrem maßlosen Erstaunen feststellen, daß einfache Funktionen wie das Sehen, Hören oder Muskelbewegungen mit den meisten Abschnitten der Großhirnrinde nichts zu tun haben. Sie besteht vielmehr mindestens zu drei Vierteln aus sogenannten »Assoziationsfeldern« und ist auf keinen bestimmten Aufgabenkreis festgelegt. Hier zeigt sich der wesentliche Unterschied zwischen dem menschlichen Gehirn und dem aller anderen Wirbeltiere. Der Mensch besitzt große Rindenfelder, die nicht

auf bestimmte Verhaltensmuster vorprogrammiert sind. Hier können Erfahrungen aus der Vergangenheit mit künftigen abgestimmt werden und verschiedene, nicht miteinander im Zusammenhang stehende Ereignisse miteinander verknüpft und neue Kombinationen erstellt werden.

Es mag zwar den Anschein haben, als sei eine Gehirnhemisphäre das Spiegelbild der anderen, aber das ist ein Irrtum. Denn in beiden Gehirnhälften sind absolut unterschiedliche Kapazitäten untergebracht. (Ihr Unterschied entspricht etwa dem zwischen einem Finanzbeamten und einem Bildhauer.)

Bei uns Menschen ist die linke Hemisphäre für logisches, analytisches Denken und die Sprache verantwortlich, für das Rationale, das Intellektuelle und das Praktische. Die rechte Hemisphäre, die schöpferisch-abstrakte, trägt die Verantwortung für das Künstlerische in uns, für die Vorstellungskraft und das Träumerische. Sonderbarerweise ist die linke Hemisphäre mit der rechten Körperhälfte »gekoppelt«, und die rechte Hemisphäre mit der linken Körperhälfte. Dies kann bedeuten, daß eine Verletzung im motorischen Bereich der rechten Hemisphäre die Bewegungsunfähigkeit der linken Hand hervorrufen kann. Über die Ursachen dieser merkwürdigen Links-Rechts-Verschiebung fehlen bisher alle Anhaltspunkte.

Obwohl die Hirne aller Wirbeltiere nach dem gleichen Grundmuster aufgebaut sind, bildet das menschliche Gehirn eine Ausnahme: Bei ihm kann jede der beiden Hemisphären ihre eigenständigen Funktionen entwickeln.

Professor Roger Sperry vom California-Institut für Technologie demonstrierte an Epileptikern, daß jede der beiden Gehirnhemisphären unabhängig voneinander ihrem Aufgabenbereich nachkommt. Zudem konnte Sperry nachweisen, daß sich die Rechts-Links-Funktionen des Großhirns auch auf unser Traumleben auswirken. Schon vor hundert Jahren stellten Chirurgen fest, daß die Verletzung der linken Hirnhälfte Sprachverlust mit sich bringt, und daß bei einer Beschädigung der rechten Gehirnhälfte das räumliche Empfinden beeinträchtigt wird. Besonders aufschlußreich waren Sperrys Untersuchungen der Gehirne von Epileptikern. Er hatte deren Gehirnhälften am Balken durchtrennt, um epileptische Anfälle zu unterbinden. Sperry sagte dazu: »Was in der rechten Hemisphäre erlebt wird, scheint völlig außerhalb des Bewußtseinsbereichs der linken zu sein.«

Im Verlauf dieser Forschungsarbeit zeigte sich, daß die linke Gehirnhälfte manchmal nicht weiß, was die rechte tut. Einem Patienten wurden zum Beispiel die Augen verbunden, dann wurde ihm eine Gabel in die linke Hand gedrückt. Der Patient gab zwar durch entsprechende Zeichen zu erkennen, daß er wußte, was er in der Hand hielt, aber das Wort Gabel fiel ihm einfach nicht ein. Er fischte diese Gabel auch aus einer Anzahl anderer Gegenstände mit der Linken heraus, konnte das Wort Gabel aber nicht über die Lippen bringen. Daraufhin wurde die Versuchsperson, nach wie vor mit verbundenen Augen, aufgefordert, die Gabel irgendwo mit der rechten Hand herauszusuchen. Nun wurde die linke Gehirnhälfte zur Arbeit gezwungen. Ebenso schnell wie die Gabel herausgesucht wurde, sprach die Versuchsperson auch das Wort Gabel aus. Sperry bestätigte, daß sich die beiden Hemisphären gegebenenfalls ins Gehege kommen können. Außerdem scheint die linke Gehirnhälfte ihrem rechten Zwillingsbruder nicht recht zu trauen. Das erkannte Sperry an einem Patienten und dessen Frau, die sich kaum über »diese unheimliche linke Hand« beruhigen konnten. Manchmal stieß nämlich die Linke des Ehemannes seine Frau aggressiv weg, während die rechte Hand – oder vielmehr die linke Hemisphäre – gleichzeitig hilfesuchend nach ihr griff. Beide Gehirnhälften trugen einen Konflikt miteinander aus. Während sich die rechte Hemisphäre außerordentlich talentiert in der Bewältigung manueller Aufgaben zeigte, versagte sie total, als sie das Ergebnis von vier und vier nennen sollte.

Bei einem gesunden Menschen wirken die beiden Gehirnhälften natürlich zusammen, wenn auch eine von beiden ständig dominiert. Das erklärt auch, warum unsere unterschiedlichen Talente, Anlagen und die Persönlichkeit eines jeden von uns durch sie zum Ausdruck kommen.

Das Großhirn ist sozusagen das »kühle Gehirn«, das vorausschaut, plant, abwägt und die Resultate von Handlungen auswertet. Das Zwischenhirn ist dagegen »das hitzige«. Emotionen, das Streben nach Macht, Position und Besitz; Liebe und Haß, Zuneigung und Abneigung, Angst, Wut und Freude entspringen hier. Wenn es uns vor Wut die Sprache verschlägt, wenn wir wortlos vor Freude sind, erstarrt vor Erstaunen, unfähig zu handeln vor Erregung – dann dominiert das hitzige Zwischenhirn das kühle Großhirn.

Immer wieder brechen in uns die unsichtbaren Kräfte unserer Tiervergangenheit durch: Halten wir beispielsweise automatisch an einer roten Verkehrsampel, ohne einen Gedanken daran zu verschwenden, dirigiert uns das Kleinhirn. Überholen wir in einem riskanten Manöver einen »Rivalen« im anderen Wagen, »um es ihm zu zeigen«, ist der Jagdtrieb, gesteuert vom Limbischen System des Zwischenhirns, erwacht. Umzäunen wir unseren Besitz und versehen die Haustür mit unserem Namensschild, kommt das Revierverhalten unserer frühen Tiervergangenheit zum Ausdruck.

Der territoriale Instinkt ist einer der ältesten. Ursprünglich diente das Revier – das Territorium – der Nahrungssicherung und zur Fixierung der eigenen Identität. Bedauerlicherweise hat dieser verständliche Territorialinstinkt – Eigentum, Heimat, Vaterland, Expansion – besonders viel Blut gekostet. Denn die waffentechnische Entwicklung – angefangen beim Urmenschen – brachte immer größere Konflikte durch »Revierüberschreitungen« mit sich. Dieser territoriale Instinkt hat unzählige Menschen in Haß auseinandergebracht – Verwandte, Freunde, Nachbarn und ganze Völker. Immer wieder war – und ist – hier das Reptilienhirn beziehungsweise das hitzige Zwischenhirn am Werk, das unsere Sympathien und Antipathien so maßgebend beeinflußt.

Unser Großhirn ist die Ratio – die Vernunft. Das Zwischenhirn dagegen ist der Sensus – das Gefühl, die Empfindung. Ratio und Sensus – Vernunft und Gefühl – werden oft als feindliche Brüder bezeichnet. Doch wir brauchen sie beide, und meist sind sie auch kooperierende Komplizen verschiedener Hirngenerationen. Daher ist es so schwierig, die unsichtbaren Kräfte des Zwischenhirns in unseren Motivationen zu erkennen. Ratio und Sensus, Großhirn und Zwischenhirn – Generationen, die in der Evolutionsgeschichte des Gehirns viele Millionen Jahre auseinanderliegen.

IV

Die Wut im Blut

Morgens, kurz nach 6 Uhr, verläßt der 34jährige Karel Charva seine Wohnung in Frankfurt-Niederrad. Am Treppenabsatz begegnet er seinem Flurnachbarn, dem Frührentner Josef Plate, an dem er, wie immer, grußlos vorbeigeht. Der ehemalige Schreiner erinnert sich an die Begegnung am frühen Morgen: Er sei anders als sonst gewesen, dieser junge Mann mit den straff zurückgekämmten, dunklen Haaren. Gewöhnlich habe er heruntergeschaut, bevor er hastig vorbeigegangen sei. Dieses Mal nicht. Er habe seltsam ruhig gewirkt und sei sehr langsam zur Treppe gegangen. Dabei habe er ihn sogar mit einem Blick gestreift, wenn auch völlig geistesabwesend.
Eine Stunde nach Verlassen seiner Wohnung mietet Charva einen VW-Kastenwagen bei einer Autoverleihfirma in der Nähe seines Wohnblocks. Um 7.20 Uhr fährt er dort ab.
10.45 Uhr. Der B-Kurs der 6. Klasse in der Gesamtschule Eppstein-Vockenhausen im Taunus hat gerade Englischunterricht. Nach vielen Unterbrechungen in dieser 4. Unterrichtsstunde kommt Lehrer Gelhaar endlich dazu, die Klassenarbeit durchzusprechen. Plötzlich wird die Tür des Klassenzimmers aufgerissen. Ein Mann im hellen Trenchcoat steht dort, in jeder Hand eine Pistole – Karel Charva.

Der Lehrer erhebt sich hinter seinem Pult und fragt ihn, was er wolle. Charva drückt beide Pistolen auf ihn ab. Gelhaar taumelt. Die Kinder schreien vor Angst und rennen in Panik durcheinander. »Nicht auf die Kinder schießen«, bringt der verletzte Lehrer noch mühsam heraus.
Doch Charva hat sich schon der Klasse zugewandt und schießt blindwütig auf die Kinder. Scheiben zerbersten unter den Schüssen, Einschläge in den Wänden zeichnen sich dunkel ab, vor Schmerzen schreiende Kinder wälzen sich am Boden. Zwei Mädchen brechen tot zusammen.
Die Kinder suchen sich hinter den Schulbänken zu verstecken. Ein Junge rennt zum Fenster, Charva legt auf ihn an, schießt ihn zusammen. Der angeschossene Lehrer ruft den Schülern verzweifelt zu, aus dem Klassenraum zu rennen. Charva zielt erneut auf ihn, bringt ihn endgültig zum Schweigen.

Zur selben Zeit geben zwei Polizeibeamte auf dem Schulhof Kindern mit Fahrrädern Verkehrsunterricht. Sie hören die Schüsse. Einer, als Verkehrserzieher natürlich unbewaffnet, stürzt sofort ins Schulgebäude, während sein Kollege erst einmal die Kinder auf dem Schulhof in Sicherheit bringt.
Auf dem Treppenabsatz zum 2. Stock sieht der Leiter der Jugendverkehrsschule einen Mann mit Pistole in der offenen Tür des Klassenzimmers 213 stehen. Als er den Polizeibeamten bemerkt, gibt er einen tödlichen Schuß auf ihn ab. Das nächste Opfer des wahnsinnigen Mörders ist ein 35jähriger Sport- und Mathematiklehrer, der, als er Schüsse und Schreie hörte, zum Klassenzimmer der Klasse 6 rannte. In der Schule bricht Panik

aus. Anlieger haben inzwischen die Polizei alarmiert, weil sie glauben, es habe eine Explosion gegeben. Streifenwagen, Feuerwehr und Krankenwagen treffen ein. Jeder Versuch, den Amokschützen zur Aufgabe zu überreden, bleibt erfolglos. Gegen einhalb zwölf Uhr stürmt ein Spezialkommando der Polizei die Schule. Bevor sie das Gebäude betreten, fällt noch ein Schuß. Karel Charva hat sich den Lauf einer Pistole in den Mund gesteckt und abgedrückt.
Wo liegen die Hintergründe für die Wahnsinnstat des verschlossenen Diplompsychologen Karel Charva? Alle Spekulationen, zwischen dem Täter, dem Lehrer, den Kindern oder der Schule eine Verbindung herzustellen, verliefen völlig ergebnislos. Nicht der geringste Anhaltspunkt für ein Motiv kristallisierte sich heraus. Was war also die Ursache, die derartig mörderische Aggressionen auslöste? Wo lag der Ursprung dieser Kräfte? Im Blut, in Charvas Genen, in seinem Gehirn, in seiner Psyche?

Szenenwechsel. Auf dem Bahnsteig stehen die Menschen dicht gedrängt und warten auf den eingesetzten Sonderzug. Dieser läuft ein und hält, alle Reisenden schieben sich auf die Abteiltüren zu. Nur eine Frau boxt sich rücksichtslos durch die Menge, beschimpft alle, die nicht zur Seite gehen, und macht sich mit den Ellbogen ihren Weg durch den Gang in ein Abteil frei, wo sie den einzigen nicht besetzten Sitzplatz ergattert.
Während der langen, unerfreulichen Fahrt fragen sich diejenigen, die draußen im Gang stehen müssen, warum sie nicht genauso aggressiv gehandelt haben wie diese Person.

Und noch einmal Szenenwechsel. Auf der Autobahn hat sich ein kilometerlanger Stau gebildet. Stoßstange an Stoßstange kriechen die Wagen im ersten Gang hin und wieder ein paar Meter weiter. Meist allerdings bleiben sie stehen. Einige Fahrer stimmen ein sinnloses Hupkonzert an, um ihre Ungeduld abzureagieren. Plötzlich springt einer aus seinem Wagen, stürzt sich auf seinen Vordermann und droht diesem Prügel an, wenn er nicht umgehend die Rockmusik in seinem Radio abstellt.

In unserer Gesellschaft werden Aggressionen unterschiedlich beurteilt. Wir alle fürchten die zunehmende Kriminalität und Aggressivität. Doch wenn wir vor Gericht stehen, erwarten wir von unserem Anwalt eine aggressive Vertretung unserer Interessen.

Erfolgreiche Menschen, die sich zur Führungsspitze durchboxen, oder Wettbewerbssieger werden als »dynamisch« bezeichnet. In Zeitungsanzeigen werden »dynamische« Handelsvertreter gesucht. Gemeint sind natürlich aggressive. Aber weil dynamisch weniger aggressiv klingt, werden dynamische Leute gesucht, die aggressiv zu sein haben.

Warum reagieren manche Menschen heftiger als andere? Wodurch entsteht bei manchen Menschen Aggressivität? Liegt sie sozusagen »im Blut«, in ihren Genen, an der Erziehung? Sind wir alle zu unkontrollierbaren Wutausbrüchen, ja sogar Mord fähig? Ethologen wie Konrad Lorenz und Robert Ardrey sind der Ansicht, daß unsere hominoiden Vorfahren uns Aggressionen als Instinkt vererbt haben. Aufgrund dieses Instinkts wäre es möglich gewesen, die evolutionären Veränderungen zu überleben – sagen Lorenz und Ardrey.

Andere Forscher behaupten dagegen, der Mensch sei

von Natur aus friedlich, nur Umwelteinflüsse machten ihn aggressiv. Erst in einer hoffnungslosen, gewalttätigen Welt würden die Menschen lernen, gewalttätig zu reagieren.
Dem Neurologen Jonathan Pincus von der Yale-Universität genügt diese Erklärung nicht. Er sagt: »Gewöhnlich werden von uns nachteilige Wirtschafts- und Gesellschaftsfaktoren für auftretende Gewalt, Armut und zerstörte Familien verantwortlich gemacht. Aber von den armen Leuten oder solchen aus zerrütteten Familien sind die wenigsten gewalttätig? Warum?«
Wissenschaftler, die heute die Ursachen von Aggression und Gewalttätigkeit erforschen, sind der Ansicht, daß irgend etwas in unserem Körper verantwortlich zu machen ist.
Durch Erkenntnisse über die Sexualhormone wurde erstmals die Verbindung zwischen Körper und Aggression hergestellt. Schon vor Jahrhunderten war den Menschen auf dem Land bekannt, daß störrische männliche Haustiere durch Kastration ruhiger wurden. Heute wissen wir, daß die Zufuhr des männlichen Geschlechtshormons Testosteron auf diese Weise unterbunden wird. Auch das Ergebnis eines Wettkampfes – Sieg oder Niederlage – scheint sich auf den Testosteronspiegel auszuwirken. Das geht aus einer kürzlich veröffentlichten Studie des Harvard-Universitätsmitglieds Michael Elias hervor. Bei der Untersuchung der Hormonspiegel von Universitätsringkämpfern stellte er nämlich fest, daß der Testosteronspiegel der Sieger höher war als der der Besiegten.
Erwartungsgemäß steigt der Testosteronspiegel bei jeder körperlichen Betätigung an. Auch wenn das Hormonniveau der Kontrahenten vor dem Kampf gleich

war, erhöhte sich der Testosteronspiegel beim Sieger doch prozentual stärker als beim Unterlegenen.
Elias ist davon überzeugt, daß die unterschiedliche Höhe des Hormonspiegels im Rahmen der Auslese unserer Art eine wichtige Rolle gespielt hat: »Meiner Ansicht nach muß derjenige mit dem niedrigeren Hormonspiegel unterliegen, denn er kann auch weniger Nachkommen zeugen.«
Sind Machtausübung beziehungsweise das Bezwingen anderer etwa charakteristische Merkmale der Aggression? In den meisten unserer Gesellschaftsformen gehören die Männer zum aggressiveren Geschlecht, da sie einen wesentlich höheren Testosteronspiegel haben als die Frauen.
Haben sich nun die »Übeltäter« aus den aggressiveren Vertretern unserer Art entwickelt? Und sind Frauen davon ausgenommen, nur weil sie weiblichen Geschlechts sind? Das wäre entschieden zu einfach, da auch andere Hormone von Bedeutung sind. Folgendes hat sich herausgestellt: Kinder beiderlei Geschlechts, deren Mütter während der Schwangerschaft synthetische Progestine eingenommen haben, sind aggressiver als ihre Geschwister, die im Mutterleib heranreiften, ohne von den Nebenwirkungen dieser Mittel betroffen gewesen zu sein. Forschungsergebnisse britischer Wissenschaftler haben gezeigt, daß manche Frauen aufgrund hormoneller Veränderungen in ihrem Monatszyklus etwa acht Tage vor der Periode oder während dieser Zeit zu aggressivem Verhalten neigen. Diese Tatsache wird in England von der Verteidigung bei Gericht vorgebracht und vom Gesetz berücksichtigt.
Ist die Stärke der Aggression genetisch programmiert? Aus etlichen Untersuchungen in Amerika und Europa

geht hervor, daß die Nachkommen gewalttätiger Eltern zu verstärkter Gewalttätigkeit neigen, selbst wenn sie von ausgeglichenen, friedfertigen Pflegeeltern aufgezogen werden. Der Neurologe Frank Elliot untersuchte als Professor der Medical-School an der Universität Pennsylvania 132 gewalttätige Patienten und konnte beweisen, daß 94 Prozent dieser Testpersonen eine von Gewalttätigkeiten geprägte Familiengeschichte hatten, die sich teilweise vier Generationen zurückverfolgen ließ! Zwölf adoptierte Kinder, die aus derart veranlagten Familien stammten, waren selbst gewalttätig, obwohl ihre Adoptiveltern friedfertig waren.
Durch Tierversuche wurde nachgewiesen, daß bestimmte Gene im Y-Chromosom – dem Träger der das männliche Geschlecht bestimmenden Erbfaktoren – mit einem plötzlichen Ansteigen des vorpubertären Testosteronspiegels verbunden sind, durch den Aggressionen ausgelöst werden. Es gibt also Gene im Y-Chromosom, die mit Aggressionen gekoppelt sind.
»Aber auch andere Mechanismen spielen hier eine Rolle«, meint der Gen-Forscher Benson Ginsburg, der sich unter anderem mit diesen Untersuchungen befaßte, und fährt fort: »Welche anderen Mechanismen könnten also noch Ursache für extreme Aggressionen sein, wenn nicht ausschließlich Hormone oder die angeborene Eigenschaft dafür verantwortlich sind? In allerletzter Konsequenz ist es das Gehirn. Denn hier wird das Gesamtverhalten eines Menschen gefiltert. Einmal können neurologische Probleme die Auslöser von Aggressionen sein. Zum anderen – noch enger eingegrenzt – das sogenannte Limbische System. Hier können Verletzungen eine Art Kurzschlußhandlung verursachen und damit zu einem Aussetzen der Kontrolle führen.«

Tiere zeigen zum Beispiel unmittelbar nach der Stimulation der Amygdala (Mandelkern) und des Hypothalamus ein aggressives Verhalten. Es dringt also ein sehr primitives Reptilienverhalten an die Oberfläche. Um zu illustrieren, daß auch Menschen ähnlich reagieren, pflanzten der Neurochirurg Vernon Mark und seine Kollegen von der Harvard-Universität Epileptikern mit gewalttätigem Verhalten in die entsprechenden Hirnbereiche Elektroden ein und behandelten ihre Patienten mit schwachen elektrischen Stromstößen. Als diese den Kern der Amygdala erreichten, fletschten die Patienten die Zähne, schnitten Fratzen und schlugen um sich wie wild gewordene Tiere.
Der Straßburger Physiologe Prof. R. Ewald führte 1898 den ersten Versuch elektrischer Gehirnmanipulation durch. Er verband das Gehirn eines Hundes über Drähte mit einer Batterie, die er stets bei sich trug.
Die Grundlagen zur Beeinflussung der Verhaltensweisen von Mensch und Tier durch Stromreize im Gehirn schuf allerdings der Schweizer Physiologe Walter Rudolf Heß. 1924 benutzte er Katzen, um die ersten Versuche dieser Art durchzuführen. Wie in einem Horrorfilm bohrte er den bedauernswerten Tieren unter Narkose Löcher in die Schädeldecke und schob durch sie feine Elektrodendrähte bis in die Gehirnmasse vor. Schwachstromstöße reizten die Hirnregionen an den nicht isolierten Drahtenden und lösten bei den Katzen Aggressionen aus. Mit angelegten Ohren, gesträubtem Fell und peitschendem Schwanz bearbeiteten sie einen nicht vorhandenen Feind fauchend mit Tatzenhieben. Heß nannte diesen elektrisch erzeugten Aggressionsausbruch »Scheinwut«. Mittels elektrischer Reize auf eine andere Gehirnpartie – das Freßzentrum – gelang

es Heß auch, »Scheinhunger« zu manipulieren. Dieser künstlich erzeugte Hunger veranlaßte die Versuchstiere, alles zu fressen, was sie erwischten, selbst normalerweise ungenießbare Gegenstände. Ihre Freßgier war unersättlich.

Ein weiterer, entscheidender Schritt in der Gehirnmanipulation ist auf den Hirnforscher José M. R. Delgado von der Yale-Universität zurückzuführen. Er leitete eine Ära ein, über die man geteilter Meinung sein kann. Denn seine Methode besteht darin, elektronische Befehle drahtlos auf in das Gehirn implantierte Elektroden zu übertragen. Den zweifelhaften Ruhm des gebürtigen Spaniers festigten nicht zuletzt seine »Stierkämpfe eines Hirnforschers«, mit denen er Ende der fünfziger und noch Anfang der sechziger Jahre Aufsehen erregte.

In der Arena von Cordoba stellte er sich einem wütenden Kampfstier, nichts in den Händen außer einem Transistorengerät mit Tasten. Als Delgado den Stier in der Manier eines Toreros mit dem roten Tuch reizte, verschlug es der Menge den Atem. Eine ganze Weile passierte nichts. Doch plötzlich stürzte sich der Stier mit gesenkten Hörnern wutschnaubend auf seinen Gegner. Nichts konnte ihn mehr davon abhalten, den Hirnforscher im nächsten Augenblick aufzuspießen. Aber da blieb das Tier mitten in der Attacke plötzlich wie vom Blitz getroffen stehen. Delgado hatte rechtzeitig auf eine Taste gedrückt und das lebensgefährliche Ungeheuer durch Fernsteuerung in ein zutrauliches Rindvieh verwandelt. Natürlich hatte Delgado den Stier vorher entsprechend präpariert. Durch Implantation von Elektroden in den vorderen Thalamus war es ihm möglich, die Reaktionen des Kampfstiers über ein

Transistorengerät fernzusteuern – wie ein Modellflugzeug für Kinder.
Der Gedanke, daß auch menschliche Verhaltensweisen durch Stromstöße gesteuert werden könnten, birgt die fürchterlichsten Perspektiven in sich. Denn die Palette künstlich zu erzeugender Gefühle beinhaltet alle Variationen menschlichen und tierischen Verhaltens – sei es nun Haß, Wut, Angst oder Aggression; Gefügigkeit, Feigheit, panische Furcht, Lust oder extremes Sexualverhalten – es gibt nichts, was nicht manipuliert werden könnte. Delgado stellte die Manipulierbarkeit des Gehirns in vielen Experimenten unter Beweis und führte sie unter anderem auch an dem fünfjährigen Schimpansen Carlo vor. Brüllend und mit Drohgebärden stürzte er sich völlig unerwartet und scheinbar unmotiviert auf seine Sippenangehörigen und jagte sie eine Viertelstunde lang im Gehege umher. Dann setzte er sich wieder in seine Ecke und schnitt Fratzen.
Delgado hatte die Reaktionen des Schimpansen außerhalb des Käfigs gezielt gesteuert. Über ein Transistorengerät übertrug er elektrische Impulse auf die im Gehirn des Schimpansen implantierten Elektroden und erzeugte auf diese Weise sowohl die sinnlose Wut als auch das friedfertige Verhalten Carlos.
In vielen Hirnforschungslaboratorien der Welt werden ähnliche Versuche durchgeführt, um Gehirnfunktionen besser verstehen und lokalisieren zu können. Dieses bessere Verständnis dient vor allem dem Zweck, Krankheiten besser zu erkennen und zu heilen. Delgado versichert, daß jede elektrische Stimulation, die beim Schimpansen funktionierte, auch beim Menschen klappen würde. Kommentar: Herrliche Aussichten für eine zukünftige Welt von manipulierten Marionetten!

Der Neurophysiker Perry London äußert in diesem Zusammenhang, daß die Grenzen zukünftiger Möglichkeiten noch nicht absehbar seien, aber alles bisher bereits »Machbare« genüge hinreichend, um uns alle in helle Aufregung zu versetzen.
Inzwischen hat Robert Heath von der Tulane-Universität extrem aggressive, gemeingefährliche Geisteskranke mit Selbststimulatoren ausgestattet, durch die sich die Patienten per Knopfdruck von aggressiven Stimmungen befreien können.

Aggressionsschübe können durch verschiedene krankhafte Veränderungen des Gehirns ausgelöst werden. Ein bezeichnendes Beispiel dürfte der Fall des Charles Whitman sein, der von der Spitze des Kirchturms in Austin/Texas auf Passanten schoß und 17 Menschen tötete. Die Obduktion des von der Polizei erschossenen Whitman ergab, daß er einen Gehirntumor hatte. Ein anderer Fall: Ein Mann versuchte, Frau und Tochter mit einem Hackmesser zu köpfen. Seine Gewalttätigkeit war so extrem, daß ihn die Polizei nur mit Hilfe eines Fischnetzes außer Gefecht setzen und ins Krankenhaus bringen konnte. Seine Familie hatte in den vergangenen sechs Monaten eine zunehmende Veränderung seines Verhaltens beobachtet. Er hatte über Kopfschmerzen und nachlassende Sehschärfe geklagt. Bei der neurologischen Untersuchung stellte sich dann heraus, daß sich unter dem rechten Stirnlappen ein Tumor gebildet hatte, der direkt auf das Säugetierhirn – also auf das Limbische System – drückte. Nach der operativen Entfernung des Tumors setzte eine geradezu sensationelle Besserung im Verhalten des Patienten ein.

Allerdings stören nicht nur Tumore die Tätigkeit des Gehirns und bewirken Gewalttätigkeiten, auch Alkohol- oder Drogengenuß können zu Vergiftungen des Gehirns führen. Biochemiker untersuchten die chemischen Vorgänge im Gehirn, um herauszufinden, welche Einflüsse diese Verhaltensstörungen auslösen, das heißt, welche Kriterien den Verlauf von Aggressionen bestimmen. Es wurde entdeckt, daß der sogenannte Aminespiegel – Amine sind organische Basen, die sich von Ammoniak ableiten – vor einem »Wutanfall« niedrig ist, aber mit dem Ausbruch sofort ansteigt. Zur Blockierung der Aminwirkung und damit zur Vorbeugung gegen gewalttätiges Verhalten behandelten einige Ärzte aggressive Patienten mit Propranolol.

Nach gezielten Versuchen mit Mäusen war der Neurochemiker Bruce Morton von der Universität Hawaii in der Lage, eine Gehirn-»Karte« der Aggressivitätszonen anzulegen, auf der *die* Teile des Gehirns dargestellt sind, die entweder aktiviert oder gehemmt werden können, um Aggressionen zu erzeugen oder zu verhindern. Andere Wissenschaftler bewiesen, daß die verschiedenen Arten der Aggression auch von verschiedenen Gehirnzonen gesteuert werden. Biochemiker glauben zudem, daß verschiedene chemische Reaktionen mitwirken. Genforscher vermuten, auf unterschiedliche Chromosomenmuster für jede Reaktion gestoßen zu sein. So meint Dr. Stephen Maxson, Verhaltensforscher an der Universität Connecticut, Angriffsverhalten könnte im Y-Chromosom verschlüsselt sein.

Wissenschaftler haben auch festgestellt, daß Aggression eine Variation von offensivem Verhalten ist, verursacht entweder durch Wut oder durch Angst. Der aggressive Mensch reagiert auf das, was ihm als Bedrohung erscheint, wobei seine Auffassung über die Bedrohung selbstverständlich subjektiv bleibt. Damit schließt sich der Ring der Ursachen für extreme Aggressivität. Wenn ein Mensch aufgrund einer Hirnverletzung, von Hormonstörungen oder genetischer Abnormität unausgeglichen ist, kann auch sein Urteilsvermögen hinsichtlich einer Bedrohung nicht ausgewogen sein. Diese Bedrohung wird für ihn durch eine geringere Aggressionsschwelle zu einer schweren Gefahr, während sie für einen ausgeglichenen Menschen nur eine unbedeutende Belästigung darstellt. Lernen, Erfahrung, Umwelt, Säugetierhirn, Gene, chemische Substanzen, Hormone ... vielleicht ein Tumor? Ob damit die Wahnsinnstat des Karel Charva ausreichend erklärt werden kann? Vorläufig ist noch nicht ergründet worden, welche Ursachen sie bewirkten. Sicher ist jedenfalls, daß die Wissenschaftler im Verständnis von Aggressivität ein gutes Stück vorangekommen sind.

Wenn wir das Wesen unseres Aggressionstriebes verstehen wollen, müssen wir nach seinen Wurzeln suchen; und zwar dort, wo unser Ursprung liegt – in unserer Tiervergangenheit. Hier haben Hormone schon immer eine große Rolle gespielt, winzige Mengen chemischer Substanzen, die ungeheure Kräfte in sich bergen. Überall sind sie im Spiel, ob wir uns zu einem Menschen hingezogen fühlen, ob wir lieben oder hassen.
Zu ihrem Erstaunen stellten Biochemiker fest, daß sich Hormone im Organismus auch dort aufhalten, wo sie »logischer Erwartung zufolge nichts zu suchen haben«. So wurde die Annahme widerlegt, Verdauungshormone, wie beispielsweise das die Bildung der Magensäure steuernde Gastrin, kämen ausschließlich im Verdau-

ungstrakt vor. Derartige Hormone wurden nämlich auch im Gehirn gefunden. Dagegen entdeckte man die körpereigenen, in der Hypophyse produzierten und im Gehirn eingesetzten Opiumstoffe zur Schmerzlinderung – Enkephaline und Endorphine – seltsamerweise auch im Verdauungstrakt.

Was es mit den »falsch plazierten« Hormonen auf sich hat, ist noch nicht geklärt. Bekannt ist lediglich, daß gleichen Hormonen an unterschiedlichen Plätzen wahrscheinlich unterschiedliche Aufgaben vorbehalten bleiben. Zum Beispiel hemmt das Hormon Vasopressin in Nieren und Blase die Harnbildung und Ausscheidung. Vor ein paar Jahren stießen Wissenschaftler auch im Gehirn auf dieses Hormon, das, so wurde festgestellt, die Lernfähigkeit anregt.

Für Forscher ergeben sich damit zwei Deutungsmöglichkeiten: Entweder werden Hormone allein durch unsere Drüsen produziert und arbeiten in den Wirkungsbereichen mit speziellen Partnern zusammen, den sogenannten Rezeptoren. Oder Hormone werden nicht nur durch die endokrinen Drüsen produziert, sondern entstehen auch noch an anderen Stellen in unserem Körper. Biochemiker ziehen beispielsweise in Erwägung, ob die Entstehung von Vasopressin nicht im Gehirn stattfinden könnte. Nach neuesten Erkenntnissen scheint sich jedenfalls zu bestätigen, daß Hormone überall im Organismus ihre Kontaktplätze haben. Demnach bewältigen sie einen weitaus größeren Aufgabenkreis, als bisher vermutet wurde.

Wie sich herausgestellt hat, wird Insulin nicht ausschließlich von den sogenannten Langerhansschen Inseln in der Bauchspeicheldrüse produziert und ist auch nicht nur dafür zuständig, den Blutzucker auf einer bestimmten, für den Menschen zuträglichen Höhe zu halten. Aus den mit der Nahrung aufgenommenen Kohlehydraten entsteht Zucker, der in Form von Insulin in der Leber gespeichert wird. Durch das Insulin geben ihn die Leberzellen nur bei Bedarf ins Blut ab. Die Leber ist also die Wirkungsstätte des Insulins.

Inzwischen sind Forscher des amerikanischen ›National Institute of Health‹ jedoch in den Gehirnen von Versuchstieren auf große Mengen von Insulin und dessen Rezeptoren gestoßen. Zuerst vermuteten sie, der Blutstrom habe es dorthin transportiert und spritzten den Tieren Insulin ein, um den Beweis dafür zu erhalten. Sie mußten allerdings feststellen, daß nur ein geringer Prozentsatz der gespritzten Menge das Gehirn erreichte. Das dort gefundene Insulin mußte also auch dort produziert worden sein, obwohl es wahrscheinlich anders verarbeitet wird als im übrigen Organismus.
In diesem Zusammenhang taucht die Frage auf, ob das Insulin im Gehirn eine wichtige Funktion in der Kommunikation ausübt. Denn nach Ansicht des amerikanischen Forschers Dr. Jesse Roth begannen Hormone einmal als Nahrungsübermittler für die Zellen, dienten aber gleichzeitig zur Verständigung. Damit hätten sie einen wichtigen Platz in der Entwicklung des Lebens eingenommen.

Wenn wir im Zeitraffer die Evolution rückwärts verfolgen, zeigt sich, daß das Leben für die Einzeller im Meer noch recht einfach war. Vom Wasser umspült, konnten sie ihm alle Substanzen entnehmen, und mit dem sie durchspülenden Wasser wurden die abgesonderten Stoffe wieder entfernt. Dann veränderten sich die Einzeller zu mehrzelligen Lebewesen. Damit die Funktion dieses mehrzelligen Organismus garantiert werden konnte, mußte ein Stoff entstehen, der die Verständigung der Zellen untereinander gewährleistete. Doch damit hatten die inneren Zellen der Mehrzeller keine Verbindung mehr zum Wasser. Das freie Eindringen und Ausscheiden von Substanzen – die Osmose – fand nicht mehr statt.

Also war die Entwicklung eines Mechanismus notwendig, der den äußeren und inneren Zellen die gleichen Lebensbedingungen garantierte. Dazu waren Spezialzellen notwendig.

Ein einziger Stoff, vielleicht »eine Art Insulin«, erledigte das alles: Zellenwachstum, Verständigung der Zellen untereinander und das Entstehen von Spezialzellen. Dieser Stoff ist beides zugleich: Neuro-Transmitter – also Überträgerstoff, der die Erregung von einer Nervenfaser auf die andere überleitet – und Hormon.

In der Entwicklungsgeschichte des Lebens nehmen Hormone also einen wichtigen Stellenwert ein. An allen Vorgängen in unserem Organismus sind sie beteiligt. Billionen Körperzellen werden von ihnen gesteuert. Auch unser Gefühlsleben ist eng mit der Wirkungsweise von Hormonen verknüpft. Freudenausbrüche, aber auch Wutanfälle und Aggressionen werden durch das Adrenalin und seinen Zwillingsbruder Noradrenalin ausgelöst. In *Der Mann, ein Fehlgriff der Natur* betrachtet Rainer Knußmann das männliche Hormon Testosteron als Wurzel alles männlichen Übels: »Das Testosteron läßt dem Mann keine Ruhe: Er zeigt die Zähne, um sich einen hohen Rangplatz zu erkämpfen. Zwar macht sein kümmerlicher Eckzahn kaum mehr

Eindruck, doch er zeigt die Zähne auch nur bildlich. Ehrgeiz nennt man sein Streben – und die von Männern beherrschte menschliche Gesellschaft hat diese Eigenschaft sogar zur Tugend erhoben ... Aggression und Rangstruktur sind eng miteinander verknüpft. Beide sind das teuflische Werk des Testosterons, und beide treten gemeinsam auf. Wo keine Hierarchie ist, da ist auch keine Aggression ...«
Für Knußmann ist also die Aggression eine spezifisch männliche Eigenschaft, die durch das Testosteron ausgelöst wird. Stimmt das wirklich, oder unterliegen wir hier einer von Männern in die Welt gesetzten Klischeevorstellung? Es hat sich doch gerade mit der weiblichen Emanzipation gezeigt, daß engagierte Frauen – in der Politik und vor allem in der Terroristenszene – außergewöhnlich aggressiv sein können. Sind solche Frauen etwa testosterongeschädigt? Schließlich kommt dieses Hormon nicht nur im männlichen, sondern auch im weiblichen Organismus vor, wenn auch in wesentlich geringerem Maß. Oder sind in diesem Fall die Ursachen nicht vielmehr psychischer Natur?
Die Geschichte zeigt, daß viele Frauen, die an der Macht waren, gnadenlos getötet haben oder töten ließen. Die chinesische Geschichte ist beispielhaft dafür: Viele Herrscherinnen altchinesischer Dynastien kamen nur durch die Ermordung ihrer Ehemänner oder unmündigen Söhne in den »Genuß der Macht«. Ganz zu schweigen von den zahllosen Untertanen, die sie unter ihrem grausamen Regime dann umbringen ließen. – Elisabeth I. von England, die russischen Kaiserinnen Elisabeth Petrowna und Katharina die Große waren auch nicht gerade zart besaitet. Und erinnern wir uns doch an die Französische Revolution: Hier haben auch

fanatisch blutrünstige Frauen zum Terror beigetragen. Welche unsichtbaren Kräfte haben sie motiviert?
Unter Verhaltensforschern setzt sich zunehmend die Meinung durch, daß sich zwischen Jungen und Mädchen schon in früher Jugend Verhaltensunterschiede bemerkbar machen, die zumindest teilweise biologischen Ursprungs sind. Jungen scheinen von Natur aus aktiver und aggressiver zu sein als Mädchen. Aus Untersuchungen geht hervor, daß Mädchen, die im Uterus der Mutter versehentlich mit dem Hormon Testosteron in Verbindung gekommen waren, als Kinder »maskulines« Benehmen zeigten. Das heißt, sie verhielten sich wie »Lausbuben« und bevorzugten, im Gegensatz zu sogenannten »normalen« Mädchen, jungenhafte Spiele an der frischen Luft. Erst als die besorgten Eltern ihre »mißratenen« Töchter ärztlich untersuchen ließen, wurden die Auswirkungen des Testosterons festgestellt.
In letzter Konsequenz geht es jedoch weniger darum, bis zu welchem Grade Testosteron für Aggressionen verantwortlich ist, sondern eher um die Frage, warum der Mann so konstruiert ist, daß er Testosteron sozusagen als »Treibstoff« braucht.

Der Unterschied zwischen Männern und Frauen könnte auch noch auf andere biologische Faktoren zurückzuführen sein: Die im allgemeinen überlegene Körpergröße des Mannes und seine stärkere Aggressivität könnten das Zuchtwahlverfahren in der Evolution zum Ausgangspunkt haben, da diese männlichen Eigenschaften erforderlich waren, um die Familie oder die Gruppe vor Feinden zu schützen. Zudem erhöhte die Befähigung zum guten Jäger die Überlebenschancen.

Allerdings bleibt die Frage offen, wie die größere sexuelle Bereitschaft des Mannes in dieses Bild paßt, und warum die Evolution ausgerechnet den Mann zur Jagd und zur Verteidigung auserkoren hat. Vielleicht, weil Männer in biologischer Hinsicht entbehrlicher waren als Frauen?

Es läßt sich nun einmal nicht widerlegen, daß die männliche Fortpflanzungsstrategie anders ist als die weibliche. Das trifft nicht nur auf alle Tiere, sondern auch auf den Menschen zu: Fast ausnahmslos kämpfen die Männchen aufgrund ihrer biologisch definierten Männlichkeit untereinander um die sexuelle Gunst der Weibchen. Bei einigen Arten geht es während dieses Konkurrenzkampfes oft recht brutal zu.

Entscheidend ist, daß Aggression häufig als Konkurrenzmittel angewandt wird, wenn sie sich als passend erweist. Im Lauf der Geschichte haben sich Demagogen immer wieder dieser Tendenz bedient und sie dazu benutzt, menschliches Verhalten zu manipulieren. Die Menschen suchen sich für ihre Aggressionen mit Vorliebe einen Sündenbock als »Blitzableiter«. Wenn die Angehörigen einer bestimmten Gruppe und die von ihnen auserwählten Sündenböcke dann auch noch leicht zu unterscheiden sind, ist es um so besser. Ein typisches Beispiel dafür ist das Schicksal der Juden im »Dritten Reich« und die »Ausländer-raus-Einstellung« heute. Das Ergebnis ist eine Aggressionskonformität der »Herde«.

Der Soziologe Stanley Milgram von der Yale-Universität offenbarte die Macht der Konformität in einer traurigen Demonstration. In einer mittlerweile viel diskutierten Studie veranlaßte er Versuchspersonen, an einem Experiment teilzunehmen, in dem anderen Versuchspersonen eine Aufgabe gestellt wurde. Die beaufsichtigenden Versuchspersonen mußten den Lernenden bei jeder falschen Antwort einen elektrischen Schock versetzen. Sobald sich die Anzahl der Fehler bei den Lernenden vermehrte, hatten die aufsichtführenden Versuchspersonen die Spannung des elektrischen Schlags zu erhöhen. Die Spannungsvarianten lagen zwischen 15 und 450 Volt. Bei einem Stromschlag von 75 Volt stöhnte der jeweils Lernende im Nebenraum; bei 150 Volt bat er immer darum, das Experiment zu beenden; bei 180 Volt schrie er, der Schmerz sei unerträglich, und bei Spannungen, die darüber hinaus gingen, trommelte er nur noch mit den Fäusten gegen die Wand oder es folgte unheimliche Stille.

Ein Wissenschaftler im weißen Berufskittel stand neben der Versuchsperson an der Schalttafel und erteilte ihr Anweisungen, die Spannung trotz der Schmerzensschreie der angeblich im Nebenraum an einen Sessel festgeschnallten Lernperson zu erhöhen. Selbstverständlich handelte es sich bei diesem Experiment nur um ein vorgetäuschtes. Außerdem sollte auch nicht die Wirkung einer Strafe auf den Lernprozeß getestet werden, sondern vielmehr, bis zu welchem Ausmaß der Mensch bereit ist, sich einer Autorität unterzuordnen. Die im Nebenraum ausgestoßenen Schmerzensschreie stammten von einem Helfer, der natürlich nicht an Elektroden angeschlossen war. Aber das wußten die Versuchspersonen nicht. Ihnen war nur »befohlen« worden, einem anderen Menschen Stromstöße zu versetzen. Dieser Versuch zeigte eindeutig, daß 62 Prozent (!) der Versuchspersonen gewissen- und gedankenlos, oder etwa aus unbewußter Aggression (?), die Stromstöße bis zur obersten Grenze steigerten!

Aus Milgrams Studie muß geschlossen werden, daß unsere Tendenz zur Aggressionskonformität offenbar mit der Neigung gepaart ist, Befehlen zu gehorchen. Für eine Art mit einer festgefügten Dominanzordnung dürfte solches Verhalten durchaus angemessen erscheinen, und während der langen Periode unserer Jägervergangenheit, in der koordiniertes Handeln lebenswichtig war, kann diese Tendenz durchaus verstärkt worden sein. Denn die Jagd – als eine Art von primitivem Krieg – kann so eine der Hauptadaptionen in der menschlichen Entwicklung gewesen sein. Sollte das tatsächlich zutreffen, dann hat die »aggressive Tätigkeit« – im positiven oder negativen Sinn – primär männlichen Charakter.

Heute haben die Männer, wie eh und je, praktisch in allen Gesellschaftsordnungen das Machtmonopol in Händen – die politische, militärische, wirtschaftliche und kulturelle Kontrolle inbegriffen. Soweit es um führende politische Positionen geht, sind die Frauen, von wenigen Ausnahmen abgesehen, immer noch ausgeschlossen. Obwohl mehr als die Hälfte der Bevölkerung fast aller Länder aus Frauen besteht, sind sie in den Parlamenten ihrer jeweiligen Staaten, wenn es hoch kommt, nur bis zu fünf Prozent vertreten. Erfolgreiche Politikerinnen sind bezeichnenderweise fast ausnahmslos »jenseits der Wechseljahre« angesiedelt, also sozusagen »entsexualisiert«, zum Beispiel Indira Gandhi oder die verstorbene israelische Ministerpräsidentin Golda Meir. Aber gerade sie hat bewiesen, daß Frauen als Politikerinnen nur dann eine größere Chance haben, wenn die typisch weibliche Erotik unterdrückt oder nicht vorhanden ist. Da Politik bis heute im großen ganzen

eine aggressive Tätigkeit verkörpert (bedauerlicherweise), sind Männer in diesem Geschäft eben auch erfolgreicher. Besonders, wenn der Volksmund mit seiner Behauptung recht hat: »Hinter jedem großen Mann steckt eine kluge Frau.«
Aggression resultiert weder allein aus einem Instinkt, noch ist sie ausschließlich das Ergebnis evolutionär bedingter, natürlicher Selektion. Manche der die Aggression auslösenden Faktoren sind sicherlich in unseren Genen enthalten und kommen im hormonellen Bereich zur Wirkung. Andere hängen mit Umwelterfahrungen – der Milieuprägung – zusammen. Eine wichtige Komponente der Aggression ist das Rangstreben. Denn gerade mit Neid gekoppeltes Rivalitätsstreben – der Geltungstrieb – verursacht besonders aggressives Verhalten. Dieser Kampf um die Rangeinstufung hat seinen eindeutigen Ursprung in unserer Tiervergangenheit. Wer daran zweifelt, braucht sich nur im Zoo bei den Affen umschauen.

V

Paschaherrschaft

Der frustrierte Luit hatte sich die Regierungsübernahme in den Kopf gesetzt. Um den alten Yeroen absetzen zu können, brauchte er allerdings den durchtriebenen Nikkie, der aber insgeheim seine eigenen Ziele verfolgte. So konnte der Machtwechsel denn auch vollzogen werden.
Allerdings hatte Luit nicht lange Freude an seiner Herrschaft. Denn die Schwierigkeiten hatten bereits kurz nach dem Führungswechsel begonnen, da sich Nikkie, dieser unzuverlässige Bündnispartner, überraschend wieder auf Yeroens Seite schlug. Weniger aus Gefälligkeit dem alten Yeroen gegenüber, sondern vielmehr aus eigennützigen Gründen. In dem zwischen Nikkie und Yeroen geschlossenen Pakt überließ Nikkie dem alten Chef die Weiber und übernahm die Führung. Aber in seiner jugendlichen Unerfahrenheit hatte Nikkie die Macht der Weiblichkeit unterschätzt. Denn sobald es zwischen ihm und Yeroen zu Unstimmigkeiten kam, schlugen sich die Damen wegen Yeroens unwiderstehlichem Charme lautstark auf dessen Seite.
Obwohl Luit durch Nikkie abgelöst worden war, gab er seine Machtansprüche nicht auf. Die beiden versuchten sich gegenseitig auszustechen und operierten dabei mit geradezu schauspielerischen Glanzleistungen. Schließlich kam es auch noch zu Tätlichkeiten. Sie be-

warfen sich mit Steinen und machten vor Wut Luftsprünge. Endlich drehten sie sich vor Erschöpfung den Rücken zu. Luit schienen Selbstzweifel zu peinigen, denn als er merkte, daß sein Gesicht einige Male unkontrolliert zuckte, verdeckte er es mit der Hand, um Nikkie seinen Zustand zu verbergen. Erst als sich Luit wieder in der Gewalt hatte, drehte er sich seinem Gegner erneut zu. Mit Hilfe einer Freundin, die seine Partei ergriffen hatte, schlug er den Verräter Nikkie in die Flucht.
Vorgänge dieser Art bringen keinen von uns aus der Fassung. In der Politik sind sie alltäglich. Machen uns nicht häufig »Enthüllungsartikel« mit dem Privatleben unserer Politiker bekannt? Gehört nicht auch die Intrigenwirtschaft im Zusammenhang mit Koalitionsbildungen mehr oder weniger zum politischen Geschäft? Entspringen nicht auch politische Ambitionen meist der Gefühlswelt? Wie jeder von uns weiß, spielen in der Politik Imponiergehabe, Kraftmeierei und Drohgebärden eine große Rolle. Beachtlich ist auch der verborgene Einfluß der Frauen auf die Politiker. Unwillkürlich fällt einem hier der Hof von Versailles ein und die Damen Pompadour und Dubarry. Fast alle Wege zum König führten über sie.
Was Yeroen, Nikkie und Luit angeht, verhalten sie sich also recht menschlich, selbst wenn sie Affen sind – Schimpansen im Arnheimer Zoo.
Der holländische Verhaltensforscher Frans de Waal berichtet in seinem Buch *Unsere haarigen Vettern* über die komplexe Gesellschaftsstruktur einer 25köpfigen Schimpansenhorde im Arnheimer Zoo. Er schreibt unter anderem: »In der Tat scheint unsere politische Aktivität Teil eines Erbes der Evolution zu sein, das wir mit

unseren nächsten Verwandten, den Schimpansen, teilen.«
Der Ehrgeiz, an die Spitze zu kommen, andere auszustechen, der Jägerinstinkt, den Gegner zu erlegen, sie gehen ohne Zweifel auf unsere Tiervergangenheit zurück. Im Grund genommen ist der Mensch ein Kulturaffe, besser gesagt, ein Raubtier in Menschengestalt, das sich in ständigem Konflikt zwischen Vernunft und Raubinstinkten befindet.
Ließen wir unsere Entwicklungsgeschichte mit Beginn der Werkzeug- und Waffenherstellung in einem einstündigen Film rückwärts ablaufen, wäre unser industrielles Zeitalter in wenigen Sekunden vorüber, während der überwiegende Teil des Filmes den Mensch als Jäger zeigen würde: Der Mensch hat neunundneunzig Prozent seiner Entwicklung als Jäger zugebracht. Das erklärt wohl auch, warum der Jagdinstinkt als unsichtbare Kraft in uns immer wieder zum Durchbruch kommt. Dieses Erbe aus unserer frühen Jägerzeit ist jedoch gleichzeitig auch mit wichtigen Fähigkeiten und Talenten gepaart. Ohne diese Anlagen hätte sich der Mensch sicherlich nie Ziele stecken und diese durch Strategien verfolgen können. Ohne sie wären wahrscheinlich nennenswerte Fortschritte in der menschlichen Entwicklung ausgeblieben. Und ohne seinen aggressiven Eroberungsdrang – seine Neugierde – wäre es ihm wohl kaum gelungen, neue unbekannte Reviere zu erschließen. Seinen Drang, die Sterne zu erobern, erleben wir aktuell mit.
Typisches Überbleibsel unseres einstigen Jägerdaseins ist unser Wettbewerbsgeist, der sich besonders augenfällig in sportlichen Aktivitäten offenbart: Schneller laufen, springen, werfen – Rennen gewinnen ... besser

sein ... bessere Bedingungen für die Nachkommen zu schaffen.

Dazu gehört auch das Ritual der gemeinsamen Mahlzeit, wenn die »Beute« in einer Runde verzehrt wird. Dabei verrät vor allem das kurze Aufblicken vor dem nächsten Bissen unsere Raubtiervergangenheit. Denn wir sichern dadurch unbewußt immer noch den »Beuteanteil« vor dem Rivalen. Wir wissen, daß Rivalität und Aggressionstrieb in engem Zusammenhang stehen und Rivalitätskämpfe letztlich zum Rangordnungssystem führen.

Wie sich bei Yeroen, Luit und Nikkie gezeigt hat, herrschen in der Gesellschaftsstruktur von Affen strenge Rangordnungsgesetze. Je strikter die Rangordnung in einer Affenhorde ist, um so eifersüchtiger und aggressiver achtet der Pascha darauf, daß seine Rechte eingehalten werden und der »Harem« ausschließlich dem Herdenboß – also dem Alpha-Tier – gehört.

Die extremste Paschaherrschaft stellen die alten Herren unter den Pavianen zur Schau. Sie beanspruchen den größten Teil des Futters und bestrafen die aufsässigen unter den Junggesellen gnadenlos. Aber allein auf diese Weise kann die Pavian-Hierarchie aufrechterhalten werden.

Pavianhorden setzen sich aus mehreren Familien zusammen. Zu jeder gehören Frauen, Kinder und eine Anzahl von Junggesellen, die so eine Art »Hausfreund« verkörpern. Alle unterstehen dem strengen Regiment des jeweiligen Familienoberhaupts, dessen Position im allgemeinen durch Stärke, Kompetenz und Popularität errungen wird.

Auch die Familien nehmen innerhalb der Herde einen bestimmten Platz in der Rangordnung ein. So hat der

stärkste, dominanteste und beliebteste Pavian-Pascha auch die meisten Weibchen und die größte Familie. Dem schwächsten Männchen sind höchstens zwei bis drei Weibchen gestattet. Dem Oberpascha haben sich alle anderen Familienbosse nach einem strengen Reglement zu fügen. Selbst wenn ihn nach einem ihrer Weibchen gelüsten sollte, haben sie zu kuschen. Was die »Liebe« anbelangt, haben die Ranghöheren das Recht, die Weibchen der Rangniederen für sich in Anspruch zu nehmen. Sollte es jedoch ein rangniederer Pavian einmal wagen, eine »Dame der Hautevolée« zu verführen, kommt ihn das teuer zu stehen. Das erinnert an ein verbrieftes Recht der Feudalherrschaft früherer Zeiten, in denen dem Landesherrn – dem »Besten, Stärksten, Klügsten« – das Recht der ersten Nacht auf die jungfräuliche Braut eines Untertanen zustand.
Die den Familienoberhäuptern an Zahl weit überlegenen Pavian-Junggesellen leben in ständiger Erwartung einer »Palastrevolution«, um selbst an die Macht zu kommen. Einer der Paschas braucht nur krank, schwach oder alt zu werden, schon ist einer der Junggesellen auf dem Sprung, um ihm seine Vorrangstellung streitig zu machen. (Wie wir gesehen haben, zeigte sich das gleiche Verhalten bei den Schimpansen im Arnheimer Zoo.) Nach siegreichem Kampf verjagt der Junggeselle das bisherige Familienoberhaupt und nimmt seinen Platz ein. Fortan muß der entmachtete Pavian-Pascha nun als Junggeselle mitlaufen und sich dem neuen Boß unterordnen.
Da sich die Weibchen jedoch auch außerhalb der Befruchtungsperiode gern paaren – wie übrigens alle weiblichen Primaten –, finden Junggesellen unter ihnen immer eine willige Sexualpartnerin. Allerdings darf

der Pascha nichts davon merken, sonst muß sie mit einer beachtlichen Züchtigung rechnen. Um dem zu entgehen, wendet das ungetreue Weibchen recht gerissene Methoden an. Sie lenkt die Wut des Gebieters nämlich auf den »bösen Verführer«. (Drängen sich da nicht Vergleiche auf?) Sie streckt dem Pascha das Hinterteil hin, trommelt mit den Händen gleichzeitig auf dem Boden herum und droht ihrem Liebhaber mit fürchterlichen Grimassen. Damit hat sie ihren Zweck erreicht. Denn nun stürzt sich der Pascha wutschnaubend auf den Konkurrenten.
Bei den Schimpansen wenden rangniedere Männchen hin und wieder auch Tricks an, um ihre Paarungschancen zu vergrößern. De Waal beobachtete den intelligentesten, wenn auch rangniedersten Schimpansen Dandy. Der sann ständig auf Mittel und Wege, sich bei einer »zufälligen« Begegnung mit einem Weibchen heimlich zu »verabreden«. Beide gingen anschließend unauffällig ihrer Wege, um sich zu einem unerlaubten Liebesakt hinter den Bäumen zu treffen. Als Dandy wieder einmal mit einem Weibchen verbotenerweise flirtete, sah er ständig über die Schulter. Er wollte sichergehen, daß ihn auch ja keiner seiner ranghöheren Konkurrenten beobachtete. Paarungsbereite Schimpansenmänner sitzen mit weit gespreizten Beinen da und stellen ihre »männliche Pracht« zur Schau. Genau in diesem Augenblick wurde Dandy von dem ranghöheren Luit erwischt. Schnell kehrte ihm Dandy den Rücken und verdeckte seinen Penis so lange mit den Händen, bis sich sein Erregungszustand gelegt hatte. Diese Signalunterdrückung, wie sie im Fachjargon genannt wird, beschränkt sich nicht nur auf die männlichen Primaten, sondern wurde auch bei den weiblichen beobachtet.

Eine halbwüchsige Schimpansin gab zum Beispiel beim Höhepunkt der Paarung einen gellenden Schrei von sich. Als sie dann beinah erwachsen war, beehrte sie nur noch den Ranghöchsten beim Akt mit einem Schrei. Bei ihren jeweiligen Liebhabern beschränkte sie sich nur noch auf kehlige Schnaublaute und deutete den Schrei durch eine entsprechende Grimasse an. Das war weniger verräterisch!
Manchmal lausen Affenmännchen liebevoll und ausgiebig einen Rivalen, um ihn dadurch zu bewegen, ihnen ein Weibchen zu überlassen. Den Nutzen hat dann gelegentlich ein Dritter. Einmal war Nikkie so intensiv mit Yeroens Fell beschäftigt, daß ihm entging, wie sich Luit heimlich davonstahl. Auch die brünstige Äffin saß nicht mehr auf ihrem Platz. Vor Schrecken fielen sich Nikkie und Yeroen in die Arme. Dann jagten sie mit gesträubtem Fell auf der Suche nach Luit durch das ganze Gehege. Offensichtlich hatten sie den gleichen Verdacht. Erst als sie Luit in aller Gemütsruhe scheinheilig aus dem Wassergraben trinken sahen, beruhigten sie sich langsam wieder. »Sie werden nie erfahren, ob ihr Verdacht begründet war oder nicht«, berichtet de Waal. »Aber ich weiß, daß sie nur etwas zu spät gekommen waren.«
Im Leben der Affen herrscht eine strenge Hierarchie, und die Menschen unterscheiden sich hier nur wenig von ihnen. Denn unser Leben wird durch Statussymbole, Titel, Besitz sowie berufliche oder politische Positionen bestimmt. Durch sie werden wir zusammengeführt oder getrennt, gleichgültig, welcher Anlaß vorliegt: ob Ranglistenspiele im Tennisclub, der Aufstiegskampf im beruflichen und politischen Leben oder das Rivalitätsverhalten, wenn eine Frau im Spiel ist.

Ein Großteil des gesellschaftlichen Drucks, der unser Dasein bestimmt, geht auf dieses atavistische Rangstreben zurück, mit ein Grund für den Erfolg von »Titelhändlern«, die im gesellschaftlichen Prestigewettstreit eine Marktlücke entdeckt haben. Vertreter des männlichen Geschlechts nehmen sie besonders gern in Anspruch.

Was das Liebesleben anbelangt, so bieten die emanzipierten Frauen den Männern seit kurzem in ihren Aktivitäten Contra. Das war einmal ganz anders. Noch vor nicht allzu langer Zeit wurde eine Ehefrau, deren Untreue entdeckt worden war, aus der Gesellschaft ausgestoßen. Wenn der Rivale standesgemäß war, forderte ihn der gehörnte Ehemann zum Duell.

Im Menschen sind sexuelle und mütterliche Verhaltensweisen nicht vollständig voneinander getrennt. Wenn sich zum Beispiel aus dem Umwerben der erste körperliche Kontakt entwickelt hat, wird er forciert, um die zwischen Mann und Frau bestehende Schranke zu überwinden und die körperliche Vereinigung zu erleichtern. Zwischen Liebenden kommt es zu Zärtlichkeiten, die sonst nur zwischen Mutter und Kind üblich sind: Küssen, das sicherlich eine Abwandlung des Saugens ist, Streicheln, Anschmiegen und Koselaute.

Schimpansen begrüßen ihre Freunde unterschiedlich. Sie richten sich dabei völlig nach ihren Empfindungen. Während sie einige mit einem flüchtigen Händedruck bedenken, umarmen sie andere leidenschaftlich. Schimpansen verfügen über eine breite Palette von Gefühlen – von kühler Reserve bis zu stürmischer Zuneigung –, die sie gezielt zum Ausdruck bringen.

Hier, wie auch in den vorher beschriebenen Verhaltensbeispielen von Pavianen und Schimpansen, drängen sich die Parallelen zwischen ihren Lebens- und Gefühlsäußerungen und unseren eigenen förmlich auf. Schimpansen gehen sogar so weit, Sympathie zu heucheln oder dramaturgisch zu untermauern, wenn sie ein bestimmtes Ziel erreichen wollen. Bei uns Menschen gehört dieses Verhalten zum täglichen Leben. Halten wir uns doch einmal das Begrüßungszeremoniell von Politikern befreundeter und nichtbefreundeter Staaten vor Augen. Es ist auf die Linsen der Kameras abgestimmt und damit für die Weltöffentlichkeit präpariert. Umarmung, Kuß auf die linke und rechte Wange, manchmal sogar auf den Mund, strahlendes Zahnpastalächeln unter stählernen Blicken. Anhaltendes kräftiges Händeschütteln. Bei aller Toleranz – ist das nicht das reinste Affentheater? Die zur Erreichung eines Zieles bewußt eingesetzte Heuchelei war bei den hochentwickelten Primaten in der Zuchtwahl gewiß von Vorteil; sie hat sich bei uns bis zum heutigen Tage erhalten, um den Rivalen oder die Rivalin zu täuschen und auszustechen. Hier wird deutlich, wie sehr uns die unsichtbaren Kräfte aus den Tiefen der Evolution begleiten.

Ist es nicht frappierend, daß wir immer wieder auf Verhaltensparallelen zwischen Affe und Mensch stoßen? Ähnlich wie bei seinem menschlich-männlichen Pendant zeichnet sich der Leitschimpanse durch die entspannte Gelassenheit seiner Bewegungen aus und durch die Art, wie er sich das nimmt, was ihm seiner Meinung nach zusteht. Rangniedere Hordenmitglieder sind dagegen ständig nervös, gestreßt und auf der Hut. In ihren Beziehungen überwiegt im allgemeinen unterwürfiges Verhalten. Dieses von ranghöheren auf rangniederere Tiere ausgeübte Dominanzverhalten bestimmt ihr Gemeinschaftsleben.

Wir haben gewichtige Gründe anzunehmen, daß bei dem Vorfahren des Menschen, dem Ramapithecus, ein ähnliches soziales Verhalten herrschte wie bei den heutigen Schimpansen und in mancher Hinsicht den Pavianen – hier besonders den großen abessinischen Gelada-Pavianen –, und können deshalb die Schlußfolgerung ziehen, daß auch seine Gesellschaftsform mit der ihren vergleichbar ist. Von besonderem Interesse ist dabei die Bildung sogenannter Junggesellengruppen. Möglicherweise geht auf sie die erste systematische Großwildjagd zurück. Erkenntnisse über andere jagende Tiere lassen den Schluß zu, daß die Gelada-Harem-Struktur unter einem Pascha für die Jagd ungeeignet war, während der Zusammenschluß der »Junggesellen« dafür genau das Richtige gewesen sein dürfte.

Angenommen, diese These wäre zutreffend, dann könnte sich mit dem Auftreten des Homo erectus als Großwildjäger vor rund 800 000 Jahren auch der Schritt vom Gelada-Typ zum Typus der gemeinschaftlich jagenden Hordenmitglieder andeuten. Eine Gesellschaftsform, die heute noch bei den Buschmännern und den Ureinwohnern Australiens, den Aborigines, zu finden ist.

Ungeachtet der noch ausstehenden, endgültigen Erkenntnisse über den Ursprung der menschlichen Gesellschaftsformen steht zweifelsfrei fest, daß Verhaltensanpassungen dieser Art die Entwicklung bestimmter Sozialstrukturen und wachsender Wirtschaftskulturen gefördert haben. Denn letztlich trug die geistige und körperliche Anpassung ausschlaggebend dazu bei, daß sich ein hochkomplexes menschliches Gehirn entwickeln konnte.

VI

Die Illusion der Wirklichkeit

Im Mai 1969 ging in der französischen Stadt Orléans das Gerücht um, in verschiedenen Geschäften seien einige Dutzend Mädchen betäubt und dann in U-Booten in den Orient verfrachtet worden. Man habe jugendlichen Käuferinnen mit raffiniert angebrachten Injektionsvorrichtungen Betäubungsmittel verabreicht, um sie unauffällig entführen zu können.

Die eingeschaltete Polizei fand nicht den geringsten Hinweis zur Bestätigung dieses Gerüchts. Darauf behaupteten die Leute, die Polizei versuche die Geschichte zu vertuschen, da sie selbst verwickelt sei.

Nunmehr griff die aufgebrachte Menge zur Selbsthilfe. Sechs »verdächtige« Personen wurden gelyncht und mehrere andere zu Krüppeln geschlagen.

Schließlich gelang es der Polizei, hieb- und stichfest nachzuweisen, daß in der Stadt kein einziges Mädchen vermißt wurde und die Öffentlichkeit einem bösartigen Gerücht aufgesessen war. Langsam beruhigte sich die »kochende Volksseele«, wenn auch für die Gelynchten und zu Krüppeln Geschlagenen jede Rettung zu spät kam.

Dieser Vorfall offenbart, wie leicht Menschen einer Scheinwirklichkeit zum Opfer fallen können, die im Handumdrehen zur Massenhysterie ausarten kann. Erschreckend ist, daß die Verblendeten in Orléans auch noch »im guten Glauben« handelten. Idealistische Triebkräfte, die sehr oft auf einer illusionären Wirklichkeit basieren, können unglaublich starke Emotionen wachrufen. In solchen Emotionen kommen immer wieder gefährlich aggressive, auf idealistischen Motiven beruhende, destruktive Kräfte zum Durchbruch. Oft liegen auch den kaltblütigen Mordanschlägen vieler Terroristen idealistische Motive zugrunde.

Es wäre Kriegstreibern, Hexenverbrennern, Inquisitoren und politischen Fanatikern nie gelungen, die Menschheit mit ihren aggressiven Vorstellungen ins Unglück zu stürzen, wenn nicht viele Menschen immer wieder aus innerer Überzeugung – aus Idealismus – geglaubt hätten, das »Gute« gegen das »Böse« verteidigen zu müssen.

Politische Agitatoren mit suggestiver Überzeugungskraft sind in der Lage, Menschen so weit einzulullen, daß diese glauben, das Gute sei nur durch schlechte Mittel zu erreichen. Sie haben die »Gabe«, die Hemmschwelle im Menschen gegen das Böse, die Brutalität und Unmenschlichkeit aufzuheben.

Allein unsere Sinnesorgane können leicht genug eine Scheinwirklichkeit entstehen lassen. Denn Informationen über Ereignisse der Außenwelt werden als Nervensignale an die Empfangsstationen der Großhirnrinde weitergeleitet. Dort befassen sich Zellkolonnen mit ihrer Auswertung und geben sie an die angrenzenden Zonen weiter, damit auch andere Informationen – zum Beispiel solche, die von den Gedächtnisfeldern und anderen Gehirnregionen kommen – zusammengeführt werden können.

Diese Informationskombinationen aus den verschiedenen Quellen und die Verarbeitung durch die Großhirnrinde bilden das Bewußtseinsfundament. Mittels der Elektroenzephalographie – dem EEG – können elektrische Impulse der Großhirnrinde an der Kopfhaut als schnell wechselnde Spannungsausschläge gemessen werden. In der Tiefschlafphase oder im Koma wird das Erregungsniveau durch langsame Wellenimpulse von einer bis zu drei Wellen pro Sekunde unter der für das Bewußtsein benötigten Stufe gehalten. Im hellwachen Zustand zeigt das EEG dagegen ein diffuses und unterbrochenes Muster elektrischer Ströme.

Dieses unterbrochene Muster der elektrischen Aktivität der Großhirnrinde spiegelt die intensive Tätigkeit der Zellen bei der Verarbeitung aller Sinneseindrücke und anderer Informationen des Gehirns wider. Hier entstehen Gefühle, Wahrnehmungen, Gedanken und Vorstellungen, die ins Bewußtsein dringen und die ureigenste Welt jedes Individuums bedeuten. Wie sich der Wechsel von den sehr komplexen elektrischen Mustern in den Zellgruppen zu Wahrnehmungen und Gefühlen des Bewußtseins vollzieht, weiß die Forschung noch nicht genau. Bekannt ist nur, daß sich bei einer Beschädigung dieser Zellen oder einer Veränderung des Musters auch die Qualität des Bewußtseins verändert. Das Gehirn entnimmt den fünf Sinnen – Gesicht, Gehör, Geruch, Geschmack, Gefühl – Informationsmuster und konstruiert aus seiner Vorstellung heraus Modelle einer (subjektiven) »Wirklichkeit«. Durch laufend hinzukommende Informationen werden diese Modelle auf dem neuesten Stand gehalten. Auf diese Weise entsteht durch die an das Gehirn weitergeleiteten Außeninformationen ein fortlaufender Film der Ereignisse. Es kommt jedoch immer wieder vor, daß die Vorstellung

des Gehirns mit der Wirklichkeit nicht übereinstimmt – beispielsweise durch optische Täuschung. In letzter Konsequenz gibt es für kein Individuum eine reale Welt, sondern nur die Welt, die das Gehirn gestaltet.
Das Gehirn kann zu unterschiedlichen Aktivitäten veranlaßt werden, die alle eine einzigartige private Welt kreieren. So wirken sich Drogen ganz verschieden auf die Gehirntätigkeit aus und verändern die Bewertung von Erlebnissen.
Barbiturate, Schlaf- und Beruhigungsmittel also, verzögern den interzellularen Informationsaustausch in der Hirnrinde; sie bereiten durch verlangsamte Reaktionen den Schlaf vor. Amphetamine und Coffein bewirken dagegen schnelleres Denken und lassen die Welt heller und transparenter erscheinen. Tranquilizer dämpfen das Limbische System, also den Teil des Gehirns, in dem die Gefühle entstehen. LSD und andere, Halluzinationen erzeugende Drogen greifen die Schaltwege der Zellen untereinander an, verursachen darüber hinaus neue Muster der Gehirnaktivität und vermitteln neuartige Eindrücke, die dem normal funktionierenden Gehirn fremd bleiben. Medikamente gegen Depressionen schädigen das Mittelhirn, von dem auch die Stimmungen kontrolliert werden. Psychopharmaka können Menschen in Wut versetzen, sie zum Lachen oder Weinen bringen – willenlos, fügsam, kritiklos, geschwätzig oder stumpf machen.
Aus diesem Zusammenhang heraus stellte der Präsident der amerikanischen Psychologenvereinigung, Kenneth Clark, vor einigen Jahren den Antrag, Forschungen zu betreiben, wie das Verhalten einflußreicher Politiker chemisch gesteuert werden könnte – mit dem Ziel, gefährlich aggressives Verhalten zu dämpfen. Clark er-

klärte, daß ihn neue Erkenntnisse der Psychopharmakologie, Neurophysiologie, Biochemie und Psychologie auf diesen Gedanken gebracht hätten.
Auch durch andere Möglichkeiten, zum Beispiel durch Hypnose, kann die Wahrnehmung verändert werden, da der Mensch von bestimmten Bewußtseinsaspekten abgetrennt wird. Er spürt eine tief in den Arm gestoßene Nadel nicht oder akzeptiert Suggestion, in einem wildfremden Menschen einen engen Freund zu sehen oder aber einen vertrauten Freund als Todfeind zu betrachten. Hier wird die Abtrennung der verschiedenen Bewußtseinsebenen verdeutlicht.
Psychiater schreiben dem Unterbewußten einen wesentlichen Einfluß auf das Verhalten zu. Als erster erkannte Sigmund Freud, daß längst vergessene, aber im Unterbewußten gespeicherte Erlebnisse aus dem Säuglingsalter und der Kindheit für Gedanken und Verhalten der Erwachsenen verantwortlich sind.
Zweifellos wird die persönliche, die innerer Welt des Erwachsenen bereits durch die Vielfalt der Eindrücke geformt, die das Gehirn während des Säuglingsalters und der Kindheit aufgenommen hat. Die an das Gehirn übermittelten Informationen gestalten die bewußten und unbewußten Elemente der Psyche.
Jede Generation ist das Produkt zahlloser Erfahrungs- und Empfindungswerte, die auf die nachfolgenden Generationen übergehen. Und doch kann mit Sicherheit behauptet werden, daß jeder von uns eine einzigartige Psyche mit unterschiedlichen Ansichten und Gefühlen hat.

Auf der Autobahn ist dichter Nebel. Plötzlich tauchen vor dem Mann im Lieferwagen mehrere ineinander verkeilte Autos auf. Er ist wie gelähmt, kann im Moment nicht mehr denken. Seine Muskeln verkrampfen sich, ihm wird übel vor Schreck, das Herz schlägt ihm bis zum Hals. Dann tritt er in einer Spontanreaktion die Bremse durch und reißt das Steuer herum, um in letzter Sekunde den Aufprall zu vermeiden. Zu spät! Räder kreischen, mit ohrenbetäubendem Krachen prallt Metall auf Metall, Glas splittert. Stille! Da wird ihm bewußt, daß er noch lebt. Die ausgestandene Todesangst verwandelt sich in Erleichterung, in Freude, und dann kommt Wut in ihm hoch. Sie konzentriert sich auf den anonymen Schuldigen, den er für den Unfall verantwortlich machen kann. Verkrampft vor Zorn steigt er aus und geht zu dem erheblich demolierten Wagen vor ihm. Als er die Verletzten sieht, wandelt sich die aufgestaute Wut in Mitleid. Umgehend kümmert er sich um Hilfe.

Hier haben wir es mit der Beschreibung einer Skala wechselnder Gefühle, mit negativen und positiven Reaktionen zu tun. Bewußt erlebte Gefühle verursachen nicht nur seelischen Streß, sondern führen auch zu körperlichen Reaktionen und Verhaltensveränderungen. Daraus ergibt sich die Konsequenz, daß in jeder Theorie über Empfindungen nicht nur die Psyche, sondern auch der Körper einbezogen werden muß.

Im späten 19. Jahrhundert tauchten etwa zu gleicher Zeit zwei Theorien über das menschliche Gefühlsleben auf. William James, Psychologe der Harvard-Universität, wies 1884 darauf hin, daß bestimmte Umwelteinflüsse unmittelbare körperliche Reaktionen auslösen und daß diese Reaktionen der inneren Organe einschließlich Herz, Magen, Lunge und Verdauungstrakt sich auf die Psyche auswirken und Emotionen erzeugen. James faßt seine Theorie in der Feststellung zusammen: »Wir laufen nicht davon, weil wir uns fürchten, sondern wir fürchten uns, weil wir davonlaufen.«

Etwa zur gleichen Zeit wartete der dänische Wissenschaftler Carl Lange mit einer ähnlichen Theorie über die Entstehung von Gefühlen auf. Beide Thesen wurden in der sogenannten James-Lange-Theorie zusammengefaßt und zu einem Markstein im Verständnis von Emotionen.

Natürlich wurden diese Theorien umgehend stark kritisiert; am heftigsten wetterte der amerikanische Neuropsychologe Walter Cannon dagegen. Er bestand darauf, daß es sich bei Gemütsbewegungen um ein Stadium erhöhter Erregung handele, die ihrerseits Teile eines Aktivierungssystems seien. Seiner Meinung nach dehnt sich das Aktivierungs-Kontinuum vom Schlaf bis zur Panik aus. Gemeinsam mit Peter Bard erarbeitete er eine Aktivierungstheorie, der zufolge Gemütsbewegungen als Teil eines Warnsystems die Aufgabe haben, den Körper »in Schwung« zu bringen. Nach Cannon-Bard sind Emotionen im Gehirn plaziert, insbesondere im Thalamus. Dieser empfängt Reize von außen und sendet seinerseits Impulse an die Hirnrinde und die Eingeweide, um den Körper so zur Handlung vorzubereiten. Beide Wissenschaftler gingen von der Annahme aus, daß es sich bei Gefühlsregungen um das Resultat eines neuerlich erhöhten Erregungszustandes handelt.

Wenn es auch immer noch keine endgültigen Erklärungen dafür gibt, wie sich die gegenseitige Beeinflussung von Emotion und Körperreaktion eigentlich vollzieht, behaupten moderne Forscher, daß beide Theorien den

Sachverhalt zu sehr vereinfachen. Die meisten modernen Theorien sind zwar auf den Arbeiten von James-Lange und Cannon-Bard aufgebaut, legen aber größeres Gewicht auf das Kognitive oder das Gedankenelement in der Entstehung von Gefühlsregungen. In anderen Worten: Das Gehirn scheint aus einer Wahrnehmung über die Vorgänge um sich herum oder aus einer Information von dritter Seite entsprechende Gefühlsreaktionen zu entwickeln. Aus einer Untersuchung geht hervor, daß Menschen, die über ein bestimmtes Ereignis informiert sind, dazu neigen, eine der Situation angepaßte Gefühlsregung zu äußern – ob diese Situation nun den Tatsachen entspricht oder nur vom Hörensagen bekannt ist. Das würde bedeuten, daß alle Emotionen vom Erkenntnisstand des jeweiligen Betrachters abhängig sind.

Ferdinand Vogel und seinen Mitarbeitern vom Institut für Anthropologie und Humangenetik an der Universität Heidelberg ist es kürzlich gelungen nachzuweisen, daß seelische Entwicklungen durch Vererbung stark beeinflußt werden. Dieses Ergebnis ihrer Untersuchungen kam mit Hilfe des Elektroenzephalogramms (EEG) zustande.
Die Hirnströme eines jeden Menschen werden vorwiegend von seinen Erbanlagen geprägt. Daher sind sie auch für die Vererbungsforschung besonders gut geeignet.
Bei eineiigen Zwillingen mit den gleichen Erbanlagen sind die EEG-Muster gewöhnlich identisch. Untersuchungen haben gezeigt, daß diese Übereinstimmung bis ins Greisenalter erhalten bleibt, selbst wenn die Zwillinge unter völlig verschiedenen Lebensumständen aufge-

wachsen sind. Da sich die Gehirnfunktionen in einem äußerst komplexen Hirnstromwellenbild niederschlagen, muß angenommen werden, daß es hier nicht nur um die Gehirnfunktionen geht, sondern auch um das seelische Innenleben. Daher dürfte eine stets mit einem bestimmten Hirnstromwellenbild zusammenfallende psychische Eigenart wahrscheinlich auch weitgehend auf Vererbung zurückzuführen sein.

Aufgrund ihrer Erkenntnisse haben die Wissenschaftler aus Heidelberg in der Fachzeitschrift *Human Genetics* überzeugend ausgeführt, daß auch das von Jugendlichen jeweils erreichte seelische Entwicklungsstadium entscheidend durch genetische Faktoren beeinflußt wird.

Im Heidelberger anthropologischen Institut beobachteten Vogel und seine Mitarbeiter die Hirnströme von 110 eineiigen und 98 zweieiigen Zwillingen mit dem Elektroenzephalographen. Sie unterzogen die Jugendlichen Reifetests und veranlaßten sie, Aufsätze zu schreiben, die später von erfahrenen Lehrern begutachtet wurden.

Anhand der Hirnstromwellenbilder stellten die Wissenschaftler nun das jeweils erreichte (erblich festgelegte) Stadium der EEG-Entwicklung fest, das sich übrigens nach Überprüfung der Testergebnisse *stets* mit dem Grad ihrer seelischen Reifeentwicklung deckte.

Die Versuchspersonen mit den besseren Aufsatzergebnissen zeichneten sich übrigens auch durch schnellere Hirnstromwellen aus. Daraus schließt Vogel mit seinen Kollegen, daß die seelische Entwicklung weitgehend vom vorprogrammierten, organischen Reifeprozeß des Gehirns abhängig ist, wie das Hirnstromwellenbild sehr deutlich anzeigt.

Hinterlassenschaften der Evolution und das genetische Erbprogramm – Kräfte also, die nur unter Mühe sichtbar gemacht werden können – prägen unsere Persönlichkeit.
Nachdem sich vor etwa einer Milliarde Jahren das Zwischenhirn in den höheren Tierarten entwickelt hatte, vollzog sich hier die Speicherung der instinktiven Verhaltensweisen. Auf diese Art sind auch im menschlichen Zwischenhirn Jahrmillionen alte, vererbte Verhaltensprogramme festgehalten, durch die unser Denken und Handeln unbewußt bestimmt werden.
Der gewaltigste Schritt in der Evolution vollzog sich jedoch vor rund 500 Millionen Jahren mit der Bildung des Großhirns. Die etwa drei Millimeter dicke Großhirnrinde mit ihren etwa zehn Milliarden Nervenzellen ist die Basis von Vernunft und persönlicher Identität.
Große Partien der Hirnrinde sind völlig ungenutzt, sie sind leer. Hier sind also keinerlei Verhaltensmuster programmiert. So stehen diese Partien als wichtige Reserve für die Konfrontation mit neuen Umwelteindrücken, Begegnungen und Erfahrungswerten zur Verfügung.
Mit der Struktur, mit der Form, der Größe und dem Gewicht des Gehirns steigerten sich die Möglichkeiten der menschlichen Urahnen. Gewissermaßen zwang *es* den Menschenvorfahren Ramapithecus in die Steppe hinunter. *Es* veranlaßte viele Millionen Jahre später seine Nachfahren, das erste Höhlenfeuer zu zünden und – gemessen an der Geschichte des Universums nicht einmal einen Augenblick später – Nuklearwaffen zur Explosion zu bringen.
Es ersann die Saturnrakete für eine Landung auf dem Mond und den operativen Eingriff in das Gehirn, um seine Persönlichkeit zu verändern.

Es wäre jedoch verhängnisvoll und trügerisch zu glauben, daß wir mit den ungeheuren Leistungen des Großhirns, den Höhenflügen der Vernunft, unsere tierische Vergangenheit hinter uns gelassen hätten. Unsichtbar fordert der Ramapithecus in uns mit seiner irrationalen, emotionalen Welt immer wieder sein Recht.

VII

Die Schranken der Vernunft

Durch sein Großhirn und sein Denkvermögen unterscheidet sich der Mensch vom Tier. Erst diese beiden Merkmale versetzen den Menschen in die Lage, die für alle Lebewesen unüberbrückbaren Schranken der Instinktprogrammierung zu durchbrechen. Und doch wird heute noch ein Großteil aller menschlichen Handlungen vom Instinkt gesteuert und *nicht* von der Vernunft, dem analytischen Denken.
Das Spannungsverhältnis zwischen der Vernunft, der Gefühlswelt und dem Instinkt ist charakteristisch für den sogenannten Homo sapiens. Dieses Spannungsverhältnis ergibt sich nicht nur aus der Tatsache, daß rationales Denken – das heißt, objektives Denken – in der entwicklungsgeschichtlichen Zeitskala eine verhältnismäßig kurze Vergangenheit hat, sondern beruht auch darauf, daß Ratio und Sensus jeweilige Geschehensabläufe von unterschiedlichen Standpunkten aus angehen. Vor nicht allzu langer Zeit wurde rationales Denken aus den sonderbarsten Gründen abgelehnt; ethische und moralische Erwägungen spielten hierbei keine geringe Rolle. Naturwissenschaftliche Erkenntnisse und Fortschritt sind jedoch nur auf rationales Denken und seine praktische Anwendung zurückzuführen.
Für viele Menschen ist die ursprünglichere, also die äl-

tere Art des Denkens, die wir hier einmal als »magisches« Denken bezeichnen wollen, auch heute noch die allein richtige. Mit ihr wollen wir uns näher befassen, damit wir die Entwicklung des Menschen besser verstehen können.

Von der Völkerkunde und anderen Forschungsgebieten her ist uns die Anschauungswelt von Naturvölkern gut bekannt. So können wir Rückschlüsse auf die ersten Denkansätze des Frühmenschen ziehen und erkennen, welch komplizierte Vorstellungen ihn auf dem Weg zur Selbstbetrachtung begleitet haben.

Der Mensch hatte schon früh die klare Vorstellung, daß sich ihm die Welt erschließt, wenn er über sie nachdenkt und versucht, sie zu ergründen. Er schlug damit auch den Weg ein zu einer irrationalen Vorstellungswelt, zugleich zu unbeschreiblichem Empfindungsreichtum, Schönheit und tiefem Erleben. Diese irrationale, geistige Welt der Primitiven erscheint uns oft verworren, brutal und unbegreiflich. Die gesamten menschlichen Gefühlsbereiche – von der zartesten Idylle bis zum schaurigsten Drama – werden hier sichtbar. Sie kommen gewissermaßen als Projektion der Innenweltvorstellungen an die Oberfläche und sind de facto eine Personifikation der Welt überhaupt. Denn diese wird keineswegs als das betrachtet, was sie in Wirklichkeit ist, sondern vielmehr so, wie es dem Wunsch, Zweck oder der jeweiligen Vorstellung entspricht. Beobachtungen, die der jeweiligen Auffassung der Welt direkt widersprechen, werden einfach ignoriert. Wir kennen eine ganze Reihe mystischer, mythischer und magischer Vorstellungen von Primitiven, die mit realen Erkenntnissen vermischt sind. Und es ist keinesfalls grotesk, wenn in einem dieser Mythen der Mond als großes Speckstück am Himmel steht und die Sonne als vernichtender Dämon über die Erde rast, oder beispielsweise im hellenischen Mythos der Sonnengott Helios in seinem Sonnenwagen über den Himmelsbogen zieht. In der Mythologie hat die heute noch auf der ganzen Welt verbreitete Sterndeutung – die Astrologie – ihren Ursprung. Die beobachteten Sterne werden von der Astrologie nicht als reale Himmelskörper betrachtet, sondern als Symbole wirkender Kräfte, deren Beziehungen unter-, zu- und übereinander nach einem von Astrologen erarbeiteten Schema ausgedeutet werden.

Wenn es um die Welt des Aberglaubens geht, fühlen sich die meisten von uns veranlaßt, ein überlegenes Lächeln zur Schau zu stellen. Dabei ist auch heute noch der überwiegende Teil der Menschheit der Welt des Aberglaubens verhaftet. Und häufig spotten gerade solche am meisten über anderer Leute Aberglauben, die ihren eigenen sorgsam hegen und pflegen. Auch dieses Verhalten geht eindeutig auf magisches Denken zurück.

Alle Vorstellungen, und seien sie noch so verworren, die früher einmal Glaubenssache bedeuteten, wurden durch Verdrängung ins Unterbewußte zum Aberglauben. So wurde auch die Übernahme neuer Glaubens- oder Weltbildvorstellungen zur Ursache von Verdrängungen. Da magisches Denken ein aus der Gefühlswelt stammender dynamischer Prozeß ist, stellt sich mit den Symbolen dieser Denkvorstellungen gleichzeitig eine Welt wirkender Kräfte dar, die sich in Namen, Zeichen und Beschwörungsformeln niederschlägt. Der Mensch benutzt im Umgang mit seinen Artgenossen Namen, Begrüßungs- und Überredungsformeln. Daher kann er ihm fremde und unerklärliche Vorgänge auch nur unter dem Symbolbegriff eines »Wesens« erfassen. So wurden Naturgewalten und Phänomene für ihn zu Göttern und Dämonen, ja selbst der Tod wurde personifiziert und mit Macht versehen. Und weil der Frühmensch in seiner Gefühlswelt grundsätzlich nur somatisch – körperlich – dachte, war ihm die Abstraktion ins Übergeordnete noch nicht gegeben. Also mußte der Mensch gegen die ihm unverständlichen und zu bändigenden Kräfte, gleichgültig, ob gnädig oder schrecklich, jene Mittel anwenden, mit denen er seinesgleichen begegnete. Diese Symbol-, Wort- und Bewegungsmagie wurde auch auf Tiere angewendet. Jagdzaubermalereien dienten dem Zweck, den Jägern vor der Jagd innere Sicherheit für ihre Überlegenheit und den Erfolg zu geben. Gleichzeitig wurde den erlegten Tieren als Lebensspendern des Menschen der ihnen gebührende Dank erwiesen.

In allen Philosophien und Religionen wirkt sich praktisch die Überzeugung aus, daß ein an sich nicht lösbares Problem durch Überlegungen enträtselt werden kann. Aus dieser Vorstellung heraus erdachte der Mensch auch Fabelwesen, an deren Existenz er glaubte, obwohl es sie in Wirklichkeit nicht gab. Mindestens noch bis ins 17. Jahrhundert lebten selbst die hochentwickelten Völker Europas in Selbsttäuschung über die Wirklichkeit der Welt. Bis heute sind diese Auswirkungen spürbar. Allerdings sind sich die aufgeklärten Europäer dieser unsichtbaren Kräfte wenig bewußt, da sie gesellschaftlichen Maximen wie beispielsweise Ehrbarkeit, Sitte und öffentlicher Moral gehorchen.

Magisches Denken stellt den Menschen als Sohn der Götter oder eines einzigen Gottes dar, als alleinigen Beherrscher der Welt und damit als gewaltigsten Richter auf Erden. Doch gleichzeitig wird er, in der christlichen Lehre, zum mit der Erbsünde behafteten Übeltäter erklärt, böse und schlecht von Natur aus, auf ewig verflucht und der Erlösung bedürftig.

Diese Gegensätze spiegeln deutlich den Kampf der Menschwerdung wider, zeigen die aus dem tierischen Gefühlsleben übernommenen Kräfte auf: Ängste und Vorstellungen negativer Art, die den Menschen während seiner Evolution begleitet haben. Denn je mehr der Mensch im Lauf seiner Entwicklung über das Tierische seines Wesens hinauswuchs, um so mehr wurde er sich eines Phänomens bewußt, das dem Tier unbekannt ist: der Vergänglichkeit seines Daseins.

Biologisch betrachtet ist der Tod die Veränderung eines Zustandes oder Vorganges, der von Raum und Zeit abhängig ist. Den Tod als abstrahierten Begriff kann das Tier nicht erkennen. Dagegen wird das Sterben als Vorgang, der mit dem Tod beendet wird, vom Tier wahrscheinlich dann erkannt, wenn sich dieses Geschehen aus seinen normalen Lebensumständen ergibt.

Dabei muß grundsätzlich zwischen der Angst vor dem Tod und der vor dem Sterben unterschieden werden. Der Mensch weiß, daß das Sterben in vielen Fällen qualvoll und unter Schmerzen vor sich gehen kann. Daß er seine Angst vor dem Sterben daher mit einem Leidensweg gleichsetzt, der das Leben beendet, ist durchaus verständlich. Aber seine Angst vor dem Tod ist an und für sich unerklärlich. Die Furcht vor diesem unabwendbaren Ende wurzelt einerseits in der Liebe des Menschen zum Leben; andererseits spielen Vorstellungen des magischen Denkens eine Rolle, nach denen der Tod personifiziert wird. Der Tod ist hier nicht die

Veränderung eines Zustandes, sondern vielmehr eine Macht, manchmal sogar ein furchterregender Dämon. Im Umgang mit dem personifizierten Tod geht der Mensch manchmal sogar so weit, ihn foppen oder betrügen zu wollen. Das menschliche Skelett mit Sense als Symbol des Todes ist ein deutliches Zeichen für das veränderliche und zeitbedingte Wesen der Welt überhaupt. Allerdings ist diese Anschauung vorwiegend in der christlichen Welt verbreitet und wird nicht von allen Völkern geteilt. Aber in fast allen philosophisch-religiösen Vorstellungen ist der Tod eine willkommene Brücke zu einer neuen Existenz. Jedenfalls steht fest, daß dem Menschen im Gegensatz zum Tier die Tatsache seiner Gebundenheit an Raum und Zeit bewußt ist. Gefühlsmäßig wehrt er sich verzweifelt gegen das Unabänderliche, während sein Verstand ihn lehrt, es zu akzeptieren.

Das Phänomen Tod spricht also zwei Seiten des Menschen an: die gefühlsmäßige und die verstandesmäßige. Beide – Ratio und Sensus – reagieren unterschiedlich. Wenn der Mensch also mehr vom Gefühl beeinflußt ist, dem »Tier« sozusagen näher steht, wird seine Einstellung dem Tod gegenüber negativ sein. Aber je mehr sich der Mensch durch seine geistige Einstellung vom »Tier« entfernt, um so mehr wird er verstehen, daß er ein raumzeitgebundenes Naturgeschehen ist. Erst dann wird er die Unabänderlichkeit der für ihn letzten Zustandsveränderung erkennend bejahen.

Die Furcht vor dem Tod und den Toten hat die Menschen veranlaßt, die Leichen so rasch wie möglich zu beseitigen, sie meist so weit wie möglich vom Wohnort der Lebenden entfernt zu bestatten. Aus religiösen

Gründen wurden sie manchmal sogar gegessen. In der Schilderung vieler Völker gleicht das Jenseits immer dem eigenen Diesseits. Es stellt eine Projektion der materiellen Welt in eine immaterielle Unendlichkeit dar, in der die von Menschen allmählich entdeckten Begriffe von Raum und Zeit bedeutungslos sind. Als immaterielle Wesen würden dort die Verstorbenen ein Dasein führen, das im Grunde genommen dem ihres weltlichen Lebens entsprach. Aus dieser Überlegung entstand die Jenseitsvorstellung als ein Überschreiten der Bewußtseinsgrenzen. Eine solche Jenseitsvorstellung entwickelte sich nicht aus dem menschlichen Verstand, sondern allein aus der Gefühlswelt. Denn durch seinen Selbsterhaltungstrieb wurde der Mensch gezwungen, sich gegen den personifizierten Tod bis zum letzten zu wehren. Um diesen inneren Zwiespalt auszugleichen, sann er auf einen Ausweg: Er erklärte sein »Ich« in Form der Seele für unsterblich, um so die Kontinuität, die seinem Körper versagt war, zu garantieren. Und hier haben die Anfänge des Animismus – also der Glaube an die Beseeltheit der Natur und an die Existenz von Geistern – ihre Wurzeln. Der Primitive ist nicht mehr »Tier« genug, um die Beendigung des Lebens unbeachtet zu lassen und als unabänderliche Tatsache hinzunehmen. Doch andererseits ist er noch nicht Mensch genug, die Notwendigkeit und Unabänderlichkeit dieses Vorgangs einsehen zu können. Er versucht also, eine Situation, die für ihn schwierig ist beziehungsweise nicht vermieden werden kann, auf anthropomorphe Art zu klären und dadurch »in den Griff« zu bekommen. Dabei ist ihm durchaus bewußt, daß er diese Lage nie selbst endgültig meistern kann. Er strebt auch keine faktische, sondern eine magische Beherrschung an. Durch magischen Zauber wird er Herr des Vorgangs und befreit sich von einem Schrecken, der sonst als ständige Angst sein Begleiter wäre. Das heißt, er verdrängt den Vorgang in einer Art von Selbsthypnose aus seinem täglichen Leben in die zeitlose magische Welt. Im positiven Fall äußert sich der Erfolg in gesteigertem Lebensmut und Vitalität und verstärkt nicht die Lebensangst, die für primitive Völker an sich schon charakteristisch ist. Da Naturvölker täglich Gefahren aller Art ausgesetzt sind – Witterungsbedingungen, dem Kampf ums Überleben etc. –, haben sie eine Reihe von Vorstellungen entwickelt, die als seelische Gegenkräfte dem Zweck dienen, der dauernden Beanspruchung ihrer Lebensenergien durch Lebensängste Herr zu werden. Damit werden die aus ihrer Tagwelt gegen sie auftretenden faktischen Gewalten durch geistige Gegenkräfte, hilfreiche Phänomene also, die sie in der Vorstellung personifiziert haben, gewissermaßen gelähmt. Die Anzahl dieser hilfreichen Geister, Kobolde, Symbolgeräusche und dergleichen mehr ist dabei selbstverständlich ebenso groß wie die der eingebildeten, befürchteten oder echten Gefahren, die gleichermaßen »vermenschlicht« werden. Denn charakteristisch für das magische Denken ist, daß der Mensch alle ihm unerklärlichen, nicht beeinflußbaren oder gar gegenständlichen Gefahren personifiziert, mit Namen versieht und mit einem oft sehr sinnreichen, komplizierten und künstlerischen Bühnenbild seines Lebens verflicht. Reflexionen dieser Art mit einem klaren und erkennbaren Zweck sind der Anfang dessen, was wir heute als Religion bezeichnen.

Die Verhaltensvorschriften bilden den Moralkodex, nach dem sich der Angehörige einer primitiven Gemeinschaft richten muß. Sie haben den Zweck, den einzelnen vor Unheil zu bewahren, ihm Gefahren meistern zu helfen und ihn zu ermutigen, sein Leben auch in einer scheinbar ausweglosen Situation noch zu verteidigen. Die in solchen Verhaltensregeln festgelegten Wertmaßstäbe – die als Grundlagen des moralischen Verhaltens gelten – entstammen größtenteils noch Überlieferungen aus der Tiervergangenheit. Denn auch das Tier hält sich in seiner Gemeinschaft an klare soziale Ordnungs- und Verhaltensregeln. Daraus kann abgeleitet werden, daß diesen zwingenden Verhaltensweisen ebenso zwingende Wertmaßstäbe zugrunde liegen. Allerdings sind diese Wertmaßstäbe nicht abstrahiert und nicht als Begriff herausgebildet, sondern im wesentlichen das Ergebnis einer zum Teil millionenjährigen Erfahrung der betreffenden Tierart.

Der Mensch unterscheidet sich grundlegend vom Tier, da er abstrahieren und Begriffe bilden kann. Er vermag diese Begriffe einer völlig eigenen Existenz zuzuordnen, die durchaus nicht immer in direkter Beziehung zur Existenzwelt des Menschen zu stehen braucht. Die Phantasiewelt hat keine direkte Beziehung zur Wirklichkeit, da er sie sich durch Abstraktion aus seiner Gefühlswelt aufbaut, und sie eben nur dadurch verstehen kann, daß er sie nach dem Modell seiner täglichen Welt errichtet. Aber sie ist deshalb schwer zu analysieren, weil ein Großteil an Erfahrung aus dem wirklichen Leben in diese Gefühlswelt übertragen wird. Denn: Die auf Erfahrung beruhende Erkenntnis des Menschen geht weit zurück. Viele, manchmal geradezu paradoxe Aussagen der menschlichen Phantasie enthalten einen der Wirklichkeit entsprechenden Ansatzpunkt als Motiv für eine Absurdität. Keine Religion dieser Erde enthält nur Vernunftwidriges, denn unter der Maske phantasieumrankter, kultischer Kerne kommen echte Beobachtungen und Erfahrungen zum Vorschein. Allerdings treffen in den meisten Fällen die auf diese Erfahrungen zurückgehenden Zustände nicht mehr auf die menschliche Wirklichkeit zu. Sicherlich ist der Gesamtbegriff des Transzendenten eine Summe der Abstraktionen, die der Mensch aufgrund seines gefühlsmäßigen Denkens geschaffen hat, um sich selbst das sonst Unerklärliche klarzumachen. Diese Tatsache läßt sich an einem Beispiel demonstrieren: In der Natur gibt es eine ganze Reihe von physikalischen Phänomenen, die primitiven Völkern zwar aus Erfahrung bekannt, deren eigentliche Ursache und zusammenwirkende Kräfte ihnen jedoch fremd sind. Zum Beispiel wurde noch um die Jahrhundertwende von einigen Negerstämmen am Niger M'shimba M'shamba gefürchtet, ein riesiger, grüner Teufel, der durch den Urwald rast, gewaltige Bäume knickt oder ausreißt und den Fluß über die Ufer treten läßt – das personifizierte Gewitter! Der Primitive kann solche Vorgänge nur mit menschlichen Mitteln erklären.

Das Großhirn befähigt das animalische Wesen Mensch zu einer Reihe von gedanklichen Aktionen; einmal zum Denkvorgang an sich, des weiteren zum Abstraktionsvermögen, also zum Denken in immateriellen Begriffen. Als unmittelbare Folge entwickelte sich daraus die menschliche Sprache. Aber eine hochentwickelte und reichgegliederte Sprache ist, um Gedanken auszudrücken, nur dann erforderlich, wenn die Fähigkeit abstrakten Denkens gegeben ist. Dieses erste Abstraktionsdenken muß daher als Reaktion auf Gefühle betrachtet werden. In diesen Gefühlsvorgängen spielen vor allem der Selbsterhaltungstrieb und der Geschlechtstrieb eine dominierende Rolle. Die zweite Stufe des Denkens, nämlich die bewußte Objektivierung des Betrachters gegenüber dem Betrachtenden, setzte wahrscheinlich verhältnismäßig spät ein. In dieser Art des berechnenden menschlichen Denkens – Ratio genannt – verzichtet das Subjekt – oder der Denkende – auf jede unmittelbare oder sensible Beziehung zum Objekt, das er betrachtet, und ist bemüht, reale Vorgänge zu beschreiben und zu analysieren.

Die erste und primitivste Stufe menschlichen Denkens, die bereits weit über animalisches Denken hinausgeht, wollen wir als Sensus – Empfindungsvermögen – bezeichnen. Der Unterschied zwischen animalischem Denken und dem Sensus des Primitiven besteht darin, daß ihn sein Großhirn in die Lage versetzt, Beobachtungen zu reflektieren, daraus Begriffe zu bilden und Schlüsse zu ziehen. Während es einem Tier sicherlich unmöglich ist, ein Ereignis als wesensgleiches Individuum zu personifizieren, ist dies beim Menschen von vornherein der Fall und wird von ihm auch ständig praktiziert.
Der ausschlaggebende Unterschied zwischen dem animalischen Denken des Tieres und dem Sensus des primitiven Menschen als Gefühlsdenken liegt im bildhaften, abstrahierenden und reflektierenden Gehalt, den nur das menschliche Großhirn ermöglicht. In diesen schon recht umfangreichen Denkvorgängen spiegelt sich die animistische Auffassung des primitiven Menschen wider. Seine Vorstellungen von der Welt und dem Jenseits sind schon in einer frühen Entwicklungsstufe des Großhirns entstanden und gehen sozusagen bis auf

die Kindheit der Menschheit zurück. Denn auch der Frühmensch hat schon in Kausalreihen gedacht, das heißt, er hat die Zwangsläufigkeit von Ursache und Wirkung erfaßt.

Der Sensus – also das um die Reflexions- und Abstraktionsfähigkeit gesteigerte animalische Denken – beherrscht auch in unserer Zeit die Denkfunktionen des überwiegenden Teils der Menschheit. Der Sensus zeichnet sich durch seine völlige Subjektivität aus und versucht nicht erst, sich von dem zu durchdenkenden Ereignis zu lösen. Alle Abstraktionen verlaufen vielmehr im Selbst. Es wird mit allen seelischen und geistigen Kräften der Versuch gemacht, das zu durchdenkende Ereignis in die Welt des einzelnen einzufügen und aus der eigenen seelischen und geistigen Welt heraus eine Lösung zu finden, die dem Menschen entspricht. Wenn also verschiedene Individuen – womöglich verschiedener Entwicklungsstufen und Völkerzugehörigkeit – mit den gleichen Denkproblemen konfrontiert werden, passiert es immer wieder, daß Auslegung und Begründung stark divergieren. Das trifft nicht nur auf seelische Erlebnisse, Ordnungsvorstellungen und ethische Wertbegriffe, sondern auch auf materielle, faktische und unpersönliche Ereignisse zu. Der Sensus läßt den einzelnen Menschen in sich selbst und durch sich selbst auf die Umwelt und ihre Ereignisse reagieren und versucht, sie auf diese Weise zu verstehen und zu bewältigen. Selbstverständlich können so keine allgemein gültigen, objektiven Erkenntnisse über die Wirklichkeit gewonnen werden.

Die höchstentwickelte Form menschlichen Denkens ist die Vernunft, die Ratio.

Mit dem Versuch des Menschen, sich seiner eigenen Geschichte gegenüber zu objektivieren, setzt sozusagen rationales Denken ein. Es unterscheidet sich vom sensualen Denken vor allem durch eine grundlegende Forderung: Nur, wo sich der einzelne als Subjekt von vornherein restlos und ohne Bezugnahme auf das eigene Ich vom Objekt, Ereignis oder Aspekt als einem Denkproblem distanziert, beginnt das rationale Denken. Die Subjekt-Objekt-Trennung ist daher die entscheidende Voraussetzung für rationales Denken. Jede emotionale oder persönliche Einstellung zum Objekt des Denkens muß in jeder Phase des Denkvorgangs ausgeschaltet sein. Erste und notwendige Voraussetzung für die Ratio und deren exaktes Funktionieren ist, daß der Denkende das Objekt seines Denkens ohne emotionale Verwicklung betrachtet. Denn gerade die Personifizierung des zu durchdenkenden Stoffes kennzeichnet sensuales Denken. Die Wirklichkeit kann nur dann durch rationales Denken ermittelt werden, wenn die Welt der Gefühle und der Reaktion auf Reize von Anfang an ausgeklammert bleibt.

Allein der Versuch einer objektiven Berichterstattung über Zeitgeschehen bedeutet gleichzeitig den Versuch einer echten Objektivierung – also rationales Denken. Es gibt bereits aus verhältnismäßig frühen Zeitabschnitten Dokumente dieses rationalen Denkens, wenn auch ziemlich vereinzelt und durch die Art der Überlieferung entstellt. Heute wissen wir, daß viele Sagen aus der Vorzeit einen wahren Kern haben. In den meisten Fällen ist der Kern einer rationalen Berichterstattung durch den Mythos des sensualen Denkens überwuchert. Der Verstand ist dem Gefühl zum Opfer gefallen.

Ein Merkmal rationalen Denkens ist das Experiment. Erst seitdem die Wissenschaft versucht, eine vorher aufgestellte Behauptung durch ein objektiv aufgebautes und durchgeführtes Experiment zu beweisen, denkt sie wirklich rational und handelt objektiv. Die Auseinandersetzung zwischen Sensus und Ratio ist permanent und wird für den Menschen nie enden. Als animalisches Wesen nimmt er allein schon aus seiner Struktur heraus dauernd Reize wahr und reagiert darauf häufig sogar nach den Gesetzen sensualen Denkens – also des Reizdenkens. Trotzdem ist es für die weitere Entwicklung des Menschen und der gesamten Menschheit unbedingt erforderlich, daß sich rationales Denken überall dort durchsetzt, wo es um den Menschen und seine Welt insgesamt geht. Aus der Natur der Sache heraus muß sich animalisches und sensuales Denken einer solchen als Zumutung empfundenen Forderung widersetzen. Dennoch hat sich rationales Denken in der Wissenschaft durchgesetzt und ist auch für seine Zukunft unbedingt notwendig.

Die Begriffe »nützlich« oder »schädlich« werden vom rationalen Denken völlig objektiv beurteilt. Der Vernünftige ist sich darüber im klaren, daß in diesem Fall jede Ichbeziehung das Urteil verfälschen muß. Er bemüht sich, objektiv festzustellen, ob eine Handlung, ein Vorgang oder irgendein Phänomen nützlich oder schädlich ist – stets auf denjenigen bezogen, in dessen Richtung der Vorgang bewertet werden soll.

Sobald wir Begriffe wie nützlich oder schädlich, gut oder böse auf den Menschen anwenden, kommen wir in Schwierigkeiten. Denn bei Einstufungen dieser Art handelt es sich um moralische Wertbegriffe, die ja subjektiver Natur sind.

Die verschiedenen Philosophien und Religionsvorstellungen beantworten die Frage, ob der Mensch gut oder böse ist, durchaus unterschiedlich, lassen aber völlig außer acht, daß es auf eine derart primitive Frage kaum eine Antwort von ähnlicher Primitivität gibt. Denn »der Mensch an sich« kann weder gut noch böse sein.

Das Böse als diabolische, zerstörerische oder feindliche Kraft, wie es der Mensch kennt und anwendet, ist dem Tier sicherlich nicht bekannt. Es dürfte ihm die Voraussetzung fehlen, das Böse zu erkennen und willentlich böse zu sein. Der Mensch kann mit Willen böse sein, wenn er deswegen auch noch lange nicht von Natur aus böse ist. Wir wissen vielmehr, daß im Bestreben, Herrschaft auszuüben, Schwärmer und Idealisten die meisten und fürchterlichsten Schreckenstaten angerichtet haben. *Selbst* danach befragt, würden sie ihre Motive durchaus für edel, menschlich, ja sogar altruistisch halten und nicht verstehen, warum sie Bösewichte genannt und verflucht werden.

Das trifft auf Nero genauso zu wie auf die Vertreter der Inquisition, auf das Regime Hitlers ebenso wie auf das Stalins. Der Schritt vom Idealisten zum Ideologen ist nur gering und führt nicht über, sondern *in* den Abgrund. Im Ideologen verkörpert sich nämlich der bis ins Extrem gesteigerte Idealist, dem vor allem eines fremd ist: die Wirklichkeit!

In unserer Welt hat es noch nie einen *rational* denkenden und handelnden Ideologen gegeben. Hier sind immer Menschen mit grenzenlos übersteigertem Sensualdenken am Werk, die in sich den Erlöser, den Befreier sehen. Von Stalin wird berichtet, er habe die Auffassung vertreten, es sei durchaus gerechtfertigt, 20 Millionen Menschen zu vernichten, wenn auf diese Weise

die übrigen 20 Millionen glücklich gemacht werden könnten.
Aber gerade der Wunsch nach glücklich machen und glücklich werden gehört mit zu den verhängnisvollsten Trugschlüssen sensualen Denkens. Denn all diese Denkvorgänge beruhen auf rein egozentrischen Überlegungen, die um so wirklichkeitsfremder sind, je berauschender und großartiger sie erscheinen. Es gehört mit zu den Paradoxien der Menschheitsentwicklung, daß sich die Menschen ausgerechnet am stärksten an diejenigen erinnern, die ihnen das größte Leid zugefügt haben. Vielleicht hängt diese Tatsache mit der Sehnsucht des Menschen nach Rausch und Ekstase zusammen, welche er im sensualen Denken für göttlich hält.
Von alters her werden Märtyrer von Religions- oder politischen Überzeugungsgemeinschaften dankbar akzeptiert. Denn das Volk – auch der Durchschnittsmensch – geht von der Ansicht aus, daß man nur für das Wahre, Richtige oder Gute bereit sein könne zu sterben. Aber das ist ein gewaltiger Irrtum: Ein Mensch, der sein Leben als Märtyrer für seine Überzeugung opfert, stirbt einzig und allein für eben diese Überzeugung. Über den Wahrheitsgehalt, die Gerechtigkeit oder Qualität dieser Überzeugung sagt sein Märtyrertod dagegen nicht das geringste aus. Manische und magische Vorstellungen, die von Religionsgründern und ihren gläubigen Anhängern vertreten werden, sind die konsequenten Folgen des manischen Zustandes dieser Menschen. Denn nur wer gewissermaßen seine gesamte Energie auf einen einzigen Punkt konzentriert, wird in der Lage sein, sich seiner eigenen Überzeugung zu opfern. Die Selbstverbrennung buddhistischer Mönche ist ein typisches Beispiel für manische Menschen.

Natürlich gibt es auch Beispiele dafür, daß Menschen im rationalen Bereich für ihre Überzeugungen ihr Leben aufs Spiel setzen. Die Selbstversuche von Ärzten und Chemikern sind hierfür verblüffende Beweise. Doch handelt es sich in solchen Fällen keinesfalls um eine manische Überzeugung fragwürdigen, transzendenten Charakters, sondern vielmehr – wegen des damit verbundenen Risikos für andere – um den wissenschaftlichen Beweis im Selbstversuch. Es geht hier also um eine Höchstleistung objektiven Denkens, während in den meisten Fällen ein Höchstmaß subjektiver Denkvorgänge im Spiel ist.

Der im Menschen dauernd lebende Konflikt zwischen den drei Ebenen seines Denkvermögens – der animalischen, sensualen und rationalen – bereitet dem Menschen heute besondere Schwierigkeiten und wird ihm künftig noch größere bescheren. Mit zunehmender Technologisierung und naturwissenschaftlichen Fortschritten gewinnt die rationale Denkweise des Menschen immer mehr an Bedeutung. Doch selbst wenn der Mensch heutzutage überwiegend durch die Technik und ihre Errungenschaften leben kann, haben es die Naturwissenschaften, als Träger und Förderer der Technik, versäumt, das ihnen eigene rationale Denken auch auf die Verhaltensweisen des Menschen anzuwenden, das heißt, auf seine soziale Situation zu übertragen. Hier beherrschen immer noch vom sensualen Denken bestimmte, völlig wirklichkeitsfremde Vorstellungen. Der geradezu groteske Zustand unserer Welt läßt sich am besten durch die Tatsache untermauern, daß der überwiegende Teil der Menschheit den Krieg verabscheut und mit allen Mitteln zu vereiteln sucht; trotzdem gelingt es uns nur unter größten Schwierigkeiten, den Frieden einigermaßen aufrechtzuerhalten. Zudem konnte das gegenseitige Abschlachten bis heute nicht aus der Welt geschafft werden, obwohl es das größte Verbrechen gegen die Menschheit ist. Es ist müßig, in diesem Zusammenhang nationale, kapitalistische, sozialistische oder religiöse Interessen anzuführen. Die meisten Menschen reagieren auch heute noch aus dem animalischen oder sensualen Denken heraus, und die Ratio setzt meistens erst ein, wenn es fast oder bereits zu spät ist. Aggressionen, die auf magischen oder religiösen Vorstellungen beruhen, konnte der Mensch allenfalls freien Lauf lassen, solange er Pfeil und Bogen benutzte. Beim Einsatz unserer modernen Waffensysteme wären die Folgen katastrophal und hätten globale Auswirkungen.

Aus diesen Tatsachen kann man jedoch nicht unbedingt ableiten, daß der Mensch als Einzelwesen oder in der Masse ausgesprochen bösartig ist. Im allgemeinen versucht der einzelne sein Verhalten den Wertmaßstäben anzugleichen, die ihm von der eigenen Ethik vorgeschrieben werden. Erstaunlicherweise schwindet das Verantwortungsgefühl des Individuums mit der zunehmenden Anzahl der Beteiligten: Der einzelne ist sich seiner Untat voll bewußt, wenn er einen Mitmenschen tötet; sind mehrere an der Tat beteiligt, läßt das Verantwortungsgefühl des einzelnen erheblich nach. Bei einer größeren Menge von Mittätern fühlt sich der einzelne überhaupt nicht mehr verantwortlich, weil er davon ausgeht, in der Menge untertauchen zu können. Dieses erstaunliche Abgleiten des rationalen und sensualen Denkens in Urzustände gipfelt dann in der sogenannten Gerechtigkeit von Staaten. Kein Machthaber findet etwas dabei, wenn eine Gemeinschaft von Men-

schen – Staat oder Volk genannt – Rechte für Untaten in Anspruch nimmt, was dem Einzelwesen durch Verhaltensvorschriften verboten ist. Diese Erkenntnis mag Ursache sein für die, wenn auch umstrittene Behauptung: »Politik verdirbt den Charakter«. Es steht aber unumstößlich fest, daß so mancher prominente Politiker oder Machthaber zu Mitteln gegriffen hat beziehungsweise greift, deren er sich als Privatperson höchstwahrscheinlich schämen würde.
Die Überlegung, ob der Mensch gut oder böse ist, erübrigt sich also. Viel wichtiger ist dagegen die Frage, wann der Mensch glaubt, zu einer schlechten Tat berechtigt zu sein. Oder in anderen Worten: Wann wird das rationale Denken durch Emotionen so weit beeinflußt, daß der Mensch die wirkliche Motivation seines Handelns nicht mehr einschätzen kann oder will? Der springende Punkt ist: Wenn die Vernunft das Unrecht erkennt, vom impulsiveren Sensualdenken jedoch zwingende Gründe für die »Vertretung berechtigter Interessen« ins Feld geführt werden, setzt sich das Böse durch. Dann ist der Impuls, das heißt die animalische Komponente, stärker als das objektive Denken der Ratio. Gefühl contra Vernunft:
». . . Mein Pazifismus ist ein instinktives Gefühl, ein Gefühl, das von mir Besitz ergriffen hat, weil der Mord von Menschen abscheulich ist«, erklärte Albert Einstein im Jahr 1929. »Meine Handlung leitet sich nicht von einer intellektuellen Theorie ab, sondern beruht auf meiner tiefsten Abneigung gegen jede Form von Grausamkeit und Haß . . .«
Im selben Jahr äußerte Einstein gegenüber der Prager Zeitschrift ›Die Wahrheit‹, daß er sich im Falle eines neuen Krieges weigern würde, Kriegsdienst zu leisten.

Die ganzen zwanziger Jahre hindurch brachte er seine pazifistische Überzeugung in jedem Interview, jeder Erklärung und in jedem Artikel zum Ausdruck. »Wenn die Arbeiter dieser Welt, Männer und Frauen, sich entschließen, Munition weder herzustellen noch zu transportieren, würde dem Krieg ein für allemal ein Ende gesetzt...«, sagte Einstein.
Aber trotz seines immer wieder betonten Pazifismus unterzeichnete er am 2.8. 1939 aus Angst vor einer deutschen Aggression einen Brief an den US-Präsidenten Franklin Delano Roosevelt, der den Anstoß zum Bau der Atombombe gab. Mit seiner, Einsteins, Hilfe wurden also Waffen entwickelt und eingesetzt, die beim Abwurf auf Hiroschima und Nagasaki fast 340 000 Frauen, Männer und Kinder innerhalb von wenigen Sekunden töteten.

Selbst der Verstandesmensch Einstein, der Revolutionär der modernen Physik, der überragende Wissenschaftler, durch den unser physikalisches Weltbild verändert wurde, unterlag also in letzter Konsequenz den unsichtbaren Kräften seiner Gefühlswelt.

Wir wollen noch einmal kurz zusammenfassen:
Der Mensch ist aus dem Tier entstanden. Die verschiedenen Phasen seiner Entwicklung spiegeln sich deutlich in der Struktur seines Gehirns wider. Selbst wenn der Mensch aufgrund seines einzigartigen Großhirns in der Lage ist, überragende Leistungen zu vollbringen, überwiegt dennoch der Einfluß des Zwischenhirns auf seine Gefühlswelt.
Zuneigungen und Abneigungen werden also vorwiegend durch Kräfte gesteuert, deren Ursprung in der

Tiervergangenheit des Menschen zu suchen ist. Die mit archaischen Elementen angereicherte Gefühlswelt kreiert daher auch eine rein subjektive Wirklichkeit. Selbst unter Berücksichtigung der mit ins Spiel kommenden Hormone müssen vor allem Aggressionen in diesem Zusammenhang verstanden werden. So entstammen politische Entscheidungen, die aggressiv sind, nur in seltenen Fällen der reinen Vernunft. Politiker – Machthaber – Entscheidungsträger werden von der Masse, von ihren Wählern oder Anhängern, gezwungen, sich auf dem Großmarkt der Gefühle zu tummeln. Um des Erfolges willen »zapfen« sie als Gefühlsvampire das Zwischenhirn der Wahlberechtigten an, appellieren an deren Gefühlswelt, spannen Ängste, Nöte und Hoffnungen ein, um das gesetzte Ziel zu erreichen. Die erschütternde Geschichte der Menschheit wurde und wird vor allem durch die archaischen Kräfte nur weniger Menschen diktiert.

Bevor wir uns dem einzelnen und den Ursachen seiner Sympathien oder Antipathien zuwenden, gilt es zu klären, ob in der bisherigen Entwicklung der Menschheit die trennenden Kräfte stärker sind als die verbindenden.

VIII

Die Waffen des Teufels

Unsere Erde, vom Mond aus gesehen, ist eine zarte, blaue Kugel mit weißen Wolkenbändern. Auf der kahlen, lebensfeindlichen Mondoberfläche mag diese wunderschöne, harmonisch wirkende Welt – diese in das schwarzsamtene All eingebettete Wiege der Menschheit – in einem Astronauten Gefühle der Sehnsucht wecken. In seiner Euphorie wird unser Astronaut einen Augenblick lang vergessen, daß sein Heimatplanet eine von Problemen geschüttelte Welt ist.

Wenn nun unser Astronaut, der stolze Vertreter der Menschheit mit ihren phantastischen Errungenschaften, dann auf dem Rückweg zur Erde ist, sieht er, wie ihre homogene Oberfläche mehr und mehr in unterschiedliche Flecken zerfällt – in blaue, braune, rote, grüne und weiße Farbtupfen. Große Kontinente, Meere und Eispole zeichnen sich ab. Schließlich teilen sich auch noch die Kontinente in verschiedene Landgebiete mit Gebirgsketten, Tälern, Wäldern, Seen, Flüssen oder Wüsten.

Natürlich weiß unser Astronaut, daß es fast überall auf der Erde Leben gibt – von der winzigsten Mikrobe bis zu den größten Meeres- oder Landtieren. Aber vor allem ist da der Mensch – das intelligenteste und gefährlichste Lebewesen auf Erden; der Mensch mit seiner Geschichte, seiner Vergangenheit, Gegenwart und Zukunft. Die Gegenwart ist nur die messerscharfe Kante, die beide voneinander trennt. Zukunft ist die Konsequenz – das Ergebnis vergangener Ereignisse.

Einst begann es mit Sammeln und Jagen, mit Fleischessen, der Anwendung von Werkzeugen; mit aufrechtem Gang, einem größeren Gehirn, der Weiterentwicklung der Sprache und dem Bau von Wohnstätten.
Vor etwa 10 000 Jahren setzte dann der Verfall der frühesten Lebensgewohnheiten des Menschen ein. Traditionen und ethische Anschauungen gingen verloren. Da Sammler und Jäger in der Regel in kleinen Gemeinschaften lebten, hatten sich die Horden nachts um einzelne Lagerfeuer versammelt und waren nur selten auf Fremde gestoßen. Auch als sich neue Gemeinwesen bildeten, lebten sie zunächst noch in kleinen Gruppen zusammen. Wenige verwandte Familien teilten sich eine Anzahl von Hütten. Vergrößerten sich die Familien, spalteten sie sich oft in zwei Gemeinschaften auf. Mit der immer dichter werdenden Besiedlung entstanden einige Zentren für Handel und gemeinsame Festlichkeiten, von denen die Menschen angezogen wurden. Anfangs allerdings nur zögernd, strömten sie später zu Hunderten dorthin und ließen sich vom Zauber der neuen Umgebung einfangen. Mehr und mehr Menschen wurden angelockt, sahen sich außerhalb des Jagens, Sammelns und Urbarmachens nach neuen Möglichkeiten der Lebensgestaltung um. Nicht lange nach den ersten Dörfern entstanden die ersten Städte – und mit ihnen die ersten Massenunterkünfte für Menschen, die nicht miteinander verwandt waren. Paradoxerweise brachte dieses Zusammenleben für die Menschen gleichzeitig eine Trennung mit sich, die ihnen aus ihrem

bisherigen Erfahrungsbereich unbekannt war. Und es entstanden die ersten Orte für »wichtige« Leute, für eine Elite mit ihrem Pomp, ihrer Arroganz und mit Förmlichkeiten und der Zurschaustellung ihres angehäuften Besitzes.

Während die Menschheit sich vermehrte, veränderten sie auch die Natur. Siedler errichteten Gehöfte, bauten Bewässerungsanlagen und setzten ständig Nachkommen in die Welt. In den vergangenen zehntausend Jahren ging der Kampf vorwiegend darum, das Gleichgewicht zwischen einer unentwegt wachsenden Bevölkerung und einer immer raffinierteren Nutzbarmachung des Bodens aufrechtzuerhalten. Der Bevölkerungszuwachs hielt dabei stets den Rekord.

Die Entstehung früher Städte und Stadtstaaten unterlag hauptsächlich dem Einfluß der Religion. Die Menschen unterwarfen sich den Befehlen der Götter, die ihnen ihre Könige übermittelten, bevor diese selbst zu Göttern avancierten.

Alle Mühen und Plagen der Menschen sind größtenteils auf fundamentale evolutionäre Faktoren zurückzuführen wie Versorgung, Fortbestand und Expansion. Je mehr der Mensch gezwungen wurde, seine Bedürfnisse zu sichern, um so erfinderischer wurde er. Er entwickelte komplizierte hierarchische Systeme mit Gesetzen, Aufgabenbereichen und Ritualen, um die Erhaltung seiner Art auf diese Weise mehr oder weniger erfolgreich zu sichern.

Doch mit dem ständigen Bevölkerungswachstum vermehrten sich auch Rivalität und Aggressionen. Die damit verbundenen, ständig zunehmenden Probleme forderten also eine strengere Gesetzgebung. So wurde unter anderem das Eigentum bestimmt, Wasserrechte

festgelegt und auch die sozialen Beziehungen der Gemeinschaft geregelt. Schließlich gab es eine festgefügte Rechts- beziehungsweise Herrschaftsordnung vom König bis zum Dorfältesten.
Der Krieg war eine unheilvolle Folge der Identifizierung der Gemeinschaft mit dem Herrscher beziehungsweise umgekehrt. Tier- und Menschenopfer wurden gebracht, um den Zorn der Götter abzuwenden. Mit der Zeit wurden die Menschenopfer außerhalb der eigenen Gemeinschaft gesucht. Die anfänglich nur vereinzelten Überfälle wurden mit Gegenangriffen beantwortet, denen schließlich die zur Institution erhobenen Kriege als Kettenreaktion auf das ursprünglich rituelle Gemetzel folgten. Auf den Verlust der eigenen Leute gab es nur eine Gegenreaktion: die Zerstörung feindlicher Städte und Tempel, dazu die Versklavung ihrer Bewohner. Solche Maßnahmen dienten einerseits dazu, eigene Ängste abzureagieren, andererseits steigerten sie das Machtgefühl und erhoben den Krieg schließlich zum Mittel der Selbstrechtfertigung.
Menschen wurden zu Handlungen gezwungen, die jedes heroische Maß überschritten. Sie errichteten im Schweiß ihres Angesichts Tempel, Pyramiden und Paläste oder sie verbluteten in Kriegen für den Herrscher. Expansionsdrang, Machtausübung oder auch neurotische Ängste führten zu immer grauenhafteren kriegerischen Auseinandersetzungen, die stets durch magische, religiöse oder politische Gründe sanktioniert waren. Zahllose gedemütigte Herrscher, hingemetzelte Gefangene und zerstörte Städte legen Zeugnis ab von diesen unseligen Handlungen.
Trotz einer ständig wachsenden Bevölkerungszahl sind wir von der Verwirklichung des Begriffs einer »geeinten

Menschheit« weiter entfernt denn je. Die Idee dieser geeinten Menschheit ist indes nur, was das Wort sagt: Eine Idee – auch wenn sie dem rationalen Denken entspricht und nicht dem transzendentalen, das heißt jenem Denken, das die Grenzen der Erfahrung und des sinnlich Wahrnehmbaren überschreitet.

Es ist nicht zu leugnen, daß die Menschen in ihrer Vernunft eine geeinte Menschheit für erstrebenswert und notwendig erachten. Auch transzendentale, aus dem Gemüt kommende, mächtige Vorstellungen sollten dem einzelnen wie auch Menschengruppen ein Zusammengehörigkeitsgefühl nahelegen. Um so erstaunlicher, daß die Wirklichkeit ganz anders aussieht. Die Gründe dürften sein, daß jede Gemeinschaft zur Weiterentwicklung festgelegte Wertordnungen braucht. Ob diese nun von der Transzendenz her angesprochen und Ethik genannt werden oder als immanente Gesetze der Wirklichkeit betrachtet werden, ist nur scheinbar gleich. Denn alle aus dem Sensualdenken stammenden Wertmaßstäbe sind, wie wir wissen, rein subjektiver Natur. Es ist sinnlos, eine Gemeinschaft nach subjektiven Wertsatzungen zu führen, es sei denn, man könnte die Gemeinschaft von der absoluten, berechtigten und gerechten, also der subjektiven Richtigkeit der Wertsatzung überzeugen.

Diese Möglichkeit wird durch die Natur des Sensualdenkens von vornherein ausgeschlossen. Denn alle transzendent entstandenen Weltordnungen, die in einer Gesellschaft verwirklicht werden, hängen allein davon ab, ob sie geglaubt werden und ob ihre Glaubwürdigkeit aufrechterhalten werden kann. Die Menschheitsgeschichte beweist aber, daß keine der vielen ethischen Ordnungen auf die Dauer von Bestand war, selbst dann

nicht, wenn sie mit dem jeweiligen Staatswesen übereinstimmten. Das trifft auch auf Glaubensbekenntnisse zu.
Warum?
Weil im Dasein Veränderungen unvermeidlich sind, und weil das Grundgesetz des Daseins subjektive Vorstellungen entstehen, wirken und wieder vergehen läßt.
So haben auch die im allgemeinen nicht über drei- bis viertausend Jahre zurückzuverfolgenden Religionsgemeinschaften einen außerordentlichen Wandel durchgemacht. Inzwischen sind sie von allen möglichen Fremdeinflüssen überwuchert und verlieren zunehmend an Glaubwürdigkeit, was auch dadurch zu erklären ist, daß die Menschen unseres Jahrhunderts erheblich mehr von der Wirklichkeit wissen als die Menschen, die zur Zeit der Entstehung dieser Religionen lebten. Heute bemühen sich die Menschen zwar, ihre Glaubensinhalte den neuen Erkenntnissen anzupassen, doch sie müssen scheitern, weil eben diese Glaubensinhalte ihrer Wirklichkeit nicht mehr entsprechen.
Zwischen der Welt der Naturwissenschaften, die sich prinzipiell im »Meß- und Wägbaren« bewegt, und der Welt der Transzendenz gibt es keinen Kompromiß. Naturwissenschaftler erkunden die Gesetzmäßigkeiten einer sich verändernden Welt, ohne nach einem metaphysischen Urheber oder transzendentalen Schöpfungsbeginn zu suchen. Daß der Mensch im Zusammenhang mit seiner eigenen Arbeit Beginn und Ende braucht, und infolgedessen diese Begriffe auch in seine Welt – in das Universum – projiziert, ist verständlich. Da er versucht, nach einer kausalen Denkreihe zu handeln, muß er diesem Denkprozeß auch Ursachen zugrunde legen.

Im allgemeinen arbeiten auch die Naturwissenschaftler mit kausalen, logisch abgeleiteten Funktionsreihen, ausgenommen im Bereich der Kernphysik, wo dem Gesetz der Wahrscheinlichkeit Folge geleistet wird. Und die Wahrscheinlichkeit wird durch die größte Zahl vertreten. Die rein mathematische Funktion dieser statistischen Kausalität steht jedoch in keiner direkten Verbindung zu jener Kausalität, mit deren Hilfe sich der Mensch seine eigene Wirklichkeit und sein Verhalten in ihr zurechtlegt.

Leider ist auch heute noch die Ausdrucksfähigkeit der menschlichen Sprache nicht weit genug entwickelt, um zum Beispiel die von der modernen Physik beschriebenen Vorgänge und Zustände auch nur annähernd darstellen zu können. Daher bedient sich die Physik auch der »Sprache« der Mathematik, die relativ exakt und für jene verständlich ist, die sich mit dieser speziellen Seite der Mathematik vertraut gemacht haben. Kein Wunder also, daß dem Laien die Sprache physikalischer Gesetze nicht verständlich ist. Sie kann ihm aber wenigstens teilweise in Analogvorstellungen begreiflich gemacht werden.

Der Mensch empfindet sich und die Welt als ein Kontinuum. Er hat bestimmte Denkgewohnheiten und neigt dazu, diese auch in seinen zukünftigen Denkmodellen beizubehalten. Er geht gern von der Überzeugung aus, daß die Zukunft im wesentlichen der Gegenwart gleichen müsse. Für Naturwissenschaftler sind all diese Vorstellungen falsch. Die Naturwissenschaften nämlich kennen nur eine Kontinuität: die des Wandels, nicht aber die eines Zustandes.

Sobald der Mensch das Kausalitätsprinzip auf seine

Vorstellungswelt überträgt, begeht er einen schwerwiegenden Fehler. Läßt er nämlich die Tatsache außer acht, daß seine Vorstellungswelt nicht objektiv ist, sondern ausschließlich subjektiv existiert, vermischt er rationales Denken mit dem subjektiven Sensualdenken. Daraus herrührende Ergebnisse sind auch heute noch dafür bezeichnend. So haben sich zum Beispiel innerhalb des Wirkungsbereichs des auf dem mosaischen Glauben beruhenden Alten und Neuen Testaments allein drei religiöse Gruppen gebildet. Die älteste, die Ursprungsgruppe, ist der mosaische Glaube. Das Christentum mit all seinen Verzweigungen gehört zur zweiten Gruppe. Die dritte verkörpert den Islam, der sich aus einer Mischung christlicher und mosaischer Anschauungen sowie Vorstellungen des Fetischkults arabischer Nomadenvölker gebildet hat.

Der Pentateuch – die fünf Bücher Mose aus dem Alten Testament – sind das Fundament der mosaischen Religion und der in ihr begründeten Weltanschauung. Die Diskussion über den Pentateuch nimmt schon innerhalb des Judentums kein Ende und wird im Talmud endlos weitergeführt.

Das Christentum fügte im sogenannten Neuen Testament vier weitere Evangelienberichte und eine Reihe anderer Schriften dem Pentateuch hinzu. Obgleich dieses Schrifttum nicht besonders umfangreich ist, hat es seit seiner etwa 1900jährigen Existenz unzählige Meinungsverschiedenheiten über den Inhalt und die richtige Auslegung der Texte gegeben, über die man sich trotz moderner, wissenschaftlicher Textanalysen bis heute nicht einigen konnte. Wenn aber schon bei der Deutung festliegender Texte zahllose unterschiedliche Auffassungen auf ihre Richtigkeit und ihren Wahrheitsgehalt hin vehement vertreten werden, muß daraus gefolgert werden, daß die jeweiligen Ausdeutungen nicht objektiv, sondern nur subjektiv sein können. Und damit wird gleichzeitig klar, wo die Wurzel der außerordentlichen geistigen Aufspaltung der Menschheit zu suchen ist. Neben dem Pentateuch als einem »geoffenbarten heiligen Buch« gibt es noch andere, ähnliche Offenbarungen, die sich gleichfalls auf transzendente Verkündigungen berufen. Nicht nur den Koran als Nachfolgeschrift mosaisch-christlicher Auffassung muß man hier anführen, sondern auch die brahmanische Lehre, den Buddhismus, das heilige Buch der Sikh, den Taoismus, die Sozial- und Morallehre des Konfuzius und den japanischen Shintoismus. Das gleiche trifft auch zu auf die animistischen Religionen, den Fetischkult und die Gebräuche mittel- und südamerikanischer Indianerhochkulturen, also die der Azteken, der Maya und der Inka. Selbst die in unendlich kleine Gruppen aufgeteilten transzendenten Vorstellungen in Afrika haben die gleiche Voraussetzung. Hinter all diesen religiösen Vorstellungen steht als Ursache die Frage nach dem Warum. Denn mit dieser Frage, die sich der Mensch stellt und die er gegen sich richtet, will er seine Herkunft und den Sinn seiner Existenz ergründen, da ihm bewußt wird, daß diese Existenz zeitlich begrenzt ist.

Das Warum im Zusammenhang mit Kausalreihen in den Naturwissenschaften hat eine ganz andere Bedeutung. Die Naturwissenschaft weiß – Religionen glauben. In den Naturwissenschaften ist nichts transzendent: Hier steht der Mensch in seiner Welt und wird sich seiner eigenen Bedeutungslosigkeit und Abhängigkeit ebenso bewußt wie der ihm unter allen anderen Lebewesen *allein* gegebenen Fähigkeiten, die Wirklichkeit zu erkennen. Die Wertmaßstäbe der Naturwissenschaften sind Gesetze, die niemand zuverlässiger befolgt als der Naturwissenschaftler in seiner Arbeit selbst. Denn er weiß, daß ihn die Befolgung dieser Gesetze dazu befähigt, kommende Ereignisse vorauszusagen. Wir sollten nicht vergessen, daß dies auf die ersten, genauen Berechnungen bevorstehender Sonnen- und Mondfinsternisse im Altertum genauso zutrifft, wie auf die Erkenntnisse astrophysikalischer Zusammenhänge in unserer Zeit. Aus der Natur dieser Sache heraus steht die selbstverständliche Subjektivität aller Glaubensvorstellungen und Wertmaßstäbe dazu im krassen Gegensatz. Sie entspringen der Gedanken- und Phantasiewelt einzelner Menschen, der Religionsstifter. Um diese außergewöhnlich suggestiven und überragenden Persönlichkeiten versammelten sich große Glaubensgemeinschaften. Leider muß es uns versagt bleiben, diese sicherlich genialen und gefühlsstarken Religionsgründer mit dem heutigen Zustand der von ihnen ins Leben gerufenen Glaubenslehren zu konfrontieren. Sie würden mit Sicherheit »ihre« Religionen nicht wiedererkennen. Denn es gibt wohl keine einzige Glaubenslehre auf der Welt, deren Kernideen nicht mit unzähligen wesensfremden Glaubensvorstellungen und -sätzen vermengt worden wären. Bei allen Religionen, die heute auf der Erde eine Rolle spielen, haben die Formen die Inhalte überwuchert. Ehemals mystische Weihehandlungen wurden zur leeren Gebärde. Nur die wahrhaft Frommen leben noch ihrem Glauben. Alle anderen folgen Gewohnheiten, Sitten oder dem Urteil der Allgemeinheit. Wie sollen es da die Dogmen solcher Religionen zustande bringen, die Menschen in einer Menschheit zu vereinigen? Wie sollen die Menschen eine der Wirklichkeit entsprechende Weltordnung schaffen, wo sie ohnehin untereinander zerstritten sind und im großen ganzen eher feindliche als freundliche Gefühle füreinander hegen?

Wenn wir die Geschichte vorurteilslos verfolgen, wird nur zu deutlich, daß gerade der Glaube und die durch ihn ausgelösten Kräfte vor dem Mitmenschen – dem Andersgläubigen – eine unüberwindliche Mauer aufbauen. Je intensiver Völker oder Religionsgemeinschaften ihre Glaubensvorstellungen vertreten, um so intoleranter sind sie. Aber Intoleranz heißt Trennung – nicht Vereinigung.

Die Geschichte der Menschheit zeigt, daß bisher keine einzige der vielen ethischen und moralischen Wertsysteme einen längeren Zeitraum überleben konnte. Das ist im wesentlichen darauf zurückzuführen, daß die Wertordnungen größerer und kleinerer Gemeinschaften nicht einmal aufeinander abgestimmt werden konnten. Aus diesem Grund bestand auch keine Möglichkeit, einen Kompromiß zu schließen, der als Basis für größere Gemeinschaften dienen konnte. Selbst im Römischen Imperium, einem im großen ganzen toleranten System, konnte die Divergenz zwischen den verschiedenen ethischen Grundauffassungen und ihrer moralischen Entwicklung nicht ausgeglichen werden. Im wesentlichen ist das Römische Weltreich durch den Zerfall seiner inneren Ordnung zugrunde gegangen: Die immer größer werdende Opposition gegen die Grundbegriffe der Moral des Römischen Reichs war der Auslösungsfaktor, vor allem aber das Christentum, das wegen seiner Heilsbotschaft und Ethik von Anbeginn im Gegensatz zur römischen Auffassung stand. Um diesen revolutionären Kern haben sich dann alle anderen unterdrückten, hauptsächlich orientalischen Gemeinschaften geschart, die entgegengesetzte Wertmaßstäbe vertraten.

Die Geschichte lehrt aber auch, daß das Christentum im Lauf der Jahrhunderte erhebliche Gebiete seines Einflußbereichs wieder an andere ethische Auffassungen abgeben mußte. Doch alle neu entdeckten Länder waren gleichzeitig neue Einflußgebiete, in denen das Christentum die vorherrschenden ethischen Grundbegriffe durch die eigenen ersetzte. Vor allem in Mittel- und Südamerika wurde die Christianisierung mit Waffengewalt und Völkermord – nicht zuletzt auch aus machtpolitischen Gründen und Habgier – durchgesetzt.

Da *alle* Religionen in ihrem Urgrund auf transzendenten Schöpfungsberichten und deren Konsequenzen beruhen, kann sich keine von ihnen als die einzig wahre beziehungsweise die Unwahrheit der anderen beweisen. Da keine übergeordnete Instanz die unterschiedlichen Wahrheitsansprüche dieser Religionen entscheiden könnte, berufen sie sich alle auf die gleichen Autoritäten: auf die von ihnen angebeteten Göttlichkeiten. Aber damit bleiben sie den Beweis ihrer Wahrheit vor einer letzten Autorität schuldig. Denn ihre Wesenheit macht es ihnen unmöglich, eine solche, letztlich über ihnen stehende Autorität anzuerkennen. Da das ethische Fundament von Religionen außerdem reinen Vorstellungsbereichen entstammt, die in keiner echten Beziehung zur Wirklichkeit stehen, können sie auch nicht dazu beitragen, die Menschheit zu einen: Die Geschichte der Menschheit setzt sich aus blutigen Auseinandersetzungen zusammen, und die Religionen haben nichts dazu beigetragen, das zu verhüten. Im Gegenteil! Oft genug waren – und sind – gerade sie die Verursacher von Gewalt und Tod.

Zum besseren Verständnis der trennenden und verbindenden Kräfte zwischen den Menschen wollen wir kurz auf die verschiedenen Religionsvorstellungen eingehen:
Die primitivste Form transzendenten und religiösen Bewußtseins ist der Animismus. Er stammt noch aus der Frühzeit des Menschen und ist gleichzeitig die Quelle aller heutigen Religionen. Der Animismus – oder der Glaube an die Beseeltheit der Natur und der Naturkräfte – ist auch der Glaube an überirdische, dämonische und magische Kräfte, die dem Menschen teils freundlich, teils feindlich gesinnt sind, beispielsweise die eigenen Vorfahren und andere Verstorbene. Alle Naturvölker gehen von solchen Vorstellungen aus. Auch heute noch sind sie unter mittel- und südamerikanischen Waldindianern wie unter den Eingeborenenstämmen Asiens und Südostasiens, vor allem unter den Bewohnern von Dschungelgebieten und Inseln verbreitet. Unter anderem führen animistische Vorstellungen heute noch zur Kopfjägerei. Auch die australischen Ureinwohner, Eingeborenenstämme der Inseln des Stillen Ozeans und die ursprünglichen Papuas in Neuguinea haben die gleichen religiösen Grundanschauungen.
Der Theismus ist die Lehre von einem höchsten überweltlichen, aber persönlichen Gott, der die Welt erschaffen hat und noch lenkt. Die älteste und völlig durchgestaltete theistische Religionsvorstellung ist der Brahmanismus, der in seinen Ursprüngen ebenso alt sein dürfte wie die altägyptischen Religionen. Die brah-

manische Lehre hat sich über den ganzen indischen Subkontinent verbreitet und vertritt das Grundprinzip der wiederholten Wiedergeburt, die sich auch im Tierkörper vollziehen kann. Nach Ansicht des in vielen Kasten zersplitterten brahmanischen Hinduismus breitet sich der Mensch schon durch die Lebensweise in seinem derzeitigen Dasein auf die Bedingungen seines nächsten vor. Wenn er die Pflichten und Gebote seiner Kaste verletzt, kann er ausgestoßen werden und bis auf die Tierstufe sinken. Die Frau gilt als minderwertig; wenn sie sich allerdings moralische Verdienste erwirbt, kann sie durch eine Wiedergeburt als Mann belohnt werden. Der Brahmanismus geht grundsätzlich, neben vielen anderen Göttern, von drei in einer Person vereinigten Schöpfergöttern aus: Von Brahma, dem Weltschöpfer – Wischnu, dem Durchdringenden – und Schiwa, dem Zerstörer und Heilbringer. Hier liegt auch die Grundvorstellung für die Dreieinigkeit in der christlichen Lehre.

Als zweitälteste religiöse Grundauffassung dürfte der mosaische Gottesgedanke gelten. Er entwickelte sich schon sehr früh zu einem betonten Monotheismus – dem Glauben an einen einzigen Gott –, der dadurch gekennzeichnet ist, daß der von den Juden angebetete Gott Jahwe mit seinem Volk einen Vertrag abgeschlossen hat. Danach verpflichten sich die Juden, Jahwe als ihren alleinigen Gott anzuerkennen. Es ist ihnen verboten, seinen Namen auszusprechen, dafür übernimmt dieser Gott in alle Zukunft den Schutz seines Volkes.

Soweit es um die religiöse Tradition des Judentums geht, ist seine Geschichte die eines Vertragspartners, dessen Temperament und Versagen ihn immer wieder zum Vertragsbruch verleitete, und der infolgedessen stets aufs neue von seinem Gott bestraft wird. Die messianische Idee eines Erlösers, der das Volk aus seiner Knechtschaft befreien würde, kommt nicht besonders stark zum Ausdruck. Erst das nachfolgende Christentum hat den Messiasgedanken in den Vordergrund gestellt. Das orthodoxe Judentum hält sich auch heute noch an die äußerst strenge Definition seiner Gottesvorstellung. Interessant ist dabei das strikte Gebot: Kein Bildnis oder Gleichnis dieses Gottes anzufertigen und seinen Namen nicht zu mißbrauchen. Der Ursprung ist hier im wesentlichen in kabbalistischen, magischen und mystischen Vorstellungen des Namensbegriffs zu suchen. Danach kann derjenige, dem der Name eines Freundes oder Feindes bekannt ist, magische Kräfte auf den Namensträger selbst ausüben. Aus diesem Grund wird der Mißbrauch des Namen Gottes auch besonders hart bestraft.

Durch den Vertrag mit seinem Gott fühlt sich das jüdische Volk berechtigt, sich als das auserwählte zu betrachten – und handelt danach. Allein aus dieser Überzeugung heraus konnte es die mehreren tausend Jahre seiner völkischen und religiösen Geschichte überstehen.

Das Judentum hat sein religiöses und politisches Bestehen vorwiegend dem Rabbinertum zu verdanken. Rabbiner sind keine Priester, sondern Lehrer, die jedem Beruf nachgehen können. Als Rabbiner legen sie nur die Thora (die fünf Bücher Mose) und den Talmud aus (Aufzeichnungen der jüdischen Lehre vom 6. bis zum 9. Jahrhundert vor Christus). Die sogenannten Leviten, die jüdischen Priester, gingen in Jerusalem mit der Zerstörung ihrer religiösen Zentrale auf dem Tempelberg Zion zugrunde. Heute dürfte die Neuerrichtung ausgeschlossen sein. Denn dort, wo einst der Tempel Salomos stand, die religiöse Hochburg des jüdischen Priestertums, wurde die Omar-Moschee – der Felsendom – errichtet, die als drittheiligstes Bauwerk des Islam gilt. Die Geschichte ist um so verzwickter, als nach mohammedanischem Glauben Mohammed des Nachts von Mekka nach Jerusalem kam und vom Felsen mit seinem Pferd Burak in den Himmel ritt, um Weisungen von Allah zu erhalten. Außerdem beansprucht das Judentum Elias und andere Propheten ebenso wie der Islam. Solange jedoch Judentum und islamisches Arabertum ihre divergierenden Glaubensvorstellungen in aller Intoleranz vertreten, wird es auch deshalb zu keiner Lösung der politischen Probleme des heutigen Staates Israel kommen.

Der Buddhismus hat sich aus dem Brahmanismus entwickelt, und zwar aus Opposition gegen die übertriebene körperliche und geistige Askese brahmanischer Priester und deren Anhänger. Ein Prinz aus Nepal – Gotama Shakya – begründete die buddhistische Glaubenslehre. Durch das Erleben von Krankheit und Tod kam er zur grundlegenden Auffassung: »Das ganze Sein ist flammend Leid.« Gotama wurde wahrscheinlich um 563 vor Christus geboren. Wie alle Mitglieder der oberen Kaste des Brahmanismus war er davon überzeugt, daß die Vorstellung der Seelenwanderung zutreffen müsse. Aber aus seiner negativen Lebenseinstellung heraus suchte er nach einem Ausweg, um sich der Wiedergeburt zu entziehen. Nach hinduistischer Auffassung ist nämlich die Seele, das heißt der Mensch, nur dann frei »vom Rad des Schicksals«, beziehungsweise, weniger blumig ausgedrückt, dem Zwang der Wiedergeburt enthoben, wenn er keine karmischen Vorbelastungen hat – sich also von allen Bindungen in seinem letzten Leben befreien konnte.

Gotama sah in der Befreiung vom Ich die einzige Möglichkeit, zum Ziel zu gelangen. Buddha lehrt: Nur wer ohne jede Begierde ist, kann ins Nirwana eingehen. Die Aufnahme ins Nirwana bedeutet jedoch nicht das Sein oder Nichtsein, sondern einen zeit- und raumlosen Zustand, der als absolute Ruhe betrachtet wird. In unsere physikalischen Vorstellungen umgesetzt, entspricht dieser Zustand in etwa einem latenten Feld. Jeder Mensch, der diesen Zustand erreicht und sich damit aus der Kette der Wiedergeburten befreit, wird zum Buddha.

Wie alle anderen Religionen wurde auch der Buddhismus seit seiner Gründung durch Gotama im Lauf der Zeit von den mystischen und traditionellen Vorstellungen der ihm anhängenden Völker überwuchert.

Es gibt wohl kaum einen größeren Gegensatz zwischen Religionen als den zwischen dem intellektuellen japanisch-chinesischen Zen-Buddhismus und dem tibetanischen Lamaismus. Während der erstere die Welt von vornherein als nichtig betrachtet, pflegt und verehrt der Lamaismus auch heute noch eine mit magischen und mystischen Vorstellungen angereicherte Welt von Göttern und Dämonen. Dabei gehen aber beide Formen auf den gleichen Religionsstifter zurück.

Es kann nicht bestritten werden, daß sich der buddhistische Nirwana-Begriff bestimmten physikalischen Grundvorstellungen der Naturwissenschaften annähert, ohne sich jedoch mit ihnen identifizieren zu lassen. Das bringt eine gewisse Anfälligkeit buddhistischer Völker für die Lehre des modernen Atheismus, also insbesondere des Kommunismus, mit sich.

Der Brahmanismus ist durch die Vielzahl seiner Götter, die sich jedoch alle Brahma, Wischnu und Schiwa unterordnen, zwar stark aufgegliedert, aber nicht grundsätzlich gespalten. Im Buddhismus hat dagegen die Lehre von den guten Taten zu einer tiefen Kluft zwischen zwei Grundauffassungen geführt, die in etwa jener zwischen Katholizismus und Protestantismus vergleichbar ist. Der größte Teil der buddhistischen Gläubigen befolgte die Lehre des Mahajana – hängt also der Überzeugung an, daß die sogenannten guten Taten der Selbsterlösung nützen. Dagegen lehnt der Hinajana-Buddhismus die Lehren von den guten Taten dogmatisch ab und beschränkt den Weg der Selbsterlösung ausschließlich auf die Befreiung von Begierden. Als asketischere der beiden Auffassungen könnte sie mit dem Puritanismus verglichen werden.

Die nächstälteste Religionsgemeinschaft ist das Christentum. Es wurde etwa sieben Jahre vor der Zeitrechnung durch den historisch nicht einwandfrei gesicherten galiläischen Wanderrabbiner Jeschwa begründet, wobei der griechische Name Jesus im Hebräischen Jeschwa heißt und »Jahwe (Gott) ist Heil« bedeutet. Nach Berichten, die in den vier Evangelien niedergelegt sind, wurde dieser Jesus nach römischem Recht hingerichtet. Zum besseren Verständnis muß gesagt werden, daß es sich bei den vier Evangelien um eine Auswahl aus weiteren Evangelien handelt, die aber nicht eigentlich zusammenpassen und infolgedessen für apokryph – unecht, später hinzugefügt – erklärt wurden. Die Hinrichtungsmethode des Kreuzigens ist im übrigen rein römisch und wurde im allgemeinen nur bei Hochverrätern und Räubern angewendet.

Ursprünglich war die von Jesus begründete und nach

ihm benannte christliche Gemeinde eine rein jüdische Sekte, die sich den Gesetzen des mosaischen Glaubens völlig unterwarf. Als Jerusalem im Jahr 72 zerstört und damit auch das Judentum im alten Palästina praktisch ausgerottet wurde, war davon auch die christliche Urgemeinde betroffen. Die Jünger Jesu verteilten sich über die Mittelmeerländer, in Jerusalem blieb niemand zurück.

Die heutige christliche Kirche verdankt ihre Existenz dem Eifer des Juden Saul, eines ursprünglichen Pharisäers. Nach einem starken, inneren Erlebnis wandte er sich dem Christentum zu, dessen Gegner er vorher gewesen war, und änderte seinen Namen von Saul in Paulus. Das paulinische Christentum ist die Quelle des heutigen. Paulus setzte den Missionsbefehl Christi, »Darum gehet hin und machet zu Jüngern alle Völker« (Matth. 28.19) in die Tat um.

Zunächst verbreitete er das Christentum im Mittelmeergebiet, wo sich zahlreiche jüdische Gemeinden angesiedelt hatten, vor allem in Griechenland, Kleinasien und Ägypten. Als er eine Abwendung von den jüdischen Speisegesetzen und anderen Vorschriften durchsetzte, galten diese zu Christen bekehrten Juden innerhalb des Judentums als Abtrünnige. Schließlich brachte es Paulus zustande, daß die im hellenistischen Osten des Mittelmeergebiets lebende Mehrzahl der Nichtjuden auch den christlichen Glauben übernahm. Damit war die Trennung zwischen Judentum und Christentum vollzogen. Das ist um so erstaunlicher, als dieser Jesus nach der christlichen Lehre mit dem von früheren jüdischen Propheten vorausgesagten Messias (hebräisch = der Erlöser, der Gesalbte) übereinstimmt. Das frühe Christentum übernahm zwar den jüdischen Monotheismus, die fünf Bücher Mose und die Schriften der Propheten, es löste sich aber vom reinen Monotheismus durch die Vergöttlichung von Jesus Christus. Das Christentum hat die transzendenten Vorstellungen der Erlösung durch Christus zu einem sorgfältig durchdachten System transzendenter Religion entwickelt, wobei das tragende Element der christlichen Lehre die Liebe ist – die Liebe zu Gott und die Liebe der Menschen untereinander. Das Christentum übernahm als moralischen Kodex den Dekalog – die zehn Gebote des Judentums –, den Moses am Berg Sinai entgegengenommen hatte. Die in mancher Beziehung exakteren und strengeren philosophischen und transzendenten Vorstellungen des mosaischen Glaubens wurden durch Zutaten aus dem Buddhismus, dem Hellenismus, dem Brahmanismus und dem Mithraskult ausgeschmückt und damit in den Augen gläubiger Juden verfälscht.

Durch Konstantin den Großen (280–337) wurde das Christentum zur römischen Staatsreligion erklärt. Ihm, der die grausame Christenverfolgung beendete, ist es zu verdanken, daß das Christentum zur vorherrschenden Religion im großen Kulturraum um das Mittelmeer wurde.

Der Einfluß des Christentums auf die geistige und moralische Entwicklung eines beträchtlichen Teils der Menschheit ist auch heute noch außerordentlich stark. Das Christentum ist so selbstverständlich geworden, daß es auch dort noch dominiert oder zumindest formell Geltung und Macht besitzt, wo der Inhalt seiner transzendenten Vorstellungen längst ohne rechte Überzeugungskraft ist.

Der römische Primat, die oberste Kirchengewalt des Papstes, verdankt seine Entstehung in Wirklichkeit den Umständen, unter denen sich die christliche Kirche im Römischen Reich ausbreitete. Roms Ruhm und überragende Weltstellung gingen auf die dort schon früh entstandene Kirchengemeinde über. Im Abendland konnte sie sich rühmen, die einzige Gemeinde apostolischen Ursprungs und damit allein im Besitz der wahren Überlieferung der Glaubenslehre zu sein. Der Apostel Paulus hatte an diese Gemeinde geschrieben, sie aufgesucht und wurde dort 64 nach Christus unter Nero enthauptet. Zudem wurde spätestens seit dem 2. Jahrhundert überliefert, daß Petrus, das Oberhaupt der 12 Apostel, der erste Bischof der dortigen christlichen Gemeinde gewesen war. Die Blicke aller abendländischen christlichen Kirchen waren schon früh auf Rom gerichtet. So sahen die Gemeinden in Italien, Spanien, Gallien, Britannien und anderen Ländern in Rom das Vorbild ihrer eigenen Verhaltensregeln.

Der Gedanke, daß die römische Kirche ihre Herrschaft auf die Gesamtkirche ausweiten müsse, wurde daher sehr bald gefaßt und konsequent verfolgt. Die Päpste Leo I. (440–461) und Gregor I. (590–604) – beide erhielten den Beinamen ›der Große‹ – setzten ihre Auffassung von der weltbeherrschenden Stellung der Kirche Roms zielstrebig in die Wirklichkeit um.

Im Lauf der Zeit wurde immer wieder die Klage laut, das Papsttum mißbrauche seine geistlichen Befugnisse zur Durchsetzung weltlicher Interessen, das heißt, zur Ausweitung des Kirchenstaates und damit des päpstlichen Machtbereichs. Kunst und Wissenschaft wurden unterstützt, soweit es den Päpsten genehm war. In den Jahren der Renaissance wurde die weltliche Art ihres

Fürstentums immer ausgeprägter. Da der geistliche Charakter des Papsttums immer mehr ins Hintertreffen geriet, bemächtigten sich auch Unwürdige des höchsten Amtes der Christenheit, wie zum Beispiel Papst Alexander VI. aus der Familie der Borgia, der, mit Lastern aller Art behaftet, den päpstlichen Stuhl entwürdigte.

Am unverständlichsten ist allerdings die gnadenlose Verfolgung von Christen durch ihre Kirche. Hier haben zerstörerische Kräfte – Angst, Eitelkeit, Machtstreben, Haß und Fanatismus von Kirchendogmatikern – in furchtbarer Weise das Leben ungezählter Menschen bestimmt.

Es ist unvermeidlich, in diesem Zusammenhang ein bedrückendes Kapitel der römisch-katholischen Kirche zu erwähnen: die Inquisition.

Diese wurde von der römischen Hierarchie ins Leben gerufen und stellte ein Glaubensgericht dar, das der Auffindung und Ausrottung der Ketzerei diente. Das Inquisitionstribunal erhielt Informationen über Ketzerei durch eigene Recherchen oder durch Denunziation, zu der alle gläubigen Christen verpflichtet waren.

Wer einer Vorladung des Inquisitionsgerichts nicht Folge leistete oder gar geflüchtet war, wurde als schuldig betrachtet. Wer der Vorladung nachkam, wurde eingekerkert. Zeugen und Ankläger wurden den Beschuldigten nicht genannt, geschweige denn in die Gerichtsprotokolle aufgenommen. Jedermann war vor Gericht zugelassen – Freunde und Feinde, Schützer und Beschützte, Gläubige und Ungläubige. Gelang es dem Angeklagten nicht, die Inquisition zweifelsfrei von seiner Unschuld zu überzeugen, oder waren die Zeugenaussagen nicht belastend genug, wurde seit 1252 die Folter angewendet, um ein Schuldbekenntnis zu erpressen. Die Tortur durfte bis zur Verstümmelung oder bis zum Tod fortgesetzt werden. In Wirklichkeit hatten die meisten Angeklagten nicht die geringste Chance, denn wenn sie unter der Folter ihr »Verbrechen« zwangsläufig gestanden, wurden sie hingerichtet. Gestanden sie nicht, wurden sie ebenfalls hingerichtet, weil nur der Teufel ihnen die Kraft zum Widerstehen hatte geben können. Durch das Konzil von Béziers konnten die Angeklagten auch zum Einmauern oder zur Verbrennung auf dem Scheiterhaufen verurteilt werden. Begüterte »Verbrecher« mußten für die Kosten der Einkerkerung selbst aufkommen. Zum Scheiterhaufen Verurteilte mit einer Strafmilderung wurden vor der Verbrennung erdrosselt. In Spanien wurden die zum verschärften Feuertod Verurteilten vorher mit loderndem Stroh angesengt. Das Volk nannte diese Prozedur das »Bartmachen«. Wenn von Toten bekannt wurde, daß sie sich zu Lebzeiten der Ketzerei schuldig gemacht hatten, wurden sie wieder ausgegraben und verbrannt.

In ganz Europa und selbst in den spanischen Provinzen von Amerika forderte der Inquisitionswahnsinn ungezählte Opfer.

In Deutschland versuchte Konrad von Marburg, der Beichtvater der Heiligen Elisabeth von Thüringen, als erster, 1231–33 die Inquisition einzuführen. Der selbst der Ketzerei beschuldigte Hohenstaufenkaiser Friedrich II. begünstigte sie, um sich von jedem Verdacht reinzuwaschen. Aber erst seit den Zeiten Karls IV. gelang es, sie dem widerstrebenden Volksgeist aufzuzwingen. Und mehr als ein Jahrhundert später hatte sie ihre Blütezeit. Die päpstlichen Inquisitoren, Jakob Sprenger

und Heinrich Institoris, veröffentlichen 1489 den »Malleus melificarus« oder »Hexenhammer«. Darin wurde der Hexenwahn und das Verfahren zur Hexenbekämpfung in ein wirkungsvolles System gebracht. Dem Volksglauben nach standen Hexen im Dienst des Teufels und wurden unter anderem an Merkmalen wie zusammengewachsenen Augenbrauen (!) und Muttermalen (!) erkannt. Die Gestalt der Hexe ist aus verschiedenen guten und bösen Vorstellungen erwachsen, die unter anderem auch dem altgermanisch-animistischen Kultbereich entstammen. Mit Einführung des Christentums wurden dann aber Seherinnen und andere verehrte Frauengestalten zu bösen Zauberinnen und Walddämoninnen erniedrigt.
Die protestantische Geistlichkeit teilte übrigens den Teufels- und Hexenglauben der katholischen Kirche. In den protestantischen Ländern gab es nicht weniger Hexenprozesse als in den katholischen. Die letzte Hexenverbrennung im deutschsprachigen Raum fand 1782 im schweizerischen Glarus statt. Die Inquisition hielt sich in einigen Ländern bis in die erste Hälfte des 19. Jahrhunderts.

Die Hexenverfolgung verdeutlicht auf erschreckende Weise, wie die unsichtbaren Kräfte des Zwischenhirns eine wahre Volkspsychose auslösen können und auch, daß die Ratio in Glaubensfragen praktisch ohne Bedeutung ist. Allein die Emotionen, das magische Sensualdenken, fallen ins Gewicht. Die Inquisition, der Hexenwahn öffneten Haß, Neid, Angst, Eifersucht und Habgier Tür und Tor und stürzten unzählige unschuldige Menschen in Verderben und Tod.
»Die Religion stützt sich vor allem und hauptsächlich

auf die Angst. Teils ist es die Angst vor dem Unbekannten und teils der Wunsch zu fühlen, daß man eine Art großen Bruder hat, der einem in allen Schwierigkeiten und Kämpfen beisteht. Angst ist die Grundlage des Ganzen – Angst vor dem Geheimnisvollen, Angst vor Niederlage, Angst vor dem Tod. Die Angst ist die Mutter der Grausamkeit, und es ist deshalb kein Wunder, daß Grausamkeit und Religion Hand in Hand gehen, weil beide aus der Angst entspringen«, führte der englische Philosoph Bertrand Russell aus.

Ebenso wie der Buddhismus ist auch das Christentum in zwei große Lager gespalten: in den Katholizismus und den Protestantismus. Diese durch die Reformation verursachte Spaltung hat Menschen in Feindschaft getrennt und Ströme von Blut gekostet. Es ist noch nicht allzulange her, daß sich die abendländische Christenheit im Namen Christi gegenseitig umbrachte und die europäische Zivilisation im Dreißigjährigen Krieg zwischen Reformation und Gegenreformation beinahe zugrunde gegangen wäre. Und auch heute noch töten sich die Anhänger der unterschiedlichen christlichen Glaubensrichtungen, wie das unentwegte Morden in Nordirland beweist.

Die jüngste aller großen Religionsgemeinschaften ist der Islam. Er wurde zwischen 610 und 632 nach Christus durch den in Mekka lebenden arabischen Kaufmann namens Mohammed Abu 'l Kasim gegründet. Im wesentlichen setzt sich der Islam aus mosaischen und christlichen Glaubensvorstellungen zusammen, die von animistischen und fetischistischen Ideen der arabischen Wüstennomaden durchsetzt sind. Das Heiligtum des

Islam und sein geistiger und kultureller Mittelpunkt ist die Kaaba in Mekka. Sie wurde bereits vor Mohammed von den Wüstenarabern als religiöses Zentrum verehrt und dann von ihm als Kernstück in den Islam eingefügt.

Die Verbreitung des Islam durch Feuer und Schwert in der Vergangenheit hat diese Glaubenslehre ja auch eigentlich zur intolerantesten aller transzendenten Religionen gemacht, und das Wort Dschihad wird oft als Befehl zum Heiligen Krieg aufgefaßt. Tatsächlich bedeutet Dschihad aber nicht »Heiliger Krieg«, sondern »Anstrengung«, den Glauben zu verbreiten. Im Koran, der heiligen Schrift des Islam, wird nirgends gefordert, daß dieser Glaube durch Waffen verbreitet werden muß. Im Gegenteil: Der Koran erlaubt den Krieg nur zur Selbstverteidigung.

Da sich der Glaubensinhalt des Islam aus den vorher genannten, transzendenten Religionsvorstellungen zusammensetzt, ist er selbst von transzendenter Natur. Auch heute noch wirkt sich in ihm ein Prinzip der semitischen Völker aus, das für die Siedler des Zweistromlandes typisch ist: Die heilige Schrift des Islam – der vom Propheten Mohammed selbst diktierte Koran – ist gleichzeitig Darstellung der religiösen Idee, aber auch Vorschrift für die Verhaltensweise der Gläubigen im täglichen Leben. Damit ist der Koran Organisationsschema der Sozialordnung und gültiges Recht, also sowohl moralische Richtlinie als auch Gesetz. Von allen, dem Glaubensinhalt nach auch heute noch lebendigen Religionen, ist der Islam die glaubensstärkste, gefühlsbetonteste und auch intoleranteste.

Mit dem Tod des Propheten 632 nach Christus stand der Islam vor einem Problem, weil Mohammed vergessen hatte, seinen Nachfolger zu bestimmen. So bildeten sich zwei Parteien, von denen eine auf dem Standpunkt beharrte, einer der engsten Anhänger Mohammeds müsse dessen Nachfolger werden. Die zweite Gruppe war jedoch nicht davon abzubringen, daß nur ein naher Verwandter des Propheten zum nächsten Religionsoberhaupt – zum Kalifen – ernannt werden dürfte, und schlug Mohammeds Vetter Ali vor.

Die Auseinandersetzung der beiden rivalisierenden Gruppen wurde schließlich zugunsten der ersteren entschieden. Mohammeds Freund und Schwiegervater, Abu Bakr, wurde das nächste Religionsoberhaupt. Ihm folgten die Kalifen Omar und Othman. Diese drei Nachfolger Mohammeds waren längst nicht so streng religiös wie einst der Prophet, wenn sie auch gute Politiker waren.

Die zweite Gruppe kam erst 656 nach Christus zum Zug, als Mohammeds Vetter Ali zum Kalifen gewählt wurde. Aber schon nach fünf Jahren wurde dieser Führer des Islam durch die Anhänger eines anderen Kandidaten ermordet. Die Folgen dieser Bluttat sind heute noch spürbar. Denn der Islam hat sich daraufhin in zwei Richtungen gespalten: die Sunniten und Schiiten. Neunzig Prozent aller Mohammedaner beziehungsweise Muslime sind Sunniten, glauben an die Sunna – die Tradition – und damit an die Aussprüche und Vorschriften Mohammeds sowie der ersten vier Kalifen als Richtschnur. Die Schiiten sind ihrerseits Anhänger des ermordeten Kalifen Ali, des Vetters von Mohammed, und bilden auch im politischen Sinn eine Schia, also eine Partei.

Seit der schiitische Revolutionsführer Khomeini im Iran die Macht übernommen hat und somit zu einer Figur der Weltpolitik wurde, fürchten andere islamische Staaten, wie zum Beispiel Saudi-Arabien oder der Irak, daß islamische Revolutionen à la Teheran um sich greifen könnten. Denn die Spaltung zwischen Sunniten und Schiiten hat sich verschärft. Im Namen des Islam wurde inzwischen durch die fanatischen Ayatollahs im Iran sehr viel Blut vergossen. Aber Fanatismus entstammt ja auch nicht der Vernunft, sondern der Gefühlswelt.

Religiöses Denken ist die subjektivste Form des Sensualdenkens überhaupt. Denn Religion wird erlebt und nicht gedacht. Da religiöse Gedanken fast immer dem Gefühl entstammen, führen sie von der »objektiven Wirklichkeit« fort. Sie wird hier durch eine aus dem Gefühl kommende »persönliche Wirklichkeit« ersetzt. Selbstverständlich hat die Gefühlswelt einen wertvollen, unverzichtbaren Platz im Leben der Menschen. So können auch die unsichtbaren Kräfte eines gemeinsamen Glaubens Menschen zueinanderführen und verbinden, selbst wenn jedes Glaubenserlebnis letztlich ganz persönlicher Natur ist und sich nicht übermitteln läßt. Im strengsten Sinn ist also jeder Gläubige einer Religionsgemeinschaft Alleininhaber seines Glaubens. Da exakte Inhaltsbeschreibungen des Religiösen unmöglich sind, führen solche Versuche zur Häresie, also zur Ketzerei. Denn gerade wegen des subjektiven Kerns eines jeden Glaubens folgt jede Religionsgemeinschaft eigenen Richtlinien, wenn es um die Bestimmung des »rechten« Glaubens geht. Sobald irgendeine religiöse Vorstellung von vielen Gläubigen »verteidigt« wird, kommt immer Intoleranz mit ins Spiel. Denn charakteristisch für fast jede Religion ist ihr Anspruch, der einzig wahre und alleinseligmachende Glaube zu sein.

Dazu kommt die Nichtachtung, ja sogar Feindschaft gegen alle, die andern Glaubens sind.

Ursache dafür ist der Gedanke, widersprüchliche Auffassungen auf einen gemeinsamen Nenner bringen zu wollen, sei Sache der reinen Vernunft, die auf die »subjektive Wirklichkeit« des Religiösen nicht anwendbar wäre. Hier sollte jedoch nicht vergessen werden, daß in der Welt des Glaubens und der Frömmigkeit Logik die Waffe des Teufels ist.

IX

Zoon politikon

Wir haben die Frage gestellt, ob in der bisherigen Entwicklung der Menschheit die trennenden Kräfte stärker sind als die verbindenden, und mußten feststellen, daß die trennenden Kräfte überwiegen. Die Ursachen für die tragische Aufspaltung der Menschheit in separate Staaten, einzelne Völker und Gruppen sind unschwer zu erkennen: Sie liegen vor allem in politischen, religiösen und ökonomischen Bereichen. Hinzu kommen Rassenunterschiede, Sprachbarrieren, gegensätzliche Sitten und Gebräuche, voneinander abweichende Lebensauffassungen, Rivalitätsdenken sowie die Spannung zwischen den Herrschenden und den Beherrschten, den Schwachen und den Starken.
Eine Einigung der Menschheit läßt sich keinesfalls durch Wertmaßstäbe herstellen, die dem Sensualdenken entstammen. Sie muß vielmehr der Wirklichkeit – den Realitäten dieser Welt – entsprechen. Jeder, an den die Forderungen dieser Weltordnung gestellt werden, muß sie verstehen können. Zweifellos fragt jeder vernünftige Mensch: »Warum?«, wenn man von ihm die Einsicht in eine Notwendigkeit verlangt oder den Verzicht auf etwas fordert, an dem sein Herz hängt.

Die kommunistische Ideologie beruft sich auf eine rationale Tradition und bezeichnet den dialektischen Ma-

terialismus als ihre intellektuelle Grundlage. Aber auch die Theorien des dialektischen Materialismus enthalten Vorstellungen, die transzendenter Natur und daher nicht genau definierbar sind.
Seit der sogenannten Aufklärung im 18. Jahrhundert wird rationales Denken unter Verdrängung transzendenter Elemente in ständig zunehmendem Maß gefordert. Als Konsequenz daraus entstanden Fortschrittsgläubigkeit und letztlich die Lehren des Sozialismus.
Aber auch diese Lehren operieren – entgegen ihrer Behauptung – mit Gefühlswerten und moralischen Begriffen. Marx und Engels, Bebel, Lenin und Trotzki waren alles andere als Intellektuelle. Auf Stalin trifft dies noch weniger zu. Auch Mao Tse-tung war kein Intellektueller, sondern eher ein Volksphilosoph. Daß die Lehren des Sozialismus ideelle Vorstellungen und Forderungen benutzen, beweist am besten die Tatsache, daß jede der großen sozialistischen und kommunistischen Bewegungen einen Parteidoktrinär hat, dessen Aufgabe es ist, das Parteidogma ständig zu überwachen. Auch die sozialistischen Lehren spannen weitgehend die Gefühls- und Vorstellungswelt der Menschen ein, die eine Verbesserung ihrer Lebensumstände durch den Sozialismus erhoffen. De facto ist es das gleiche, ob die Juden im alten Israel auf den Messias warteten, der ihnen alle Wünsche erfüllen sollte, oder ob Lenin den Sozialismus versprach und Mao Tse-tung ihn verkündete. Jede Religion hat ihre Gesellschaftslehre, aber irgendwie hat auch jede Soziallehre ihre Religion. Die erstere macht die Gesellschaftslehre von den Glaubensvorstellungen abhängig, die sie predigt, wogegen der Sozialismus überall dort seine Soziallehre zur Religion erhebt, wo er an der Macht ist. In beiden Fällen werden

Vorstellungen, Bedingungen und Phänomene des Sensualdenkens mit rationalen Überlegungen vermischt.

In Politik, Kunst und Literatur offenbart sich besonders deutlich die Subjektivität der verschiedenen geistigen Vorstellungen. Sie strotzen geradezu von schwer bestimmbaren Begriffen, weil es um Ansichten, Auffassungen des Glaubens und des Für-wahr-Haltens geht. Die längst zu Schlagworten gewordenen Begriffe Recht, Freiheit, Gleichheit, Brüderlichkeit sind vom Inhalt her nicht eindeutig definierbar. Das Freiheitsverständnis eines amerikanischen Intellektuellen dürfte sich von dem eines linientreuen sowjetischen Kollegen grundlegend unterscheiden. Und in der Vorstellungswelt eines gläubigen Hindus hat der gleiche Freiheitsbegriff eine völlig andere Bedeutung wie in der eines modernen Chinesen. Viele afrikanische Sprachen kennen das Wort Freiheit nicht einmal, geschweige denn den Begriff. Mit dem Wort Freiheit ist nur allzuoft Schindluder getrieben worden. Jeder Agitator benutzt es immer dann, wenn es seinen Zwecken gelegen kommt oder Beifall verspricht. Dabei ist der Begriff Freiheit relativ leicht zu definieren – er bedeutet nichts anderes als Unabhängigkeit von anderen.

Natürlich ist jeder Mensch irgendwie von der Tätigkeit anderer abhängig, wodurch seine Freiheit bereits eingeschränkt wird. Je höher die Ansprüche sind, die der einzelne stellt, um so größer wird auch seine Abhängigkeit von anderen. Oder in anderen Worten: Die individuelle Freiheit verringert sich im selben Maß, wie der Lebensstandard steigt. Denn allmählich dürfte doch jedem klargeworden sein, daß das Leben in hochindustrialisierten Staaten nur durch außerordentlich disziplinierte, ständig kontrollierte und korrigierte Zusammenarbeit unzähliger Einzelberufe möglich ist. Wo sich das Gemeinschaftsleben aber nur durch eine komplexe Organisation aufrechterhalten läßt, sinkt die individuelle Freiheit des einzelnen innerhalb der Gesamtorganisation auf ein Minimum.

Aristoteles nannte den Menschen Zoon politikon – geselliges Wesen. Die alten Griechen haben den Menschen mit dieser Bezeichnung aber keineswegs zum Herdentier gestempelt, sondern nur unterstrichen, daß der Mensch als geselliges Wesen auf die Gemeinschaft angewiesen ist. Um aber das Gemeinschaftsleben zu ermöglichen, muß die Freiheit des einzelnen entsprechend beschnitten werden.
In totalitären Staaten sind dem Individualismus und damit der Freiheit des einzelnen extreme Grenzen gesetzt. Ob der jeweilige Staat sein Regime nur nach streng religiösen oder atheistischen Vorstellungen ausübt, bleibt sich gleich.
Durch die Verbreitung des Kommunismus hat sich der Wirkungskreis des Atheismus erheblich ausgeweitet. Die kommunistische Lehre als Verwirklichung der Theorien von Marx und Engels dient der Durchsetzung des Sozialismus. Sie hat kaum Beziehung zu irgendwelchen transzendenten Anschauungen, da der dialektische und der historische Materialismus die geistige Grundlage ihrer Konstruktionselemente darstellen.
Inzwischen steht eine atheistische Gesellschaftsordnung den bisher von den Religionen geprägten und beeinflußten Sozialordnungen gegenüber. Der Kommunismus ist der erste in die Tat umgesetzte menschliche Denkversuch, eine Gesellschaftsordnung aufzubauen,

die sich nicht auf transzendente Ableitungen stützt, eine Gesellschaftsordnung, deren Autorität sich ausschließlich und entscheidend auf die Richtigkeit ihrer Satzungen beruft, nicht dagegen auf die Autorität einer transzendenten, überweltlichen Macht.

Diese Ideologie hat allerdings einige Schwächen: Da sie völlig auf den Marx- und Engelsschen Vorstellungen sowie denen späterer Parteiideologen aufgebaut ist, muß sich erst noch herausstellen, ob sich diese Vorstellungen mit der Wirklichkeit decken. Denn ohne auf eine zusätzliche transzendente Autorität hinweisen zu können – wie zum Beispiel auf den Koran als Offenbarung des Propheten Mohammed –, bedarf diese Theorie der sozialen Neuordnung einer dauernden Orientierung an der Wirklichkeit und einer entsprechenden Korrektur. Wie aber die Praxis beweist, sind solche Korrekturen schwer. Innerhalb der kommunistischen Partei und der durch sie beeinflußten Völker Osteuropas ist es immer wieder vorgekommen, daß die Parteidoktrin den wissenschaftlichen Erkenntnissen Paroli bot. Meistens hat es dann sehr lange gedauert, bis sich die Parteidoktrin dem objektiven wissenschaftlichen Urteil anpaßte.

Eine weitere Schwäche des Systems liegt darin, daß es trotz seiner anhaltenden Bemühungen um eine Identifikation mit der Wirklichkeit eine Reihe ideologischer Vorstellungen aus dem alten Sozialismus übernommen hat, die keine Beziehung zur Wirklichkeit haben. Die kommunistischen Theoretiker unterschätzen eine ganze Reihe tiefenbewußter Eigenschaften und Reaktionen des Menschen und sind in mancher Beziehung – zum Beispiel was den sogenannten guten Willen der Menschen anbelangt – grenzenlos naiv.

Der Kommunismus ist bereits weitgehend dem Fehler

verfallen, seine eigenen Anschauungen bedingungslos zu glauben, anstatt sie dauernd kritisch an der Wirklichkeit zu überprüfen. Die zunehmende Aufspaltung der kommunistischen Lehre, die inzwischen schon zu zwei großen Machtbereichen geführt hat, ist der schlagende Beweis für die Verkrustung der Parteiideologen. Wie alle anderen menschlichen Organisationsformen wird sich also auch der Kommunismus ständig wandeln müssen, um fortbestehen zu können.

Der für totalitäre Staaten typische Überwachungsapparat (gleichgültig, ob er Gestapo oder Stasi heißt) mit seinen Denunziationspraktiken, wenn nicht sogar einer Denunziationspflicht, ruft unter Menschen die trennenden Kräfte des Mißtrauens wach. Doch paradoxerweise werden gerade durch solche Praktiken des Staates die Menschen auch wieder zusammengeführt. Denn je größer der Zwang ist, um so mehr suchen viele Menschen nach Wegen, um die scharfen Restriktionen zur Besserung ihres Lebensstandards und ihrer Lebensqualität zu umgehen. Hilfsbereitschaft, die Neigung, etwas gemeinsam zu »organisieren«, die einigenden Kräfte wirken sich in Notlagen, vor allem in Kriegszeiten, besonders fruchtbar aus.

In kommunistischen Ländern führt die Kirche meist ein Schattendasein. Doch eben dieser Umstand veranlaßt ihre Anhänger, in diesen schweren Zeiten fest zusammenzuhalten. Denn die unsichtbaren Kräfte des Glaubens lassen sie enger aneinanderrücken. Wie sich am Beispiel Polen gezeigt hat, können die Gläubigen die Position der Kirche in einem atheistischen Regime immens stärken. In letzter Konsequenz ist es sinnlos, gegen eine Welt transzendenter Vorstellungen anrennen zu wollen. Denn mit wissenschaftlichen und intellektuellen Argumenten kann diese nie wirksam bezwungen werden. Erst wenn die Kluft zwischen dem Glauben als religiöser Überzeugung und dem Wissen als Kenntnis der Wirklichkeit überbrückt wird und beide – Wissen und Glaube – in einer Synthese vereint werden, kann der Mensch den Weg zu seiner eigenen, freien Entwicklung, ohne inneren Zwiespalt und Kämpfe, beschreiten.

In einer Welt, in der die Lebensfähigkeit aller auch in der Zukunft entscheidend von der positiven Anwendung der Naturwissenschaften abhängt, ist es erforderlich, naturwissenschaftliche und soziologische Auswirkungen stärker in die Politik einzubeziehen. Bisher bedienten sich Politiker in Ost und West naturwissenschaftlicher Erkenntnisse überwiegend im negativen Sinn: vor allem in der Weiterentwicklung der Waffentechnik. Zu einer friedlichen Einigung der Menschheit haben naturwissenschaftliche Erkenntnisse verhältnismäßig wenig beigetragen. Denken wir beispielsweise an die Entdeckung des Schießpulvers. Es hat Jahrhunderte gedauert, bevor überhaupt jemand daran dachte, es nicht nur für kriegerische Zwecke, sondern auch zum Nutzen der Menschheit anzuwenden – nämlich für eine Schießpulvermaschine als Vorläufer des Explosionsmotors. Mit der Atomenergie ist es kaum anders. Eingesetzt zuerst als grauenhaftes Massenvernichtungsmittel, wurde ihre Nutzungsmöglichkeit für friedliche Zwecke erst später in Erwägung gezogen. Sogar im biomedizinischen Bereich, wo die positiven Aspekte doch offen auf der Hand liegen, mußten – wie hätte es anders sein können – aus politischen Überlegungen heraus biologische und chemische Kampfstoffe entwickelt werden, um Menschen auf entsetzliche Art umzubringen, nicht zu heilen. Durch die kernwaffenbetonte Weltpolitik ist heute die gesamte Menschheit in ihrer Existenz bedroht. Politische Kurzsichtigkeit und Machtstreben haben bewirkt, daß eine kraß materialistisch orientierte Gesellschaftsordnung mit ihrer gnadenlosen, umweltfeindlichen Überindustrialisierung den Lebensraum der Menschheit immer mehr zerstört. Es ist durchaus verständlich, daß viele Politiker diese Erkenntnis gern verdrängen. Und wenn auch Politiker seit kurzem wissenschaftliche Überlegungen und Methoden, die unsere Umwelt und Lebensqualität betreffen, in ihre Überlegungen einbeziehen, ist es doch fast schon zu spät.

Politiker interpretieren ihre sogenannte politische Kunst als eine Art magischer oder transzendenter Kunst, die ebenfalls dem Apriori entstammt, nämlich der »Begabung« für politisches Denkvermögen. Bei dieser Einstellung kann auch die Einbeziehung der Wissenschaften und ihrer Methoden, beispielsweise der Datenverarbeitung, den wirklichen Zustand nicht verändern. Denn Tölpeleien, selbst wenn sie aus Computern kommen, bleiben nun einmal Tölpeleien. Oder in anderen Worten: Von elektronischen Datenverarbeitungsanlagen können nur die Informationen abgerufen werden, die vorher gespeichert wurden. Die Informationen sind jederzeit reproduzierbar und können gegenseitig verglichen werden. Und im Vergleich liegt letztlich der Weg zum Entschluß, der das Ergebnis wichtiger und systematischer Überlegungen sein kann. Warum sollten also politische Probleme nicht auf diese Art gelöst werden können? Letztlich geht es dabei doch immer nur um Probleme unserer realen Welt. Aber der Weg dorthin führt über eine ganze Reihe von Voraussetzungen, die bis heute meist nicht gegeben sind. Die fundamentalste und entscheidendste ist Wissen. Die Befriedigung persönlicher Egoismen, Selbstbetrug und Machtstreben sowie die Wunschvorstellung einer dem Sensualdenken entspringenden Wirklichkeit, können niemals dazu beitragen, die Menschheit zu einigen.

Die Schwierigkeit des Menschen im Zusammenhang mit seiner subjektiven Vorstellungswelt, die er ganz unterschiedlich mit den Realitäten der Alltagswelt in Einklang zu bringen versucht, liegt nicht zuletzt in seiner Herkunft, seinem Land, seinem Milieu begründet. Nach wie vor bestehen zwischen den verschiedenen Völkern der Erde und ihren Repräsentanten enorme Vorurteile. Das heißt: Die unbestreitbaren Unterschiede im Denken, Handeln und Fühlen der einzelnen Menschengruppen sind oft genug auch auf ihre verschiedenartige Rassenzugehörigkeit zurückzuführen. Dieses Thema ist vor allem deswegen so schwierig, weil bei der Beurteilung gegenseitiger Standpunkte immer wieder Antagonismen, Voreingenommenheiten, Ungerechtigkeiten und beiderseitige Fehlurteile ins Spiel kommen. Und weil sie im Sensualdenken verankert sind, äußern sie sich so kraß. Denn das Gefühlsdenken ist in seiner Differenzierung bei den einzelnen Rassen völlig unterschiedlich. Es ist nun einmal Tatsache, daß es auf der Welt verschiedene Rassen gibt, die sich nicht nur in der Hautfarbe unterscheiden, sondern vor allem in ihrer Gefühlswelt und Tradition, in der entwicklungs- und geschichtsgebundenen Anschauung der Welt, in der sie leben, und nicht zuletzt durch ihre Religionen. Ein schwarzer Christ empfindet seine Religion aus einer anderen Vorstellungswelt heraus als ein weißer Christ, mit intensiveren Gefühlen und einer stärkeren Unbefangenheit, die einer echten Glaubensemotion entspringt. Die Erbmasse der schwarzen Afrikaner ist im Verlauf der jahrtausendelangen Entwicklung zum Teil anders beeinflußt worden, als beispielsweise die der Völker ostasiatischer Kulturbereiche. Warum sind Inder oder Pakistani nach kürzester Zeit in der Lage, in afrikanischen Staaten führende Stellungen zu übernehmen und sich damit zugleich die erbitterte Feindschaft der schwarzen Einwohner zuzuziehen? Die Divergenz der Rassen besteht ja durchaus nicht nur zwischen der weißen und den anderen, sondern zwischen allen Rassen untereinander. Am Ende ist auch das Rassenproblem eine Frage des Wissens um die Eigenschaften und Eigenheiten des anderen und der gegenseitigen Verständigung.

In ihrer derzeitigen Entwicklungsphase sind die Menschen von den fortschrittlichen Nachrichten- und Verkehrssystemen überfordert worden. Da, im Gegensatz zu früher, Entfernungen heute ihre Bedeutung verloren haben, sind sich die Menschen räumlich zu schnell »auf den Leib« gerückt und stehen nun vor dem Problem, miteinander auskommen zu müssen. Aus der progressiven technologischen Entwicklung der hochindustrialisierten Nationen ergibt sich die Notwendigkeit einer Verständigung aller Völker. Voraussetzung dazu ist ein systematischer Informationsaustausch in allen Disziplinen auf breitester Ebene, um den Lebensstandard der unterprivilegierten Völker zu heben und seelische, geistige, rassische, politische und traditionelle Vorurteile auszuräumen. Vor allem aber muß weltweit die Erkenntnis wachgerufen werden, daß der Weg zur Gemeinsamkeit im ureigenen Interesse der Menschheit liegt.

Gemeinsamkeit sollte aber nicht mit extremem Konformismus des einzelnen verwechselt werden. In Demokratien wird Konformität durch unterschwellige Suggestion, hauptsächlich durch die Medien, erreicht. Diktatorische Systeme bedienen sich dagegen weitaus brutalerer Methoden. In *Die Kunst des Liebens* stellt Erich Fromm fest, daß die Charakterstruktur des modernen Menschen durch die Gesellschaft, in der er lebt, zutiefst beeinflußt wird. Über die kapitalistische Gesellschaft sagt er: »Der moderne Mensch ist sich selbst, seinen Mitmenschen und der Natur entfremdet. Er hat sich in eine Gebrauchsware verwandelt und erlebt seine Lebenskräfte als Kapitalanlage, die ihm unter den jeweils gegebenen Marktbedingungen den größtmöglichen Profit einzubringen hat. Die menschlichen Beziehungen sind im wesentlichen die von entfremdeten Automaten. Jeder glaubt sich dann in Sicherheit, wenn er möglichst dicht bei der Herde bleibt und sich in seinem Denken, Fühlen und Handeln nicht von den anderen unterscheidet. Während aber jeder versucht, den übrigen so nah wie möglich zu sein, bleibt er doch völlig allein und hat ein tiefes Gefühl der Unsicherheit, Angst und Schuld, wie es immer dann entsteht, wenn der Mensch sein Getrenntsein nicht zu überwinden vermag.«

Falls es gelingen sollte, alle Völker und Nationen davon zu überzeugen, daß die Neigung zur gegenseitigen Ablehnung, zur Aggression, zur Isolierung die Existenz der gesamten Menschheit gefährdet, werden sie vielleicht bereit sein, den langen und mühsamen Weg gegenseitiger Verständigung einzuschlagen. Die vielversprechenden Ansätze in aller Welt dürfen unter dem Eindruck der Tagespolitik nicht einfach negiert werden. Oft spielen bestimmte Interessengruppen politische Entscheidungen hoch, um ein Nahziel zu erreichen. Die Verfahrenstaktik muß hier von der Strategie und ihrem Ziel unterschieden werden. In der heutigen Zeit müßte sich jeder erfahrene Politiker darüber im klaren sein, daß das Endziel seiner Politik nur in gegenseitiger Verständigung liegen kann. Darüber sollten auch alle Nationen einig sein. Völker, denen es an gegenseitigem Verständnis mangelt, die aus einer unterschiedlichen Entwicklung heraus andersartige Lebensweisen und -inhalte vertreten und sich deswegen von der Ratio, insbesondere aber vom Gefühlsdenken her, gegenseitig ablehnen, stehen natürlich vor ganz besonderen Einigungsschwierigkeiten. Die Überwindung ethnischer, sozialer, moralischer und intellektueller Unterschiede ist also Vorbedingung für eine Einigung der Menschheit. Die politischen Spannungen zwischen den hochindustrialisierten Nationen sind leider ein weiterer, wirkungsvoller Störfaktor auf dem Weg zur Vereinigung.

Trotz aller schönen Reden zum angeblichen Wohl der Menschheit, die in der UNO und anderen Spitzenorganisationen gehalten werden, verfolgen die Vertreter der einzelnen Interessengruppen in Wahrheit rein egoistische Ziele. Da sie verschiedene Gesellschaftsstrukturen vertreten, versuchen sie natürlich, das eigene gesellschaftliche System anzupreisen und als das bessere in den Entwicklungsländern mit allen Mitteln zu etablieren. So geschieht es dann oft genug, daß gesellschaftspolitische Gegensätze »auf dem Rücken« der Menschen dieser Länder ausgetragen werden.

Es gibt kaum einen größeren Fehler, als auf die Einwirkung ohnehin nur zeitbedingter, organisatorischer

Gegensätze der verschiedenen Gesellschaftsordnungen zu setzen, wo Gemeinschaftswirken notwendig wäre. Reichtum und Armut beziehungsweise soziale Ungerechtigkeit erzeugen verständlicherweise Spannungen zwischen Privilegierten und Unterprivilegierten. Nur durch gezielte Entwicklungshilfe zur Unterstützung der Selbsthilfe wäre es möglich, einige der Probleme zu beheben. Wo allerdings Korruption, totalitäre Machtverhältnisse oder beides Schranken setzen, ist eine fruchtbare Hilfe nicht denkbar. Noch schwieriger ist die Überwindung geistiger Barrieren. Denn hier haben sich die Menschen durch die Folgen des Sensualdenkens schon sehr früh auseinandergedacht und -gelebt.

Wenn wir die politischen wie die soziologischen Strömungen unserer Zeit genauer unter die Lupe nehmen, kristallisiert sich folgendes heraus: Bei fortschrittlichen Nationen, deren Entwicklungsdynamik einer Progression unterliegt, verringert sich das Verständnis für die unterentwickelten Völker immer mehr. Mit der beschleunigten Wissensprogression eines Volkes wird auch sein Generationenproblem entsprechend komplizierter. Die Menschen in hochentwickelten Nationen haben eine Lebenserwartung von etwa 75 Jahren, so daß mindestens drei Generationen gleichzeitig leben. Die älteste hält die Macht in Händen, die mittlere hat bereits den Weg zur Übernahme der Herrschaft angetreten, und die jüngste scheitert an der patriarchalischen Grundhaltung der beiden anderen Generationen. Das Autoritätsprinzip ist wirksam und wirft Gräben auf – hier führen unsichtbare Kräfte zu Konflikten.
Im allgemeinen entspricht die konservative Denkweise der alten Generation und die liberale Einstellung der

mittleren, während die junge Generation die evolutionäre oder auch revolutionäre Haltung einnimmt. Da sie das von den beiden älteren Generationen gewonnene »Wissen« gewissermaßen als unerwünschtes Erbe präsentiert bekommt, muß sie es als Nullpunkt und Ausgangspunkt der eigenen Entwicklung betrachten. Oft kann sie kein Verständnis für die Erfahrenswerte und Erkenntnisse zweier vorausgegangener Generationen aufbringen. Aufgrund gefühlsbetonten Temperaments, mangelnder Erfahrung oder auch aus phlegmatischer Resignation neigt die Jugend zu scharfer Kritik und oft zu irrealen Vorstellungen, wodurch der Generationenkonflikt noch schärfere Formen annimmt.

Im übrigen ist jede der drei Gruppen auch untereinander noch in Interessengruppen aufgespalten. Die beiden älteren haben vorwiegend Meinungsverschiedenheiten auf den Gebieten der Politik und der Wirtschaft, der Gesellschaft wie der Bildung. Viele Jugendliche haben sich heute der Cliquenidentität oder dem Cliquenkonformismus verschrieben. Oft sind sich diese Gruppen untereinander spinnefeind. Gegen die Älteren, »die selbstzufriedenen, satten Spießer«, opponieren sie allein schon durch die Vielfalt der gruppeneigenen Uniformierung oder Ausstaffierung und nach dem Motto: »Wir sind die Leute, vor denen uns unsere Eltern gewarnt haben.« Sie haben eine eigenwillige, hin und wieder recht originelle Sprache geprägt, deren schlampiger, schockierender, sarkastischer und aggressiver Wortschatz nicht im Duden steht. Für die sogenannten »Oldies« klingt sie chinesisch, und ob der schockierenden Fremdbegriffe leiden sie oft unter hilfloser Verwirrung. So tut sich zwischen alt und jung zu allem anderen auch noch eine trennende Sprachbarriere auf.

Die »kalte, spießig-bürokratische Welt« der älteren Generation hat es ihrer Meinung nach erreicht, daß sich bei vielen Jugendlichen ein totales Desinteresse an der Zukunft breitgemacht hat. »Null-Bock«- beziehungsweise »No future«-Einstellungen mit Drogen- und Alkoholmißbrauch haben in erschreckender Weise zugenommen. Schuld daran ist nicht zuletzt die Gesellschaft und die Unglaubwürdigkeit vieler politischer Versprechungen und Entscheidungen. Ist es daher verwunderlich, daß viele Jugendliche heute Zuflucht in einer Identität suchen, die völlig konträr zu den Erwartungen der »etablierten alten Knacker« verläuft? Aber gerade im Zusammenhang mit einer lohnenden Identitätsorientierung hat unsere, aber nicht nur unsere, Gesellschaft auf unverzeihliche Weise versagt. Denn nur wenn Grund besteht, sich mit einer Idee, einem Ideal, einer Gruppe oder einem Menschen zu identifizieren, können die unsichtbaren Kräfte der Sympathie und der Liebe entstehen.

X

Willst du dein Herz mir schenken

»Mein törichtes Herz begann wild zu klopfen. Ich hatte ihn doch erst ein einziges Mal gesehen, wenn auch von ihm gehört. Ich hatte ein mir unerklärliches Verlangen, ihn wiederzusehen ... Ich war so verlegen, daß ich kaum aufzublicken wagte ... Er kam mir außerordentlich groß vor, körperlich meine ich, und doch war er es nicht in ungewöhnlichem Maße. Er war nur wenig größer als mein Vater. Aber irgendwie wirkte er hoch, groß, breit, kraftvoll, etwas Felsiges ging von ihm aus, und wenn er unter anderen Menschen stand, schien er auch immer körperlich größer zu sein, während doch hauptsächlich sein Herz und sein Geist höher und gewaltiger als das Wesen der anderen war ... Die Eindrücke von damals stehen mit unverminderter Klarheit in mir, ungetrübt durch lange Jahre innigster Vertrautheit, ja ungeblendet durch die Erinnerung an den letzten Blick auf das geliebte Angesicht, als es mit für ewig geschlossenen Augen vor mir lag.
Es wäre töricht zu sagen, daß er schön gewesen, doch sprach die ganze Kraft seines Geistes aus seinen Zügen ... Bemerkenswert die gewaltige Stirn, die Augen mit den betonten Brauen ... Es waren sozusagen horchende Augen, die zuzeiten einen verschleierten mystischen Ausdruck hatten. Sein Mund war breit und beweglich, ein Ausdruck von Großmut lag auf ihm, und

ein Lächeln ruhte in den Mundwinkeln. Sein Kinn war breit und viereckig, wie es sein mußte, um ein Gegengewicht zur Stirn zu bieten ...
1721, etwa ein Jahr nach dem Tode seiner ersten Frau, hielt Sebastian bei meinem Vater um meine Hand an ... Und mir war klar geworden, lange bevor ich zu hoffen gewagt, daß er mich zu seiner Frau machen wollte, daß ich nie einem anderen Mann gehören könne.«
›Willst du dein Herz mir schenken, so fang es heimlich an ...‹ – dieses Liebeslied hat Johann Sebastian Bach später für seine Frau Anna Magdalena komponiert.
»Ich glaube, er war über seinen Bescheid nicht im ungewissen ... obwohl wir bisher nur wenige Worte miteinander gewechselt hatten. Jedesmal, wenn ich ihn gesehen, hatte mein Herz so zu klopfen begonnen, daß ich nicht reden konnte ... Als er nun seinen Arm um mich legte, zog das Gefühl durch mein Herz: ›Ein feste Burg ...‹. Ja, eine feste Burg, das war Sebastian und blieb es mir sein Leben hindurch.
... Gewiß war nie ein Mädchen an jenem Tag so glücklich wie ich, wer fand aber auch einen solchen Gatten, wie meinen Johann Sebastian Bach? Nach jenem Hochzeitstage hatte ich kein Leben mehr als das seine. Ich empfand mich wie einen kleinen Strom, den der Ozean aufgenommen hatte. Ich war aufgegangen und eingehüllt in einem Leben, das tiefer und breiter war, als meines je hätte sein können. Und wie ich so Jahr um Jahr in tiefster Vertrautheit mit ihm lebte, verstand ich seine Größe immer mehr. Oft sah ich ihn so gewaltig über mir, daß ich fast erschrak, doch verstand ich ihn, weil ich ihn liebte. ›Die Liebe ist die Erfüllung des Gesetzes‹, diesen Spruch führte er oft aus seiner großen Lutherbibel an.«

»Die kleine Chronik der Anna Magdalena Bach« ist ein Liebeslied an ihren Mann, den großen Komponisten Johann Sebastian Bach. Aus ihr spricht eine völlige Identifizierung mit diesem von ihr über alles geliebten Lebensgefährten.
Über die 29 Jahre währende Ehe der beiden schreibt Albert Schweitzer: »Sie war in jeder Hinsicht eine vollendet glückliche. Eine Reihe der schönsten Werke Bachs liegen uns in Anna Magdalenas Handschrift vor. Mit den Jahren werden ihre Noten denjenigen ihres Mannes so ähnlich, daß sie ihnen zum Verwechseln gleich sahen.«

Ohne Zweifel wachsen Zuneigung und Liebe aus der Identifikation mit einem anderen Menschen. Wir teilen seine Freude, seinen Kummer. Wir empfinden mit ihm, wir verstehen ihn. Identifikation kann Liebe auslösen, wie umgekehrt Liebe zur Identifikation führen kann. In einem solchen Prozeß werden unsichtbare Kräfte wach, die oft in einigen der besten menschlichen Eigenschaften – Treue, Hingabe, ja sogar Selbstaufopferung – zum Ausdruck kommen. Was haben Menschen um ihrer Liebe oder großen Freundschaft willen nicht schon alles auf sich genommen; was haben sie alles ertragen.
Erinnern wir uns an den österreichischen Kronprinzen Rudolf von Habsburg. Seine Liebe zu Mary Vetsera war ihm mehr wert als sein Leben. Der englische König Eduard VIII. gab 1936 seinen Thron für eine Frau auf, für die elegante und kluge Amerikanerin Wallis Simpson. Als Herzog von Windsor nahm er dafür sogar die lebenslange Verbannung aus seiner Heimat auf sich, die erst kurz vor seinem Tode aufgehoben wurde.
Auch Queen Victoria von England (1819–1901), seine

Urgroßmutter, hatte eine so tiefe Beziehung zu ihrem Mann, dem Prinzgemahl Albert von Sachsen-Coburg-Gotha, daß sie sich sogar in ihren politischen Anschauungen völlig mit ihm identifizierte. So war sie durch Alberts Einfluß zwar deutschfreundlich, wenn auch Bismarck-feindlich gesinnt. Nach dem frühen Tode ihres Mannes – sie überlebte ihn vierzig Jahre – zog sich Victoria aus der Öffentlichkeit zurück.

Auch ihr Premierminister, Benjamin Disraeli (1804 bis 1881) führte mit seiner wesentlich älteren Frau eine überaus glückliche Ehe, in der sich beide völlig miteinander identifizierten. Ein bewegendes Beispiel gegenseitiger Liebe und Identifikation aus unserer Zeit ist die Beziehung zwischen dem Autor und einzigartigen Schauspieler Curt Goetz und seiner Frau Valérie von Martens, wie aus den Memoiren der beiden hervorgeht. Da heißt es unter anderem:

»Am 24. November stand ich das erste Mal mit meinem Mann auf einer Berliner Bühne, und zwar in den Kammerspielen des Deutschen Theaters. Meine Aufregung vor dieser Premiere war so unbeschreiblich, daß ich gar nicht merkte, daß mein Mann sich ausschließlich mit mir befaßt hatte, in meiner Rolle lebte und die seine nicht konnte. – Aber in unseren letzten Jahren, da habe ich mich erinnert an diese erste Zeit, wenn ich neben ihm auf der Bühne stand, nur auf ihn achten konnte, bei jedem seiner Schritte und beim leisesten Beben seiner Stimme in Angst um dieses Leben, von dem ich wußte, daß es nur mehr an einem Faden hing ... Da erst, nach 35 Jahren, habe ich erkennen können, was mein Mann für mich getan hat, als er in seinem Beruf, ... sich selbst vergaß um meinetwillen ... Und da hatte ich manchmal ein wehes Glücksgefühl, daß ich in dieser

Sache seine große Liebe mit gleicher Münze bezahlen konnte.«
Und weiter: »... Damals war ich noch auf der Suche nach meiner Handschrift. Ich schrieb ... schräg und riesengroß. Vier bis fünf Zeilen ... auf ein Blatt.
Meines Mannes Schrift war klein und fein, eher steil. Sie hatte nicht die leiseste Verwandtschaft mit der meinen. Im Lauf der Jahre jedoch wurden sich unsere Schriftzüge immer ähnlicher, so ähnlich, daß es oft Streit gab, weil jeder von uns behauptete, der andere hätte die unleserlichen Zeilen auf den Notizblock gekritzelt ...«
Es trifft zu, daß wir mit Menschen sympathisieren, deren Anschauungen und Eigenschaften unseren eigenen entgegenkommen. Wo große Gemeinsamkeiten bestehen, wie zwischen Curt Goetz und Valérie von Martens, kann eine Bindung eng und intensiv werden. Aber es kommt natürlich auch vor, daß wir in einen Menschen wünschenswerte Qualitäten hineinprojizieren, die in Wirklichkeit gar nicht vorhanden sind.
Aus zahlreichen Untersuchungen geht hervor, daß Menschen in ihren Freunden eine Ähnlichkeit mit sich selbst suchen. Der Wunsch zu komplementieren, sich gegenseitig zu ergänzen, kommt erst in zweiter Linie ins Spiel.
Im allgemeinen suchen wir uns Freunde in unserer eigenen Altersklasse, zudem gern in ähnlicher Gesellschaftsschicht und mit vergleichbarem Bildungsniveau. Auch Charakterveranlagungen, Interessen und Werturteile sollten unserer Meinung nach doch wenigstens annähernd übereinstimmen.
Wie äußert sich dieses »Ausleseverfahren« in der Praxis?

In einer der umfangreichsten Untersuchungen auf diesem Gebiet befaßte sich 1978 Dennis B. Kandel vom *New York State Psychiatric Institute* mit diesen Aspekten. In einer Analyse verglich er Ähnlichkeiten und Unterschiede von Freundespaaren in amerikanischen Oberschulen. An diesem Test nahmen 773 Jungen und 1106 Mädchen teil. Sie wurden zuerst nach ihrem besten Freund oder ihrer besten Freundin gefragt und mußten danach über ihr Elternhaus und die Beziehungen zu den Eltern Auskunft geben. Zusätzliche Fragen betrafen ihre Studieninteressen, die Art ihrer Freizeitgestaltung, ihre soziale Einstellung und ihre psychische Verfassung. Die größte Übereinstimmung wurde beim Vergleich der Antworten auf sozialstruktureller Ebene festgestellt, also im Zusammenhang mit dem Alter, der Schulklasse, dem Geschlecht und der Rasse. Auch in einigen Verhaltensweisen zeigten sich Ähnlichkeiten, wenn auch vorwiegend sozialnegativer, von der Norm abweichender Art, zum Beispiel im Interesse – oder besser gesagt Desinteresse – am Studium, auf den Gebieten Rauchen, Drogensucht, Alkoholismus, Bandenzugehörigkeit, Sektierertum etc. Die geringste Übereinstimmung wurde auf psychischer Ebene festgestellt, das heißt in der Einschätzung der eigenen Persönlichkeit, Einstellung und Beziehung zum Elternhaus.

Auch bei Kindern entwickeln sich Freundschaften aus der Zugehörigkeit zu einer bestimmten Gesellschaftsschicht oder aufgrund gemeinsamer Interessen. Zu diesem Ergebnis kam der amerikanische Sozialpsychologe Muzafer Sherif nach einem Versuch mit Elf- und Zwölfjährigen. Er hatte eine Gruppe von Jungen aus verschiedenen Schulen zusammengestellt, die sich vorher noch nie gesehen hatten, und sie zu einem gemeinsamen Ferienaufenthalt aufs Land begleitet. Hier hatten die Jungen drei Wochen lang Zeit, uneingeschränkt miteinander Kontakt aufzunehmen. Es kam zu bestimmten Gruppierungen, Spielkameradschaften und Bindungen. Nachdem sich innerhalb der Gruppen persönliche Freundschaften gebildet hatten, wurde ein Test durchgeführt, bei dem jeder Junge zuerst einmal seinen besten Freund nennen mußte. Danach wurden die Jugendlichen in zwei rivalisierende Mannschaften aufgeteilt, wobei jeweils zwei Drittel der besten Freunde eines Jungen in die gegnerische Mannschaft »abkommandiert« wurden. Im Wettstreit hatten beide Mannschaften einen ganz bestimmten Auftrag zu erfüllen. Zwischen den Angehörigen der gegnerischen Parteien bestand so gut wie kein Kontakt. Einige Tage nach dem Wettbewerbsspiel wurden die Jungen erneut nach ihren »besten Freunden« gefragt. Dabei durften alle Angehörigen der Gruppe genannt werden, nicht nur die aus der eigenen Mannschaft. Diesmal zeigte sich ein völlig anderes Bild. Die ursprünglichen Sympathien waren dem »Mannschaftsgeist« zum Opfer gefallen. Die »besten Freunde« stammten zu 95 und 88 Prozent aus der eigenen Mannschaft und hatten sich im Vergleich zur Befragung bei Beginn des Tests um 53 bis 70 Prozent gesteigert.

Wenn also jemand einer bestimmten Gruppe angehört, die ihre eigenen Ziele verfolgt und nach strikter Rollenverteilung handelt, werden auch seine persönlichen Sympathien in dieser Richtung beeinflußt. Im allgemeinen sucht er sich seine Freunde in dem Kreis, mit dem er sich auch gruppensolidarisch fühlt. Die Politik dürfte dafür das beste Beispiel geben. Die Freundeswahl wird andererseits durch Sympathie bestimmt, wenn kein Gruppenkollektiv den Ausschlag gibt. Aber auch hier kann gesagt werden, daß Gemeinsamkeiten verbinden.

Wenn aber das Zusammengehörigkeitsgefühl durch bestimmte Eigenschaften gefördert wird, müssen wir uns fragen, worauf Menschen besonders positiv reagieren.

In diesem Zusammenhang hat Richard Centers von der *California University* in Los Angeles eine Untersuchung durchgeführt, um zu ergründen, welche Eigenschaften Männern und Frauen am jeweils anderen Geschlecht besonders wünschenswert erscheinen. Studenten und Studentinnen wurden aufgefordert, schriftlich festzuhalten, was ihnen am anderen Geschlecht besonders begehrenswert erscheint. Es stellte sich heraus, daß die Studenten bei Frauen besonderen Wert auf gutes Aussehen, auf Zärtlichkeitsvermögen und gesellschaftliche Fähigkeiten legten. Dagegen waren die Studentinnen vorwiegend an Männern mit Führungs- und Erfolgspotential und anderen beruflichen und wirtschaftlichen Fähigkeiten interessiert. Nach den Centers-Studien sind die begehrtesten Partnereigenschaften folgende:

Bei Männern erwünscht	Bei Frauen erwünscht
1. Erfolg	1. Schönheit
2. Führungspotential	2. Erotische Ausstrahlung
3. Berufliche Fähigkeiten	3. Zärtlichkeitsvermögen
4. Wirtschaftliche Fähigkeiten	4. Gesellschaftliche Fähigkeiten
5. Guter Unterhalter	5. Häuslichkeit
6. Intelligenz	6. Guter Geschmack in Kleidung
7. Gesunder Menschenverstand	7. Verständnis für andere
8. Guter Beobachter	8. Kunstverständnis
9. Sportlichkeit	9. Kreative Fähigkeit
10. Objektives Verhalten	10. Einfühlungsvermögen

Testreihen zeigen deutlich, daß sich die meisten Menschen hinsichtlich ihrer Sympathien oder Antipathien gegenüber anderen vorwiegend durch subjektive, aus der Gefühlswelt stammende Beurteilungen leiten lassen. Mitmenschen sind uns vor allem dann sympathisch, wenn ihre Ansichten und Einstellungen den eigenen entgegenkommen. Wie sehr wir der Selbsttäuschung unterliegen, beziehungsweise die unsichtbaren Kräfte des Sensualdenkens sich in unsere Beurteilungen einschleichen, demonstriert zum Beispiel eine geradezu amüsante Studie des Paul Wilson von der *Australian National University.*

Ein Mann wurde einer Gruppe von Studenten unterschiedlich vorgestellt: entweder als Student, Assistent, Dozent oder Professor. Später wurden die Studenten gebeten, die Körpergröße dieses Mannes zu schätzen. Bezeichnenderweise wuchs er mit jedem Schritt, den er die akademische Leiter hinaufkletterte. Als »Professor« war der gleiche Mann über sechs Zentimeter größer denn als »Student«. Dieses Ergebnis schien so unglaublich, daß man es mit verschiedenen Gegenkontrollen testete. So überprüften Graduierte der Universität Pittsburgh den Wahrheitsgehalt einer Umfrage des Magazins *Wallstreet Journal of Careers,* der zufolge Männer über 1,88 m um 12,5 Prozent höhere Gehälter bezogen als solche unter 1,82 m. In einem anderen Versuch wurden hundertvierzig Personalchefs veranlaßt, sich zwischen zwei gleichermaßen qualifizierten Bewerbern zu entscheiden, die sich (hypothetisch) um eine Verkäuferposition beworben hatten. Der eine Bewerber war 1,70 m, der andere 1,85 m groß.

Zweiundsiebzig Prozent der Personalchefs zogen den längeren Bewerber vor, nur ein Prozent entschied sich für den kleineren. Für siebenundzwanzig Prozent war die Körpergröße der Bewerber unwichtig. Der Status wird hier offenbar unbewußt mit Körpergröße in Verbindung gebracht, und zwar nach dem Motto, daß ein »kleines Licht« klein, ein bedeutender Mann dagegen groß gewachsen sein muß.

Auch Königin Luise von Preußen machte diese Erfahrung. Es ist verbürgt, daß sie nach einer Begegnung mit Johann Wolfgang von Goethe überaus verwirrt war. Über ihren Eindruck befragt, wußte sie nichts anderes zu sagen als: »Ich weiß nur, daß er sehr groß ist.«

In Wirklichkeit war es umgekehrt: Königin Luise überragte Goethe um ein ganzes Stück.

Der Soziologe H. Wienold hat versucht, die von ihm empirisch ermittelten Gesetzmäßigkeiten von »Zweierbeziehungen« in Grundregeln zusammenzufassen. Einige davon befassen sich mit der zwischenmenschlichen Verständigung im Sinne des Informationsaustausches:

»1. Je größer und lückenloser die Informationsmenge ist, die ein Individuum über ein anderes erhält, desto zutreffender fallen die Urteile aus, die das Individuum aus ihr über das andere zieht.

2. Je ähnlicher die (Einstellungs-)Strukturen zweier Personen sind, desto weniger Informationen bedürfen sie, um zu genauen gegenseitigen Einschätzungen zu gelangen, um so schneller gelangen sie, gemessen an der Zahl der Kontakte, zu genauen Einschätzungen.

3. Je häufiger zwei Personen in Kontakt stehen und je mehr Informationen sie über sich untereinander ausgetauscht haben, um so unabhängiger werden At-

traktion und Einschätzungsgenauigkeit von der Einstellungsähnlichkeit zwischen den beiden Individuen.
4. Je mehr ein Individuum in seiner Selbsteinschätzung durch ein zweites Individuum bestärkt und erhöht wird, um so mehr wird es sich zu diesem Individuum hingezogen fühlen.
5. Je häufiger zwei Personen miteinander integrieren und je höher die Attraktion zwischen ihnen ist, um so deckungsgleicher werden die interpersonalen Wahrnehmungen der beiden Personen.«

Hier liegt vielleicht auch der Grund, daß sich die Partner in harmonischen Ehen mit den Jahren immer ähnlicher werden. Damit stellt sich gleichzeitig die Überlegung, ob es bestimmte Persönlichkeitsübereinstimmung gibt, die ehefördernd oder ehehemmend sein könnte. Ronald Sinberg und Kollegen von der *University of Wisconsin* bestimmten in einem Versuch die Wahl eines geeigneten Ehepartners durch Persönlichkeitsübereinstimmungen. Sie fütterten einen Computer mit den Persönlichkeitsmerkmalen von 25 Paaren, die aufgrund eines Computerauswahlverfahrens geheiratet hatten, und verglichen sie mit den Merkmalen von 50 Personen aus einer früheren, fehlgeschlagenen Verbindung. Die 25 Ehepaare waren in einer Computeranalyse auf Partnerähnlichkeiten hin überprüft worden, die sich auf das Alter, das Bildungsniveau, die Rasse, Religion, den sozialen Hintergrund, unterschiedliche Einstellung und persönliche Veranlagung bezogen. Aus dieser Computeranalyse ergaben sich folgende Merkmale als eheförderend oder ehehemmend:

Sinberg-Studie 1972

Merkmale	Unterschiede
Körpergröße	zu unterschiedlich – ehehemmend
Kunst- u. Musikinteresse	beim Mann größer als bei der Frau – ehehemmend
Sportinteresse	sehr unterschiedlich – ehehemmend
Zärtlichkeitsbedürfnis	beim Mann größer als bei der Frau – ehehemmend
Sachlich-abstrakt	beim Mann abstrakteres Denken als bei der Frau – ehehemmend bei Übereinstimmung – ehefördernd
Unterwürfigkeit – Dominanz	bei zu großen Abweichungen nach beiden Richtungen – ehehemmend
Nüchtern – leichtfertig	bei Übereinstimmung des Paares – ehefördernd
Selbstvertrauen – Ängstlichkeit	bei zu großen Abweichungen nach beiden Richtungen – ehehemmend
Unbeherrscht – beherrscht	bei zu großen Abweichungen nach beiden Richtungen – ehehemmend
Entspannt – gehemmt	bei größeren Hemmungen des Mannes – ehehemmend
Geistreich/sprühend – Ruhig/gelassen	bei gegenseitiger Ergänzung – ehefördernd

Nach dieser Analyse sprechen viele übereinstimmende Persönlichkeitsmerkmale bei Partnern zugunsten einer Ehe. Zum Beispiel ähnliche Körpergröße, etwa gleichgelagertes Sportinteresse, Vernunftdenken, Selbstvertrauen, Selbstbeherrschung und Dominanz. Dagegen steht es weniger gut um eine Ehe, wenn der Mann größeres Musik- und Kunstverständnis hat als die Frau, wenn sein Zärtlichkeitsbedürfnis das ihre überwiegt und er mehr Hemmungen hat als sie. Nur in einem Fall sprachen Eigenschaften, die sich ergänzen, für eine Ehe:

Sprühend und geistreich nimmt es mit ruhig und gelassen auf.

Wilson und Nias kommentierten diese Studie in »*Love's Mysteries*« mit der bissigen Bemerkung: »Anscheinend ist in der Ehe nur für einen Geistreichen Platz.« Auf die beiden anderen gegensätzlichen Eigenschaften – Dominanz und Unterwürfigkeit – läßt sich das Ergänzungsprinzip erstaunlicherweise nicht anwenden. Alles in allem ergibt sich aus diesen Studien eindeutig, daß Gemeinsamkeiten und Wesensverwandtschaft in der Partnerwahl stärker zum Ausdruck kommen als der Wunsch, sich zu ergänzen.

Ganz besonders interessant ist das Wienoldsche Theorem, daß wir einen Menschen um so mehr mögen, als er uns in unserer Selbsteinschätzung bestärkt.

»Du gefällst mir, weil ich spüre, daß du mich magst« – ist dieser Gedanke nicht oft ausschlaggebend dafür, daß wir einen Menschen sympathisch finden? Oder umgekehrt, sind wir manchen Leuten gegenüber nicht nur deswegen »zugeknöpft«, weil wir ihre Ablehnung zu spüren vermeinen? Doch das ist längst nicht alles, denn im allgemeinen haben wir eine recht »empfindliche Antenne«, wenn es darum geht, echte Freundlichkeit von einer »aufgesetzten« zu unterscheiden. Unser eigenes Verhalten stellt sich blitzschnell darauf ein.

Elliot Aronson und Darwyn Linden stellten Vergleiche darüber an, welche Auswirkungen damit verbunden sind, wenn sich jemand ständig nur nett, beziehungsweise immer nur ablehnend über einen anderen Menschen äußert, oder wenn jemand seine negative Haltung durch eine positive ersetzt. Studenten wurden im Verlauf einer Studie veranlaßt, sich wiederholt mit

Kommilitonen zu treffen und sich im Lauf der Zeit eine Meinung über sie zu bilden. In Zwischenbefragungen durch den Experimentator mußten die Studenten unverblümt ihre Meinung über ihre Gesprächspartner äußern, ohne zu wissen, daß diese heimlich zuhörten. Die Studenten, die sich positiv über ihre jeweiligen »Lauscher an der Wand« aussprachen, stiegen automatisch in deren Wertschätzung. Abfällige Urteile lösten dagegen Antipathie aus. Am beliebtesten waren allerdings die Studenten, deren anfängliche Ablehnung sich im Verlauf des Experiments in Sympathie verwandelte. Daraus könnte man eigentlich die Konsequenz ziehen, daß neue Freunde oder auch Liebespartner am leichtesten zu gewinnen sind, wenn sie anfangs distanziert – wenn auch nicht gerade beleidigend – behandelt werden, damit sie späteres Interesse oder Zuneigung um so mehr zu schätzen wissen. Denn durch anfängliche Zurückhaltung ließe sich der etwa bestehende Zweifel beseitigen, daß späteres Entgegenkommen reine Formsache ist. Natürlich könnte auch der Gedankengang mit ins Spiel kommen, daß Verweigerung die Begehrlichkeit steigert. So weckt ein zurückhaltendes Mädchen wahrscheinlich mehr Interesse und auch Leidenschaft, als eines, das leicht zu haben ist.

Unser Verhältnis zu anderen Menschen wird stark von unserem Selbstwertgefühl bestimmt. Daher ist es nicht weiter verwunderlich, daß Menschen mit Minderwertigkeitskomplexen ganz andere Erwartungen an ihre Mitmenschen, Freunde oder Partner stellen als jene, die sich nicht über mangelndes Selbstvertrauen zu beklagen haben.

Menschen mit starkem Selbstbewußtsein ziehen Partner, die ihrem Idealbild entgegenkommen, leichter an als solche, die an sich zweifeln. Um das unter Beweis zu stellen, führte Bernhard Murstein vom *Connecticut College* ein Experiment mit 99 verlobten Paaren durch. Alle mußten einen vierfach gegliederten Fragebogen ausfüllen:

a) über und für sich selbst
b) für sich – wie sie gern sein möchte
c) für den Verlobten beziehungsweise die Verlobte – wie der Partner ihrer Meinung nach tatsächlich ist
d) für einen idealen Ehepartner

Die Diskrepanz zwischen dem eingebildeten, idealen Ich – dem Alter ego – der einzelnen Teilnehmer und ihrem wahren Ich offenbarte sich durch die Einschätzung ihres Selbstwertgefühls. Die Versuchsteilnehmer mit geringem Selbstvertrauen hatten sich mit Partnern begnügt, die ihren Ansprüchen hinsichtlich eines Idealpartners nicht entsprachen. In anderen Worten heißt das: Menschen mit hohem Selbstwertgefühl scheinen eher Partner anzuziehen, die ihrem Idealbild gleichen als diejenigen, deren Selbstvertrauen zu wünschen übrig läßt. – Nebenbei gesagt unterlagen alle an dem Test beteiligten Personen einer Selbsttäuschung. Denn der jeweilige Partner entsprach ihrer Meinung nach der Idealvorstellung mehr, als es in Wirklichkeit der Fall war. Das wurde aus dem Bericht des Partners über ihre beziehungsweise seine Persönlichkeit deutlich.

»Ich habe rund neununddreißig Jahre – 14 155 Tage und 14 155 Nächte würde mein Mann ausgerechnet haben – mit ihm gelebt. Und ich habe sehr bewußt gelebt. Ich habe keine seiner Zärtlichkeiten – und darin bestand sein Leben – gedankenlos hingenommen«, erinnert sich Valérie von Martens.

»Das tiefste Bedürfnis des Menschen ist: Seine Abgetrenntheit zu überwinden und aus dem Gefängnis seiner Einsamkeit herauszukommen. Vereinigung ist das stärkste Streben im Menschen«, schreibt Erich Fromm in »Die Kunst des Liebens«. »Es ist die Kraft, welche die menschliche Rasse, die Sippe, die Familie, die Gesellschaft zusammenhält. Gelingt die Vereinigung nicht, so bedeutet das Wahnsinn oder Vernichtung – Selbstvernichtung oder Vernichtung anderer. Ohne Liebe könnte die Menschheit nicht einen Tag existieren.«

Die Identifikation mit einem anderen Menschen, die Liebe zu ihm, heißt auch, sich in seine Lage versetzen zu können, eine Situation von seinem Standpunkt aus zu beurteilen. So konnte sich T. E. Lawrence nur darum voll mit Dahoum und Sherif Ali identifizieren, weil ihn unsichtbare Kräfte zwangen, in ihrem Sinn zu handeln. Diese emotionale Verbundenheit zwang ihn, sich selbst, für sie, das Letzte abzufordern. Bewußt, meist jedoch unbewußt, spiegeln sich Emotionen aber in Taten, Worten, Gesten und in der Mimik wider.

XI

Mienenspiel und Imagepflege

Die schmale Brücke, auf der das menschliche Wesen seiner Verwirklichung entgegenschritt, wird von den Grundpfeilern der Menschwerdung getragen: dem Wort, dem Denken und der individuellen Trennung von seinesgleichen.

Die Sprache des Menschen – das gesprochene Wort – ist ein System von Lauten, durch die Gedanken, Gefühle und Willensregungen hörbar und sinnvoll zum Ausdruck gebracht werden. Natürlich können Lautsprachen durch Gebärden oder Zeichensprachen ersetzt werden.

Wissenschaftler sind sich allerdings nicht hundertprozentig darüber einig, ob der Ursprung der Sprachen in der Nachahmung von Tierlauten zu suchen ist, oder im Ausdruck von Lust- und Unlustgefühlen, oder ob sich die Sprache aus Zurufen entwickelt hat, die notwendig waren, um gemeinsame Tätigkeiten, wie zum Beispiel das Jagen, zu koordinieren. Denn dabei entstanden ja Fähigkeiten wie Planung, Organisation, Koordination und Kommunikation. Es galt, Zusammenhänge zu erfassen, Lösungsmöglichkeiten in Erwägung zu ziehen und die sprachliche Verständigung zu entwickeln beziehungsweise zu verbessern.

Die Verständigung durch Wort und Schrift hatte zweifellos einen bedeutenden Einfluß auf die Persönlichkeitsbildung des Menschen. Denn neben den Fundamentaltrieben – Nahrungsaufnahme und Fortpflanzung – entstand der Drang zur Mitteilung und Verständigung. Menschliche Handlungsweisen wurden durch mündliche oder schriftliche Überlieferung entscheidend beeinflußt. So geleiteten Sprache und Schrift den Menschen von der Steinzeit hinüber in die Neuzeit, und das Wort wurde zum größten Machtfaktor im menschlichen Dasein. Es führte den Menschen einerseits empor zu Idealen, zur Dichtung, zum schöpferischen Denken überhaupt; doch andererseits wurde durch das mißdeutete Wort – durch Lüge, Verrat, Demagogie und Verleumdung – der Untergang ganzer Völker besiegelt.

In zwischenmenschlichen Beziehungen wird dem gesprochenen Wort allerdings erst durch die Betonung, durch Mienenspiel und Gestikulation seine wahre Bedeutung verliehen. Allein schon durch die Artikulation, den Sprechrhythmus, das Sprechtempo, die Stimmhöhe und Lautstärke bringt der Sprechende seine Einstellung und Ansicht zum Ausdruck. Zudem können wir durch bewußt aufgesetztes oder unbewußtes Mienenspiel unsere Emotionen und Intentionen entweder verschleiern oder preisgeben. Aus dem Mienenspiel und der Gestikulation glauben wir oft auf Gemütsverfassung und charakterliche Disposition anderer schließen zu können. Denn wir beurteilen die mimischen Spuren – das heißt, die Prägung eines Gesichts durch häufig wiederkehrendes Ausdrucksgeschehen – nach bestimmten Klischeevorstellungen. Daher entstehen allein aufgrund der Mimik und Gestik Vorstellungen wie kühn, arrogant, ängstlich, intellektuell, erhaben und so weiter.

Wir alle reagieren mehr oder weniger stark auf sprachliche, mimische und gestikulierende Schlüsselreize. Intuitiv begabte oder geschulte Redner sind Meister darin, durch bestimmte Schlagworte, Sprachmelodie und Gebärdenspiel Menschenmassen zu aktivieren, zu manipulieren oder zu kollektiver Aggression zu verleiten. Wir alle wissen nur zu gut, daß diese Technik der demagogischen Manipulation insbesondere von Hitler, Mussolini und Goebbels bis zum Extrem eingesetzt wurde. Betrachten wir heute distanziert und kritisch Filme aus jener Zeit, muß es uns unverständlich erscheinen, wie die in Wort, Mimik und Gestikulation theatralisch übermittelten Hetzreden jener Politiker so viel Anklang finden konnten.

Durch mimische Untermalung können harmlose Sätze gefährlich aufgeladen oder zu Sympathiebekundungen werden. Eine signifikant hochgezogene Braue, ein freundliches, ermunterndes, zustimmendes oder rätselhaftes Lächeln, wie das der Mona Lisa, ein ironisches Grinsen, ein sarkastischer Zug um die Mundwinkel, eine gerunzelte Stirn, ein verbittert-verkniffener Mund, ein abweisend-steinerner oder anziehend-strahlender Gesichtsausdruck – all diese und viele andere Ausdrucksformen des Mienenspiels können Menschen gegenseitig anziehen oder abstoßen.

Es wurde lange darüber gestritten, ob unser Mienen- und Gebärdenspiel als Ergebnis eines Lernprozesses während unserer Entwicklungsjahre zu werten ist oder ob es sich um ein angeborenes Verhaltensprogramm handelt. Irenäus Eibl-Eibesfeldt und Hans Hass haben in einer ausführlichen Dokumentation belegt, daß es im mimischen Verhalten der verschiedensten Völker eine Übereinstimmung gibt; und daß uns viele unserer Bewegungsweisen als stammesgeschichtliches Erbe – das wir mit unseren Vettern, den Schimpansen, teilen – mit in die Wiege gelegt wurden.

Im allgemeinen hat jedes männliche oder weibliche Mitglied der Primatenwelt die Neigung, sich innerhalb einer Ausdrucksskala, deren Gegenpole extrem männliches oder extrem weibliches Verhalten verkörpern, darzustellen. Dieses meist unbewußte Rollenspiel kann sich beim Menschen auch durch Haarstil und Kleidung ausdrücken. Wenn auch in unserer Zeit die konventionelle Vorstellung, daß Männer maskulin und Frauen feminin auszusehen haben, durch eine Reihe von Nonkonformisten gebrochen wird, herrschen doch im großen ganzen Vorurteile gegen feminine Männer und maskuline Frauen. Besonders der Kleidungsstil dient einer bestimmten Rollenimage-Pflege, wobei häufig Leitbilder und Idole ausschlaggebend sind. Oft wird die Kleidung zur Verkleidung, um auf diese Weise unerwünschte Persönlichkeitsaspekte zu tarnen oder erwünschte zu betonen.

In »Signale der Persönlichkeit« teilt Professor Dr. Max Lüscher die Kleidung in vier Niveaustufen ein:

1. Eleganz:
   aus Freude individuell und souverän zusammengestellte Kleidung.
2. Gepflegtheit:
   Konventionelle Imitation oder salopp gewählte Kleidung.
3. Gleichgültigkeit:
   Unharmonische, aber saubere Kleidung.
4. Ungepflegtheit:
   unharmonische und unsaubere Kleidung.

Diese Grundklassifizierung läßt natürlich viele Varianten zu – zum Beispiel traditionell, originell, klassisch, modisch, uniform, abwechslungsreich, konservativ und extravagant –, die sich nicht zuletzt aus der Herkunft und dem Beruf ergeben. Da wir alle mehr oder weniger milieugeprägt sind, ist es kaum verwunderlich, daß wir gerade bezüglich der Kleidung starken Vorurteilen ausgesetzt sind. Allein schon die »äußere Aufmachung« kann uns anziehen oder abstoßen. Denn meist schätzen wir die emotionale Rolle eines Menschen und seinen sozialen Status danach ein, wie er sich anzieht.

Neben der männlich-weiblichen Verhaltensskala, nach der Männer und Frauen – unabhängig von der Sexualorientierung – weibliches und männliches oder wechselseitiges Rollenverhalten annehmen können, gibt es noch die Eltern-, Erwachsenen- und Kindskala, durch die unser Verhalten ebenfalls beeinflußt wird. Das heißt in anderen Worten: In unseren Empfindungen, unserer Haltung, Gestik und Ausdrucksweise kommt unbewußt immer wieder ein Elternteil oder Personen an Eltern Statt zum Durchbruch. »Das ist der Erwachsene in uns«, bedeutet, daß wir eine Situation relativ objektiv einschätzen, daraus entsprechende Schlußfolgerungen ziehen und unsere Handlungsweise darauf einstellen. »Das Kind in uns« heißt im Klartext: In unserem Verhalten, unseren Reaktionen benehmen wir uns, wie es Kinder tun.

Es gibt drei Stadien des eigenen Ichs – drei sich überschneidende Ego-Stadien – in uns: das Kindverhalten, das typische Elternverhalten und das Erwachsenenverhalten. Der Situation oder unserer psychischen Verfassung entsprechend überwiegt immer eines dieser Stadien die beiden anderen. Es wird uns nicht bewußt, daß

wir uns entweder beratend beziehungsweise beeinflussend/bestimmend wie Eltern verhalten, oder wie ein Kind gegenüber den Eltern, nämlich folgsam, lausbübisch, spontan, kreativ, quengelig, nachgiebig oder auch kindlich-charmant.
Zum Überleben ist allerdings immer wieder »der Erwachsene in uns« notwendig, da er Informationen verarbeitet und Möglichkeiten berechnet, um seine Umwelt erfolgreich zu meistern.

Die unsichtbaren Kräfte dieses Rollenverhaltens können sich recht drastisch auf unsere Zuneigungen und Abneigungen auswirken. Nehmen wir einmal an, ein Mann durchlebt in der Verhaltensskala gerade eine männlich-aggressive Elternphase, und seiner an sich femininen Frau geht es ebenso. Die Konsequenz dürfte ein gewaltiger Ehekrach sein, da sich beide Ehepartner mit aggressiv-männlichen, elterlichen Machtmitteln durchsetzen wollen.
Ergänzendes Rollenverhalten dürfte daher im allgemeinen die Harmonie einigermaßen gewährleisten. Bei einem feminin-aggressiven Mann im Eltern-Ego-Stadium kommt sicher das lausbübische, kindlich-verantwortungslose Rollenverhalten einer Frau gut an, zumal wenn sie es durch Sprechweise, Gestik und Mienenspiel glaubwürdig unterstreicht.
Wir signalisieren unsere Sympathien oder Antipathien vorwiegend durch den von entsprechenden Gesten unterstützten Gesichtsausdruck. Obwohl wir uns sprachlich eindeutig ausdrücken könnten, verzichten wir doch im allgemeinen darauf, durch Worte oder Gesten unmißverständliche Absichten zu übermitteln. Im Anfangsstadium einer Bekanntschaft oder Freundschaft

werden Wünsche und Absichten vielmehr durch relativ subtile Körperbewegungen und das entsprechende Mienenspiel zum Ausdruck gebracht, wobei die Sprache eher als Gesellschaftsspiel benutzt wird und weniger der Verständigung dient. Denn ein Paar, das sich eben erst kennengelernt hat, plänkelt oft nur miteinander, ohne besonderes Gewicht auf die Unterhaltung zu legen. Das Wichtigste, auf das es in diesem Stadium ankommt, ist die sorgfältig beobachtete Körpersprache.

Soweit romantische Interessen ins Spiel kommen, ist die Augensprache ein wesentlicher Faktor. Hier können wir uns über beträchtliche Entfernungen durch Blicke miteinander verständigen, und Liebespaare haben es an sich, daß sie sich »mit Blicken verschlingen«.

Die Augensprache verfügt über viele Varianten. Nicht nur der Augenausdruck selbst ändert sich, sondern auch das Muskelspiel um die Augen verwandelt den Gesichtsausdruck und damit die beabsichtigte Botschaft. So können hochgezogene Brauen nicht nur Skepsis, sondern auch Interesse ausdrücken, und Lachfältchen in den Augenwinkeln deuten Entgegenkommen, Aufgeschlossenheit und Humor an. Mädchen benutzen die verlegene Flucht vor Augenkontakt oft als Flirtsignal. Das heißt, erotisch interessierte Mädchen senken bei Augensignalen die Lider oder schauen in eine andere Richtung, dabei erröten sie oder kichern häufig. Natürlich wecken die hinter einer Hand oder einem Schal verborgenen Augen größere Neugier. Dieses Verhaltensmuster – in allen Kulturen anzutreffen – beginnt bereits in früher Kindheit.

Es ist nicht ausgeschlossen, daß die Assoziation mit dem Kind einen wesentlichen Teil der Anziehungskraft

erwachsener Frauen ausmacht, da Männer damit unwillkürlich überkommene Klischeevorstellungen weiblicher Eigenschaften verbinden, zum Beispiel Unschuld, Ergebenheit und Schüchternheit. Ethologen sehen den Ursprung dieses Gebärdenspiels in der rituellen Unterwerfung und in der Einladung zur »Jagd«, besser gesagt, in der Aufforderung zum Umwerben.
Mädchen bewahren sich häufig eine Reihe von Kindercharakteristiken bis ins Erwachsenenalter und betonen sie zusätzlich durch die Kleidung oder das Make-up. Zweifellos werden viele Grundmuster des Eltern-Kind-Verhaltens auf die Situation des Umwerbens übertragen. Viele der zwischen Eltern und Kind ausgetauschten Intimitäten erinnern daran. Händchenhalten, küssen, saugen, beißen und die Sprechweise müssen in der Tat als Rückkehr zu den Eltern- und Kind-Ego-Stadien der Zärtlichkeit und Fürsorge verstanden werden, wobei die Liebenden abwechselnd die Rolle der Eltern und des Kindes übernehmen.
Nach Ansicht einiger Ethologen hat das Küssen seinen Ursprung in der Mund-zu-Mund-Fütterung durch die Mutter; ein Verhalten, das bei vielen Primaten vorkommt. Die Lippenbewegungen bei Küssen und der Mund-zu-Mund-Fütterung haben auch tatsächlich Ähnlichkeit. Aus dem vom Füttern der Affen und Menschenaffen entlehnten Mundspitzen entstand bei ihnen ein ritualisiertes Zeichen der Begrüßung, Unterwerfung und des sozialen Interesses. In seiner Ausdrucksfähigkeit steht der menschliche Mund den Augen in nichts nach. Ein Lächeln wird oft als Begrüßungs- oder Freundschaftsgeste empfunden. Auch dafür haben Ethologen eine Erklärung parat. Sie behaupten nämlich, dieser Gesichtsausdruck sei auf unsere »Affenvor-

fahren« zurückzuführen, die höchstwahrscheinlich – genau wie die Schimpansen – durch ihr entblößtes Gebiß beschwichtigen sowie geselliges Verhalten signalisieren wollten.

Dieses lautlose Lächeln steht im krassen Gegensatz zum schallenden Gelächter, durch das Primaten in der Regel ihre Aggressionen und Überlegenheit zum Ausdruck bringen.

Schmollen, gespitzte Lippen und Zungenschnalzen sind Ausdrucksformen des Mundes, die als sexuelle Signale gedeutet werden können. Das Zungenschnalzen entspräche der ritualisierten Form des Leckens. In unserer Gesellschaft wird ein offenkundiges Signal dieser Art im allgemeinen als anstößig betrachtet.

Sympathie und Antipathie spiegeln sich in einer Palette meist unbewußter, körperlicher »Winke« wider. Zur Veranschaulichung sollen hier die 1975 erzielten Untersuchungsergebnisse von Clore, Wiggins und Itkin beitragen, in denen der in Mimik und Gebärden ausgedrückte Grad der Zuneigung und Abneigung zwischen Personen unterschiedlichen Geschlechts festgestellt wurde, wobei eine Bewertungsskala von 1–5 Punkten zugrunde liegt.

Gesten der Zuneigung		Gesten der Ablehnung	
1. In die Augen schauen	3.2	1. Kaltes Mustern	0.7
2. Die Hände des Partners berühren	3.2	2. Spöttisches Grinsen	0.9
3. Sich dem Partner zuwenden und näherrücken	3.2	3. Gelangweiltes Gähnen	1.0
4. Häufiges Anlächeln	3.1	4. Stirnrunzeln	1.1
5. Den Partner von Kopf bis Fuß betrachten	3.1	5. Vom Partner abrücken	1.1

6. Ein strahlendes Gesicht zeigen	2.9	6. zur Decke schauen	1.1
7. Mit geöffneten Lippen lächeln	2.9	7. In den Zähnen stochern	1.2
8. Verschmitzt lächeln	2.9	8. Ablehnendes Kopfschütteln	1.3
9. Direkt gegenüber sitzen	2.8	9. Nägel reinigen	1.3
10. Zustimmendes Kopfnicken	2.8	10. Wegschauen	1.4
11. Lippen spitzen	2.7	11. Kettenrauchen	1.5
12. Lippen befeuchten	2.6	12. Flunsch ziehen	1.5
13. Brauen hochziehen	2.5	13. Fingerknacken	1.5
14. Sprache durch lebhafte Gesten unterstreichen	2.5	14. Die eigenen Hände betrachten	1.5
15. Schnelle Blicke zuwerfen	2.5	15. Im Raum umherschauen	1.5
16. Mit weit geöffneten Augen Partner ansehen	2.5	16. Mit irgend etwas herumspielen	1.6

Die jeweils sechzehn aufgeführten Gesten der Sympathie oder Antipathie wurden von jungen Frauen im Verlauf einer gesellschaftlichen Begegnung mit dem anderen Geschlecht angewendet.

Wenn wir einem Unbekannten begegnen, ist oft der erste Eindruck von ausschlaggebender Bedeutung. Denn allein schon das äußere Erscheinungsbild kann in uns Zuneigung oder Abneigung auslösen. Welche Ursachen sind nun eigentlich dafür verantwortlich, daß wir auf den ersten Blick so entscheidend reagieren?

XII

Auf den ersten Blick

Er lachte. Es war ein einzigartiges, aggressives und überhebliches Lachen, mit dem er der Welt »ihr könnt mich mal ...« verkündete. In den braunen Augen lag ein teuflischer Charme, und seine strahlendweißen Zähne blitzten im sonnenverbrannten, edel geschnittenen Gesicht. Er sah blendend aus und war unerhört gut gewachsen – zäh, geschmeidig, muskulös –, von animalischer Grazie und herausfordernder Sexualität. Er hatte alles, was sich Millionen Frauen erträumten. Er war alles, was Millionen Männer gern sein möchten.
1938 – im Alter von 28 Jahren – hatte sich Errol Flynn als internationaler Kinokassen-Star etabliert, als er als Robin Hood begeisterte. Er war Robin Hood und wird wohl in dieser Rolle unübertroffen bleiben. Lausbübisch und lebensprühend übermittelte er, ein Spötter von unbekümmerter Selbstsicherheit, die freche Geringschätzung des geborenen Rebellen gegen jegliche Autorität mit einer Gefühlsstärke, die wahrscheinlich nur ein Australier mit irischem Blut empfinden kann. Schauspieler und Rolle waren unlösbar verschmolzen. Nie sah er besser aus – weder vorher noch nachher.

Wenn wir einen Menschen kennenlernen, prägt sich uns zuallererst sein Äußeres ein. Wir fühlen uns angezogen oder abgestoßen, manchmal sind wir uninteres-

siert. Oft überhören wir bei der Vorstellung den Namen, weil wir mit dem Äußeren beschäftigt sind, bewußt oder unbewußt nach Merkmalen suchen, um ihn oder sie einschätzen zu können. Wird nicht oft behauptet, der erste Eindruck sei der richtige? Und müssen wir unser erstes Urteil wirklich so oft revidieren – vielleicht, weil der Mangel an äußeren Reizen oder gar ein unsympathischer Gesichtsausdruck, eine unfreundliche Geste durch andere Qualitäten aufgewogen werden? Warum lassen wir uns so spontan von unseren Gefühlen leiten, anstatt den Verstand einzuschalten?
Zugegeben, unsere Gesellschaft mißt körperlichen Reizen eine besondere Bedeutung bei. In Reiseprospekten und Illustrierten springen uns die braungebrannten Schönen unter Palmen in die Augen; der elegant gekleidete Typ im schnittigen Sportflitzer weckt Sehnsüchte nach Jugend und Reichtum. Wurde es derart zur Gewohnheit, daß wir Jugend und Schönheit zum Maßstab, zur festgefahrenen kulturellen Norm erhoben haben? Kein Wunder, daß geschickte Werbeleute, Journalisten und Fotografen mit Instinkt für Wirkung diesen Jugendkult aus kommerziellen Gründen nutzen.
Schiller behauptete, körperliche Schönheit sei Ausdruck geistiger und moralischer Schönheit. Und Sappho, die griechische Dichterin, setzte schön gleich gut. – In einem schönen Körper wohnt ein schöner Geist. Ist das wirklich so?
Auf Errol Flynn trifft das keinesfalls zu.
Charles Higham bringt in seiner gründlichen Untersuchung: *Errol Flynn. The Untold Story* geradezu schockierende Tatsachen über diesen äußerlich so attraktiven Publikumsliebling ans Tageslicht:
»Hinter dem einschmeichelnd lächelnden Gesicht ver-

barg sich in vieler Hinsicht ein übler Mensch – ein Chauvinist, Schmarotzer, Mörder, Verräter und Dieb. In gewissem Sinn war er ein Symbol des Triumphs der Sinne, des Sensualdenkens, über die Vernunft. In seiner Amoralität, seiner Weigerung, ethische Grundsätze anzuerkennen, war Flynn seiner Zeit voraus. Dieser ›Supermann‹ war in Wahrheit drogenabhängig, Alkoholiker und bisexuell. Er war Waffen- und Drogenschmuggler und betätigte sich als Nazi-Agent. Er war in der gefährlichen faschistischen Periode früher Pubertät steckengeblieben. Er war von Grund auf verdorben – und dennoch aufregend, leidenschaftlich und verwegen.«

Soviel zu »schön gleich gut«. Womit keineswegs die These aufgestellt werden soll, daß alle gutaussehenden Menschen schlechte Charaktere haben müssen.

Leider führt unsere Abhängigkeit von äußerlicher Anziehungskraft nur allzuoft zu Fehlurteilen.

Der Wunsch, jung und anziehend zu sein, ist uralt und hat die absonderlichsten Vorstellungen geboren, nicht allein die von der »Altweibermühle«. Seit Menschengedenken wurde nach der ewigen Jugend gesucht, schon die älteste, uns bekannte Schrift berichtet darüber: ». . . Gilgamesch, du bist gegangen, du hast dich abgemüht und viele Qualen erduldet . . . ich will dir ein Geheimnis verraten, von einem verborgenen Wunderkraut will ich dir Kunde tun . . . Wenn du davon ißt, so wirst du ewige Jugend und Leben finden . . .« heißt es unter anderem im Gilgamesch-Epos am Ende des zweiten Jahrtausends.

Und im 15. Jahrhundert wetterte der Arzt und Philosoph Agrippa von Nettesheim über die Verjüngungsbemühungen: »Was hat der Mensch nicht alles zusammengebraut, um länger zu leben ... mit dem Erfolg, daß der Gestank von Kohle, Schwefel, Mist, Gift und Harn diesen Leuten ein süßeres Vergnügen bereitet als Honig. Und daß sie ihre Höfe, Güter und ihr väterliches Erbe durchbringen und in Rauch und Asche verwandeln. Ein Irrsinn, wenn sie dann als Lohn für ihre Mühe Gold, Jugend und Unsterblichkeit erwarten.«

Wir haben gut lachen über Praktiken, die den alten Nettesheim erbosten. Aber ist es im Grunde nicht ebenso übertrieben, wenn heute die Bundesbürger jährlich über 6 Milliarden Deutsche Mark oder die Amerikaner über 11 Milliarden Dollar für kosmetische Artikel ausgeben, um sich mit Hilfe raffinierter optischer Signale und der vielfältigsten Duftreize ihren Mitmenschen angenehm zu machen?

Wo ist zum Beispiel der Unterschied, ob sich im Südosten von Nigeria die Angehörigen des Stammes der Tiv die Vorderzähne zersplittern und den Körper mit Narben bedecken, um nach ihren Begriffen schön zu sein und an Status zu gewinnen, oder ob sich noch vor ein paar Dekaden deutsche Studenten bei der Mensur die Gesichter zerschlugen und Wein in die Wunden träufelten, damit die Narben als Beweis für Mut und Männlichkeit deutlich sichtbar blieben?

Es gibt unendlich viele wissenschaftliche Abhandlungen und philosophische Betrachtungen über den Zusammenhang zwischen Aussehen und Persönlichkeit, über Physiognomie, Gestalt und Charakter. Ernst Kretschmers Studien darüber werden heute noch teilweise als gültig betrachtet. Als Begründer der Lehre von der Konstitution schrieb er *Körperbau und Charakter*. Danach gibt es bestimmte Grundtypen:

1. Pykniker
rundwüchsig, neigt zu Fettansatz, ist gutmütig und gesellig – wechselt zwischen heiterer und trauriger Stimmung (zyklothym – wechselnd)

2. Leptosome (auch Astheniker genannt)
langwüchsig, meist hager – von gleichbleibender Stimmung, aber empfindlich, bei äußerer, scheinbarer Unempfindlichkeit, manchmal kontaktarm.

3. Athletiker
muskulös, mit breiten Schultern, hohem Wuchs und ruhigem, gemessenem Wesen.

Die meisten Menschen sind sogenannte Mischtypen.
Bei gesunden Menschen finden wir nach Kretschmer zwischen den verschiedenen Körperbauformen vor allem Unterschiede des Temperaments, das heißt der Gemütsanlage und der seelischen Beweglichkeit.
Machen wir uns nichts vor: Wir alle beurteilen unsere Mitmenschen zunächst nach Äußerlichkeiten und können uns von dieser Meinungsbildung auch nie ganz lösen. Politiker und ihre Berater wissen das ganz genau. Ein Image wird aufgebaut – neuer Haarschnitt, neue Brille, ein bißchen Höhensonne, flottere Kleidung korrigieren selbst ungünstigere Konterfeis. Und dann strahlen sie uns aus der Bildröhre an – unsere Klischeevorstellungen!

Helmut Kohl
Der entnervend gut gelaunte Riese mit den warmen Augen, grundsolide, gelassen, zuweilen rhetorisch rührend unbeholfen, aber treffsicher in der Sache.

Helmut Schmidt
Forscher Sitzriese, effektbewußt in Rhetorik und Gesten, immer wieder über sein volles, schönes Haar streichend, in jedem Falle kompetent, häufig gestreßt, gelegentlich schmallippig verbittert.

Franz Joseph Strauß
Imposant, dynamisch, schwitzend, der »Bayerische Stier« mit dem messerscharfen Verstand und beißendem Humor, rational mit unberechenbaren Sensualausbrüchen.

Margaret Thatcher
thront – Brust raus, Bauch rein – in der Mitte, eisblaue Augen, proper-konventionell frisiert, schrecklich tüchtig, nach dem Motto: Gesunder Menschenverstand – »Nun mal ran, Boys«.

Ronald Reagan
schräg geneigte, unbewußt um Sympathie werbende Kopfhaltung, erstaunlich braunes Haar, wünscht eindringlich und sendungsbewußt mit leiser Stimme zu überzeugen. Durch entspannende Scherze werden seine Sorgenfalten im schmalen Gesicht und die Atmosphäre mit schöner Regelmäßigkeit routiniert und gekonnt geglättet.

Juri Andropow
Hinter der intellektuellen Brille bleich und bis zur Unbeweglichkeit beherrscht, gefährlich undurchsichtig, das »sowjetische Understatement«, die »Maske in Grau«.

François Mitterrand
der zu Übergewicht neigende bewußte Staatsmann, der Sozialist, napoleonisch, gravitätisch, pathetisch. Klug, mit gezügelter Kraftreserve. Wirkt größer als er ist.

Dies entspringt natürlich alles dem subjektiven Auge des Betrachters!

Wenn tatsächlich allein äußeres Erscheinungsbild und Habitus eines Politikers zu Kriterien seiner Wahl als Parlamentsabgeordneter werden, zeugt das von erschreckender Oberflächlichkeit. Bedauerlicherweise geschieht das immer wieder. Hier sind die unsichtbaren Kräfte des Sensualdenkens am Werk, die ihre subjektive Vorstellung auf den Kandidaten projizieren. Diese Vorstellung kann ohne weiteres durch geschickte Propaganda aus den Reihen der Parteien manipuliert werden. Beispielsweise ergibt sich aus den kanadischen Wahlergebnissen von 1972, wie oberflächlich diese zustande kommen können. Sie wurden später von Wissenschaftlern analysiert. In dieser Wahl hatten sich 79 Kandidaten für 21 Parlamentssitze aufstellen lassen. Im Schnitt erhielten gutaussehende Kandidaten mehr Stimmen als äußerlich weniger ansprechende. In England ergaben sich aus Studien über die politische Szene ein paar amüsante Betrachtungen. Engländer, denen von Gustav Jahoda von der *Gold Coast University* Fotografien von Parlamentsmitgliedern der Konservativen und der Labour-Partei vorgelegt wurden, äußerten sich wie folgt: »Die mit Bildung in den Gesichtszügen sind Konservative, und die Typen mit dem ungehobelten Aussehen sind Sozialisten«, kommentierten die Anhänger der Konservativen. Labour-Anhänger waren da ganz anderer Meinung: »Die Fetten und Stupiden sind Konservative«, äußerten sie im Brustton der Überzeugung. »Labour-Leute haben offene und ehrliche Gesichter.«

In der Rechtsprechung zeigte sich durch Untersuchungsergebnisse ein ähnliches Bild. Um das Verhalten von Richtern und Geschworenen gegenüber gutaussehenden und weniger attraktiven Angeklagten zu ermitteln, wurden unter Berücksichtigung einer Unzahl von Faktoren – zum Beispiel Art und Schwere des Vergehens und Typus der Geschworenen – Scheinprozesse durchgeführt. Das Ergebnis war in seiner Tendenz eindeutig: Es lief auf eine schwerere und häufigere Bestrafung unsympathisch aussehender Gesetzesbrecher hinaus.

Harold Sigall und Nancy Ostrove von der *Maryland University* führten mit Jurastudenten einen solchen Versuch durch. Nach fingierten Anklageschriften mußten sie eine als Täterin fungierende Frau verurteilen, die auf den beigefügten Fotos entweder attraktiv oder unvorteilhaft aussah. Eine weitere Versuchsgruppe erhielt Anklageschriften ohne Fotos. Aus nachfolgender Tabelle geht das Untersuchungsergebnis der Strafbemessung hervor.

Vergehen	hübsche Täterin	häßliche Täterin	Aussehen unbekannt
Diebstahl	2,8 Jahre	5,2 Jahre	5,1 Jahre
Betrug	5,5 Jahre	4,4 Jahre	4,4 Jahre.

Natürlich stützen sich diese Resultate auf gestellte Gerichtsverhandlungen. Es muß daher offen bleiben, ob bei qualifizierten Richtern und Beisitzern eines ordentlichen Gerichtsverfahrens die gleichen, aus dem Sensualdenken stammenden Gründe mitsprechen würden. Menschen lassen sich also in ihrer Einschätzung anderer durch das äußere Erscheinungsbild leiten oder fehlleiten. Die Menschheitsgeschichte wurde zweifellos durch derartige Fehlurteile immer wieder drastisch beeinflußt. Denken wir doch nur an Franklin D. Roosevelt: Josef Stalin mit dem prachtvollen weißen Haar, dem gut geschnittenen Gesicht, mit dem mächtigen Schnurrbart war für ihn eine Vaterfigur, der »good old Joe«.

Der gute alte Joe aber war ein rücksichtsloser, eiskalter Massenmörder. Dieser Gedanke würde wohl keinem kommen, der ihn allein aufgrund seines Porträts beurteilen müßte.

Wenn reine Äußerlichkeiten in zwischenmenschlichen Beziehungen einen derartigen Raum einnehmen, dürfen wir uns auch nicht wundern, wenn Menschen zu allen nur erdenklichen Mitteln greifen, um echte oder eingebildete Mängel zu tarnen. Das fängt mit der Schminke an und geht bis zur Schönheitsoperation, beinhaltet Kleidung und Schmuck, den »Prestigeuntersatz« Auto und den Besitz an sich, als sichtbare Zeichen des Erfolges.

Alles kann dem gleichen Zweck dienen.

Wenn wir wissen möchten, warum unsere Zuneigung oder Abneigung so sehr durch äußere Reize manipuliert wird, müssen wir in unserer frühen Vergangenheit graben. Denn dort liegt der Ursprung der unsichtbaren Kräfte, die uns letztlich bestimmen. Die unbewußte erotische Komponente spielt eine große Rolle, denn auch in der Auslese der Zuchtwahl hat Attraktivität stets größere Erfolgschancen gehabt. Darüber hinaus stellt unser Sensualdenken ständig Assoziationen her, die durch ererbte, erlernte beziehungsweise erlebte Erfahrungswerte entstehen. Im Verlauf einer neuen Bekanntschaft laufen also unbewußte Vergleichsstudien in uns ab, die entweder zu Sympathie, Antipathie oder Gleichgültigkeit führen. Auf diese Weise kann ein Mensch eine archetypische Reaktion bei uns auslösen, die mit »nützlich« oder »schädlich« gekoppelt ist. Werden unbewußt Erinnerungen an eine unangenehme Person aus unserem Leben geweckt, können sich unsere Reaktionen sogar gegen den Träger eines Namens richten, sofern wir uns nicht mit dem Verstand zur Ordnung rufen, da eine solche Reaktion zu absurd ist.

In zwischenmenschlichen Beziehungen fällt natürlich nicht nur ins Gewicht, wie wir von anderen eingestuft werden, sondern vor allem auch, wie wir uns selbst beurteilen. Denn von der Selbsteinschätzung kann unsere ganze Persönlichkeit geprägt werden. Wie hinreichend bekannt, lösen Minderwertigkeitskomplexe, ob gerechtfertigt oder nicht, Verhaltensstörungen aus, die für andere unerträglich sein können und damit trennende Kräfte heraufbeschwören. Die Erkenntnis von Medizinern und Psychiatern, daß die Ursache für die Probleme vieler Patienten auf mangelndes Selbstvertrauen in das eigene Aussehen zurückzuführen ist, kann daher kaum überraschen. Oft genug stehen krankhafte Scheu, Depressionen und Selbstmord mit der Überzeugung in Verbindung, ein Partner werde aus Mangel an gutem Aussehen niemals gefunden werden. Ein in seinem Ergebnis bemerkenswerter Versuch wurde mit Angehörigen der US-Universitäten Minnesota und Wisconsin durchgeführt: Zahlreiche Frauen und Männer mußten anhand von Fotografien attraktive und unat-

traktive Personen nach persönlichen Merkmalen beurteilen und danach deren Erfolgsaussichten im Leben einschätzen.
Das Resultat überraschte nicht: den attraktiven Personen wurden in jeder Hinsicht bessere Chancen »vorausgesagt« als den von der Natur benachteiligten. Nach nur einem Blick auf ihre Fotografien erhielten die Attraktiven Attribute wie: erotischer, gefühlsbetonter, sensibler, tüchtiger und geselliger.

Die positive Anziehungskraft eines Menschen scheint sich sogar auf dessen Begleiter oder Begleiterin entsprechend auszuwirken. In einem Experiment wurde eine Frau einmal mit einem blendend aussehenden Mann fotografiert, das andere Mal mit einem recht unscheinbaren. Die befragten Versuchspersonen fanden die Frau in Begleitung des gutaussehenden Mannes anziehender als auf dem Foto mit dem unscheinbaren Mann.
Auf der gleichen Linie liegt ein Untersuchungsergebnis, nach dem Männer, die mit einer schönen Frau in Verbindung gebracht werden, automatisch im Wert steigen.
Im großen und ganzen scheinen sich Männer dieser Wirkung durchaus bewußt zu sein, schmücken sie sich vor ihren Kollegen doch nur allzugern mit einem hübschen Mädchen. Mit Frauen, die zwar verborgene Qualitäten haben, aber weniger gut aussehen, treffen sie sich lieber heimlich.
Es gibt bisher keine Anhaltspunkte darüber, ob dieser »Reflektionseffekt« auch bei gleichgeschlechtlichen Partnern auftritt. Hübsche Mädchen haben zwar oft unscheinbare Freundinnen, doch muß offen bleiben, ob die Unscheinbaren vom Abglanz der Hübschen profi-

tieren, oder diese hoffen, durch den Kontrast noch besser abzuschneiden.

Schon Kleinkinder scheinen sich bei der Wahl ihrer Lieblingsspielkameraden nach dem Aussehen zu richten. Vier- bis Sechsjährige, die in Kindergärten gefragt wurden, mit welchem Kind sie am liebsten spielen, nannten erstaunlicherweise das Kind, das die Erwachsenen am hübschesten fanden. In diesem Zusammenhang zeigte sich, daß bereits bei Kindern im Vorschulalter immer wiederkehrende Vorurteile in Verbindung mit dem Aussehen von Menschen deutlich werden. Die Kinder glaubten zum Beispiel, daß häßliche Menschen ungeselliger und aggressiver sind, woran, mit Verlaub zu sagen, manchmal etwas Wahres dran ist. Bliebe nur die Frage zu klären, warum sie sich so verhalten, wie ihnen unterstellt wird. Vielleicht, weil sie von vornherein durch ihr Aussehen benachteiligt wurden, vielleicht aber auch, weil sie die unsichtbare Kraft der Ablehnung spüren und sich daraufhin unbewußt verschließen oder böse werden.

Aber nicht nur Kinder haben vorwiegend festgefahrene Ansichten, sondern auch Lehrer, die, das zeigen Untersuchungsergebnisse deutlich, hübsche Kinder bevorzugen. Allein nach Fotos schätzten Lehrer das Lernpotential hübscher Kinder grundsätzlich höher ein. Bei häßlichen Kindern neigten die Lehrer viel eher dazu, sie in Klassen für Lerngeschädigte oder in Sonderschulen zu versetzen.

Bei Untersuchungen über Verhaltensstörungen ging die Tendenz die gleiche Richtung. Aus Berichten über das Fehlverhalten von Kindern, die nach Fotografien häßlich waren, wurde auf eine bösartige Natur, gesellschaftsfeindliche Triebkräfte und die Wahrscheinlich-

keit auch zukünftigen Fehlverhaltens geschlossen. Bei gutaussehenden Kindern wurden die gleichen Störungen als Ausnahmefall bewertet und entschuldigt.
Daraus könnte fast geschlossen werden, daß Erwachsene dazu neigen, Häßlichkeit mit Unaufrichtigkeit gleichzusetzen. Das würde aber bedeuten, daß äußerlich benachteiligte Kinder von vornherein geringere Chancen haben, wenn es um schlechtes Betragen in der Schule, auf dem Spielplatz oder daheim geht.
Auch auf Hochschulebene wurden Vorurteile festgestellt: akademische Vorurteile gegen unattraktive Personen. Zu diesem Ergebnis kamen David Landy und Harold Sigall von der Universität Rochester. Eine Reihe von Versuchspersonen erhielten von ihnen zur Begutachtung das gleiche Essay einer angeblichen Studentin mit Fotos unterschiedlich gutaussehender Mädchen.
Resultat: Je anziehender die angebliche Verfasserin war, um so besser wurden ihre Fähigkeiten und die Güte ihrer Arbeit eingestuft. Objektive Beurteilungen ergaben: es handelte sich um ein schlechtes Essay.
In der Bestimmung der Anziehungskraft eines Menschen ist die Gesundheit ein sehr wichtiger Faktor. Niemand hört gern die ausführlich vorgetragenen Krankheitsgeschichten eines Mitmenschen. Sie lösen tiefes Unbehagen in uns aus, würgen alle erotischen Interessen ab und erwecken bestenfalls Schutzinstinkte. Uns zieht eine frische Gesichtsfarbe an, klare, leuchtende Augen, Vitalität – alles Anzeichen, die für eine gute Gesundheit sprechen.
In der Wahl eines Partners kommt ja im allgemeinen auch immer wieder das evolutionsbedingte Prinzip der Zuchtwahl zum Ausdruck.
Große Augen, beziehungsweise große Pupillen haben

starke Anziehungskraft, vielleicht weil sie den erotischen Reiz erhöhen. Wenn wir erregt sind oder etwas anschauen, an dem wir uns erfreuen, vergrößern sich die Pupillen automatisch. Im Dämmerlicht sind Pupillen besonders groß, und die gegenseitige Anziehungskraft von Liebenden ist entsprechend. Zudem erwecken große Augen immer Assoziationen mit unschuldigen Kinderaugen und dadurch liebevolle Empfindungen.

In unserem Kulturkreis gehen die Anschauungen über die Schönheit eines Gesichts ziemlich konform. Normalerweise verstehen wir darunter Ebenmäßigkeit. Eine zu lange oder zu kurze Nase, ein zu großer oder zu kleiner Mund, zu große oder weit abstehende Ohren, unreine Haut, dünnes, strähniges Haar betrachten wir gemeinhin als Schönheitsfehler.

Es ist erstaunlich, daß Männer abhängiger sind von Schönheit als Frauen. Dazu sagt Rainer Knußmann in *Der Mann, ein Fehlgriff der Natur:*

»Während der Mann selbst heute noch auf körperliche Schönheit der Frau achtet, wertet die Frau jene Eigenschaften viel höher, die im Zuge der Menschwerdung entstanden sind: Intelligenz und Wille. Ihr Partnerleitbild vom Mann hat eine viel höhere Entwicklungsstufe erreicht als das primitiv gebliebene Partnerleitbild des Mannes von der Frau. Leistung spielt im Partnerleitbild der Frau vom Mann eine wesentlich größere Rolle als Schönheit.«

Da wir nun einmal bei den Männern sind, soll nicht unterschlagen werden, daß sie zuweilen in drei Kategorien aufgeteilt werden: Ihren Neigungen entsprechend sind sie entweder auf Busen, Beine oder die Kehrseite der weiblichen Anatomie fixiert. Das geht aus verschiedenen internationalen Studien hervor. So wurde eine Studentengruppe veranlaßt, auf die unterschiedlichen Körperpartien weiblicher Silhouetten einen Blick zu werfen, um dann zu entscheiden, welche ihnen am besten gefällt.

Ihre Selbsterkenntnis mußten sie einem Fragebogen anvertrauen. Es zeigte sich, daß Männer, entsprechend ihrer Vorliebe für eine bestimmte weibliche Körperpartie, recht zuverlässig in drei Haupttypen eingestuft werden können: In Busen-, Bein- und Hinterteil-Männer.

Danach waren diejenigen, die gern rauchen, Sport treiben und sich öfter mit Mädchen verabreden, an vollbusigen Frauen interessiert. Es handelte sich um extrovertierte Männer mit ausgeprägt maskulinem Wesen. Leicht depressive, nachgiebige Männer ohne Alkoholgelüste »fliegen« auf kleinbrüstige Frauen. Große-Popo-Liebhaber sind oft Ordnungsfanatiker, ein bißchen verbohrt, passiv und mit Schuldkomplexen behaftet. In der Arbeit ausdauernde, aber sportlich uninteressierte Männer sind von einem kleinen, handlichen Hinterteil angetan.

Kräftige Frauenbeine werden von Männern mit einem Hang zu vermindertem Selbstvertrauen oder gar Servilität bevorzugt, und extrovertierte Männer, die sich gern produzieren, begeistern sich für dünne Frauenbeine.

Während schaffensfreudige Männer insgesamt kräftig gebaute Frauen und Alkohol mögen, sind Introvertierte besonders beharrlich und neigen zu zarten Frauenfiguren.

Auf die gesamte Männerwelt übertragen, dürften die hier aufgeführten Studienergebnisse wohl kaum ausreichend sein. Immerhin lassen sie den Schluß zu, daß die Vorliebe bestimmter Männer für einen bestimmten

Frauentyp im Einklang mit ihrer Persönlichkeit und dem jeweiligen Lebensstil steht.

Welche Männer bevorzugen welche weiblichen Formen?

Teil der Anatomie	Größe des entsprechenden Körperteils	
	groß/kräftig	klein/dünn
Brüste	Raucher Sportler Verabredungslustige	Nichttrinker Religiöse Depressive
Gesäß	Verbohrte Passive Komplexbehaftete Ordnungsliebende	Ausdauernde Nichtsportliche
Beine	Nichttrinker Nachgiebige gesellschaftlich Gehemmte Solche mit vermindertem Selbstvertrauen	Extrovertierte solche, die sich gern produzieren fürsorglich
Gesamtfigur	Ehrgeizige Trinker	Beharrliche Introvertierte Oberschicht

(Studie von Wiggins und Mitarbeitern)

Was gefällt nun Frauen an Männern?
Von welchen männlichen Körpermerkmalen sich Frauen besonders beeindrucken lassen, ist nicht so leicht auszumachen, da Frauen im allgemeinen subtiler urteilen. Jedenfalls ist das äußere Erscheinungsbild nicht ausschlaggebend.
Nach der Umfrage in einer New Yorker Tageszeitung

spukt in vielen männlichen Köpfen die Vorstellung, Frauen müßten eine muskulöse Brust, entsprechende Arme und Schultern, zudem natürlich einen durch enge Hosen betonten, stolzen Penis besonders begehrenswert finden.
Die Antworten der befragten Frauen müssen für Männer eine herbe Enttäuschung sein. Viele Frauen behaupteten jedenfalls, von all dem wären sie abgestoßen.

In diesem Fall ist Irren männlich

Männliche Ansichten über das, was Frauen mögen	Prozent	Was Frauen wirklich mögen	Prozent
Muskulöse Brust und Schultern	21	Muskulöse Brust und Schultern	1
Muskulöse Arme	18	Muskulöse Arme	0
Großer Penis	15	Penis	2
Körpergröße	13	Körpergröße	5
Flacher Bauch	9	Flacher Bauch	13
Schlank	7	Schlank	15
Haarfülle (nicht Länge)	4	Haar	5
Gesäß	4	Gesäß: schmal, »sexy«	39
Augen	4	Augen	11
Lange Beine	3	Lange Beine	6
Nacken	2	Nacken	3

(Auswertung der New Yorker Zeitungsumfrage)

Der bei Männern durchgeführte Silhouettenversuch mit weiblichen Körperformen wurde umgekehrt auch bei Frauen durchgeführt, um die bei Frauen besonders

beliebten körperlichen Charakteristiken von Männern zu ergründen. Achtzehn- bis zweiunddreißigjährige Frauen sollten sich nach gezeichneten Männersilhouetten für den von ihnen bevorzugten Typ entscheiden. Die begehrtesten männlichen Figuren hatten schlanke Beine, ein verhältnismäßig schmales Becken und einen mäßig breiten Brustkorb. Sie verkörperten sozusagen ein elegantes »V«. Birnenförmige Figuren fanden wenig Anklang.
Die Vorliebe einer Frau für einen bestimmten Typ hing meist von ihrer eigenen Persönlichkeitsstruktur ab, ähnlich wie bei den Männern. So fühlten sich extrovertierte, sportliche Frauen mit vernünftiger Lebensweise von »Muskelmännern« angezogen. Neurotische oder drogenabhängige Frauen neigten zu schlanken, weniger ausgeprägten Figuren. Dagegen sahen reifere Frauen mit traditioneller Einstellung ihr Idol in stämmigen Figuren. Vielleicht aber besteht auch ein Zusammenhang zwischen der eigenen Figur einer Frau und dem aus diesem Grunde zu ihr passenden Männertyp ähnlicher Prägung. Oder die bevorzugte Figur weckt Erinnerungen an den wichtigsten oder wenigstens zeitweilig wichtigsten Mann in ihrem Leben.

Wenn man die Vernunft einschaltet, kann man sich natürlich nur schwer mit verallgemeinernden Versuchsergebnissen identifizieren. Vor allem darf man nie vergessen, daß in Untersuchungen mehr oder weniger die sogenannte Heisenbergsche Unschärferelation mit ins Spiel kommt. Das bedeutet in diesem Zusammenhang: Allein schon die Fragestellung und die Befragung der Versuchspersonen beeinflußt das Ergebnis. Dennoch ergibt sich aus den Tests die interessante Tatsache, daß wir uns mehr oder weniger von unbewußten Vorlieben beeinflussen lassen. Aber aus Vorlieben entstehen leicht Vorurteile – und Vorurteile führen meist zum Selbstbetrug. Unsere gefühlsgesteuerten Werteinschätzungen leiten uns, was den »ersten Blick« angeht, oft auf ein falsches Gleis – unsichtbare Kräfte machen uns hier zum willigen Spielball. Zudem haben wir die Neigung, aufgrund vorgekauter Klischees andere Menschen auf einen Nenner zu reduzieren, ob diese Klischees nun zutreffen oder nicht, zum Beispiel: »Der Macher Schmidt«, »Die eiserne Lady Maggie«, »Der strahlende Held John F. Kennedy« und so weiter.

Diese Angewohnheit, zu reduzieren, macht uns aber für Manipulationen sehr anfällig. Denken wir nur an das Anheizen extremer Emotionen, wie sie durch propagandistische Mittel in allen Staaten, besonders aber in Diktaturen, geschürt werden. Erinnern wir uns doch an den durch polemische Hetze kreierten Judenhaß, wo dem »arischen Herrenmenschen« die abstoßenden, angeblich typisch jüdischen Rassenmerkmale eingehämmert wurden nach der Gleichung: Häßlicher Mensch – schlechter Charakter.
Wenn wir andere Menschen nur nach dem Äußeren, »auf den ersten Blick« hin, bewerten, sollten wir uns selbst zutiefst mißtrauen. Denn nach wie vor sind wir dem Sensualdenken allzusehr verhaftet.
Wir können das Geheimnis einer Persönlichkeit – die Facetten und vielfältigen Nuancen – nie durch das Äußere allein erfassen. Bedeutsam ist beispielsweise eine dieser Facetten der Persönlichkeit: Die Kraft der erotischen Ausstrahlung, auf die wir alle bewußt oder unbewußt reagieren.

XIII

Die Fackel des Eros

». . . Die Turmstube ist dunkel.
Aber sie leuchten sich ins Gesicht mit ihrem Lächeln. Sie tasten vor sich her wie Blinde und finden den andern wie eine Tür. Fast wie Kinder, die sich vor der Nacht ängstigen, drängen sie sich ineinander ein. Und doch fürchten sie sich nicht. Da ist nichts, was gegen sie wäre: Kein Gestern, kein Morgen, denn die Zeit ist eingestürzt. Und sie blühen aus ihren Träumen.
Er fragt nicht: ›Dein Gemahl?‹
Sie fragt nicht: ›Dein Name?‹
Sie haben sich gefunden, um einander ein neues Geschlecht zu sein.
Sie werden sich hundert neue Namen geben und einander alle wieder abnehmen, leise, wie man einen Ohrring abnimmt . . .« Rainer Maria Rilkes *Die Weise von Liebe und Tod des Cornets Christoph Rilke* wird von Verlangen, Sehnsucht und Vergänglichkeit gezeichnet. Sehnsucht und Verlangen sind die ständigen Begleiter des Liebesgottes Eros.
Den alten Griechen erschien die Liebe stets in Gestalt zweier Gottheiten: Eros und Aphrodite, der Schaumgeborenen, der Göttin der Schönheit. Mit der Erde aus dem Chaos entstanden, wurde Eros zum Gefährten der Aphrodite, vom Augenblick ihrer Geburt an.
Der griechische Dichter Hesiod sah in Eros nicht nur

den Gott der sensuellen Liebe, sondern auch die Verkörperung der Kraft, aus der sich die Welt durch die Vereinigung der Elemente geformt hat.

Eros wird in der Kunst gewöhnlich als sehr schöner, zum Jüngling heranwachsender Knabe dargestellt, der entweder Pfeil und Bogen oder eine lodernde Fackel trägt. Eros ist zwar ständiger Begleiter der Aphrodite, doch niemals ihr Partner, denn er liebt Psyche – Psyche ist das griechische Wort für Seele. Eros ist ein Kind, dessen Macht größer ist als die der erhabenen Götter, wovon die Darstellung des Triumphzuges des Eros zeugt, in der selbst Zeus, der höchste griechische Gott, dem Triumphwagen in Ketten, wenn auch lächelnd, nachfolgen muß. Diese Ketten versinnbildlichen die unsichtbaren Kräfte der erotischen Anziehung, denen auch der Mächtigste nicht widerstehen kann. Erotische Fesseln versklaven und beflügeln zugleich und werden mit Freude getragen.

Eros ist die verkörperte erotische Kraft, die uns in Spannung versetzt, kreatives Feuer, Verlangen und Sehnsucht auslöst. Die erotische Anziehungskraft eines Menschen weckt unser Interesse, unsere Neugier am anderen und treibt uns zu ihm hin. Vor allem aber ist Erotik der zündende Funke der Liebe. Die Liebe vollzieht sich nach Stendhal in sieben Stadien:

> Bewunderung
> Freude
> Hoffnung
> die Liebe ist entstanden
> erste Kristallisation
> erster Zweifel
> zweite Kristallisation.

»Kristallisation treibt uns das Blut ins Hirn. Sie beruht auf dem Gefühl, daß unsere Genüsse mit den Vollkommenheiten des geliebten Wesens wachsen und auf dem Gedanken, es ist mein. Hat die Kristallisation einmal begonnen, so genießt man mit Wollust jede neue Schönheit, die man an dem geliebten Wesen entdeckt«, schreibt Stendhal.
»Aber was ist Schönheit? Eine neue Möglichkeit, dir Lust zu schaffen. Die Lust der Individuen ist verschieden und oft gegensätzlich: Daraus erklärt sich, wie das, was für einen Schönheit ist, für den anderen Häßlichkeit sein kann.«
Durch die Erotik wird die Vereinigung des körperlichen und seelischen Verlangens geadelt. »Erotik löst sich vom bloßen Fortpflanzungszweck in doppelter Hinsicht«, schreibt Carl Friedrich von Weizsäcker in *Der Garten des Menschlichen,* »zur persönlichen Bindung und zum zwecklos Schönen hin. Die stärkste, nicht zweckrationale Kraft im Menschen wird Träger einer Entwicklung, die nur in Überwindung der bloßen Zweckrationalität möglich ist.«

In seinem Don Juan-Werther-Vergleich macht Stendhal klar, daß die von Erotik beflügelte Liebe eine Sublimation im seelischen Bereich sucht. Zwar spricht er Don Juan außerordentliche Qualitäten wie Leidenschaft, Wagemut, Scharfsinn, Geistesgegenwart und Unterhaltungsgabe keineswegs ab, reiht aber Menschen seines Schlages in die Kategorie der eingefleischten Egoisten ein: »Don Juan leugnet alle Pflichten, die ihn mit den anderen Menschen verknüpfen. Auf dem großen Markt des Lebens ist er Kaufmann ohne Treu und Glauben, der immer nimmt und nie bezahlt.« Don Juan benützt die Liebe anderer zur Intrige, für ihn ist sie nur Sport und dient ihm zur Befriedigung des eigenen Ehrgeizes. Aber am Ende ist er unfähig, sie selbst zu empfinden. In Stendhals Worten: »Don Juan macht aus der Liebe eine gewöhnliche Angelegenheit. Statt wie Werther eine Wirklichkeit zu haben, die sich seinen Wünschen anpaßt, hat er Wünsche, welche durch die kalte Wirklichkeit unvollkommen befriedigt werden, wie beim Ehrgeiz, der Habsucht und den anderen Leidenschaften. Statt sich in die bezaubernden Träumereien der Kristallisation zu verlieren, denkt er wie ein General an den Erfolg seiner Manöver; kurz, er tötet die Liebe, statt sie, wie die Menge meint, mehr als andere zu genießen.«

Werthers verträumte, idealisierende Liebe kann mit der Wirklichkeit nicht Schritt halten und bringt deshalb oft Konflikte und Enttäuschungen mit sich. »Aber die Werther-Liebe öffnet die Seele allen Künsten ... dem Schönen in jeder Form, in der es erscheint und wäre es in einem härenen Kleide ...«

Alle Dinge werden durch den fühlenden Menschen erlöst, verherrlicht und erhoben.

Doch der Preis der Liebe – der Erotik – ist die Melancholie, ist das Bewußtsein der Vergänglichkeit. Erotik hat den drängenden Wunsch, den Zustand der Verschmelzung von Körper und Seele mit dem geliebten Wesen zu erreichen und zu verewigen. In Wirklichkeit aber läßt sich der Augenblick nicht verewigen, es gibt keinen permanenten Zustand, sondern nur Wandel. Wandel trägt die Vergänglichkeit in sich – und Vergänglichkeit den Tod.

In Thomas Manns Novelle *Der Tod in Venedig* verfällt der alternde, gefeierte Dichter Gustav von Aschenbach hoffnungslos der erotischen Anziehungskraft des 14jährigen polnischen Jungen Tadzio: »Mit Erstaunen bemerkte Aschenbach, daß der Knabe vollkommen schön war ... Auf dem Kragen ... ruhte die Blüte des Hauptes in unvergleichlichem Liebreiz, – das Haupt des Eros ...« Der Anblick Tadzios verändert Aschenbachs Leben. Von nun an läßt er den Jungen nicht mehr aus den Augen. Er fühlt den Zwang, dem Knaben und seiner Familie überallhin zu folgen. Begleitet vom Modergeruch des Verfalls, geht er ihm wie von Sinnen durch die engen Gassen Venedigs nach. Er folgt ihm zum Lido, beobachtet ihn beglückt beim Spiel und beim Baden. »...Tadzio, Tadzio! ... Er lief durch die Flut; und zu sehen, wie die lebendige Gestalt mit triefenden Locken und schön wie ein Gott, herkommend aus den Tiefen von Himmel und Meer, dem Elemente entstieg und entrann: Dieser Anblick gab mythische Vorstellungen ein, er war wie Dichterkunde von anfänglichen Zeiten, vom Ursprung der Form und von der Geburt der Götter. Aschenbach lauschte mit geschlossenen Augen auf den in seinem Innern antönenden Gesang ...« Aschenbachs Stimmung wechselt zwischen erotischer Spannung und müder Resignation. »... Nach Mittag verließ er den Strand, kehrte ins Hotel zurück und ließ sich hinauf vor sein Zimmer fahren. Er verweilte dort drinnen längere Zeit vor dem Spiegel und betrachtete sein graues Haar, sein müdes und scharfes Gesicht ...« Trotz der in Venedig ausgebrochenen indischen Cholera reist Aschenbach nicht ab, weil auch Tadzios Familie bleibt. Obwohl er sich leidend fühlt, folgt er immer wieder – gelockt von den eigentümlich

dämmergrauen Augen – wie berauscht Tadzios Spuren im Gewirr der kranken Stadt. Im Hotel erfährt Aschenbach, daß die polnische Familie nach dem Mittagessen abreisen wird. Er geht zum Strand, um Tadzio ein letztes Mal zu sehen. Im Strandstuhl sitzend folgt sein Blick dem Knaben, bis er in sich zusammensinkt. ». . . man brachte ihn auf sein Zimmer und noch desselben Tages empfing eine respektvoll erschütterte Welt die Nachricht von seinem Tode.«
Tragischer und eindrucksvoller kann die Macht der Erotik kaum dargestellt werden. Das Verlangen und die Sehnsucht nach dem vollkommen Schönen, das Aschenbach in Tadzio für sich entdeckt hatte, erschütterten die Grundfesten seines Wesens. Erfüllt von Beglückung, Qual und Melancholie, trieben ihn Kräfte, von denen er sich nicht befreien konnte und wollte.
Aschenbachs erotische Liebe zu Tadzio sollte nicht mit Sexualität verwechselt werden. Es gibt zwar Liebe ohne Sexualität und Sexualität ohne Liebe – aber keine Liebe ohne Erotik. Aus dem reinen Geschlechtstrieb unserer Tiervergangenheit hat sich die Erotik als seelisch kreative Kraft im Prozeß der Evolution des Menschen herauskristallisiert. Als Ursprung der Erotik ist die Sexualität aber immer noch latent in ihr verborgen.

Biologen sehen das Sexualleben als Garanten für Arterhaltung und Fortbestand des Lebens. Psychologen interpretieren sexuelle Regungen als verborgene Kraftquelle, die den Menschen zum höchsten Einsatz anregt und sein Alltagsleben beeinflußt. Für Soziologen erfüllt die Sexualität eine vereinigende, den Zusammenhalt der Familie und Gesellschaft fördernde Funktion.
Doch bei den Kulturvölkern ist es dabei nicht geblie-

ben. Sie haben die natürliche Grundlage der Sexualität verändert, indem sie den Geschlechtstrieb steigerten und damit gleichzeitig degradierten. Für den Menschen ist die Sexualität weitaus wichtiger als für jede andere irdische Art. Sie hat sich in kultische Bereiche eingeschlichen, in das kulturelle wie das alltägliche Leben. Sie drückte der Politik für viele Epochen ihren Stempel auf, erhob sie zur Sittengeschichte, die sich in den Schlafzimmern der Mächtigen vollzog. Ihres eigentlichen Zwecks entfremdet, regte sie die Phantasie zu unerschöpflichem Gesprächsstoff an. Gleichzeitig aber versuchte der Mensch, diesen ihm über den Kopf gewachsenen Einfluß der Sexualität durch Gesetze und Regeln wieder einzuschränken. Er klassifizierte alles als Unrecht oder gar Sünde, was mit den von ihm aufgestellten Maximen nicht übereinstimmte. So entstand bei den verschiedenen Völkern zu den verschiedensten Zeiten eine unglaubliche Variation von Anschauungen, Sitten und Gesetzen. Dazu gehört der Brauch der australischen Ureinwohner, daß sich zehn- bis fünfzehnjährige Kinder mit Liebesspielen vergnügen. Da die Zeugung nicht mit dem Geschlechtsakt in Verbindung gebracht wird, ist auch der Begriff Vater unbekannt.

Nicht weniger kurios mutet die falsche Schamhaftigkeit der Menschen in der zweiten Hälfte des 19. Jahrhunderts an. Damals umwickelten manche Leute die Beine ihres Tafelklaviers, weil es unschicklich war, »nackte Beine« zu zeigen. Das Wort Unterhose zu benützen, war schon obszön. Wie Ärzte Geburtshilfe leisteten, war geradezu phänomenal. Da es gegen Anstand und Sitte verstieß, den Schoß einer Frau zu sehen, mußten sie ihre Untersuchungen blind unter der Bettdecke vornehmen.

1905 veröffentlichte der Wiener Nervenarzt Sigmund Freud seine Arbeit *Drei Abhandlungen zur Sexualtheorie*. Als revolutionärste und folgenschwerste ihrer Zeit verursachte diese Publikation öffentlichen Aufruhr, und ihre Auswirkungen sind bis heute spürbar.
Im Mittelpunkt der Freudschen Arbeit nämlich stand nicht etwa das normale menschliche Geschlechtsleben, sondern dessen Irrungen, Neurosen und Fehlhandlungen. Freud vertrat die Ansicht, daß die verdrängte infantile Sexualität Ursache allen Übels sei. Denn jede Neurose ließe sich auf unterdrückte, zum Trauma gewordene Erinnerungen des kindlichen Sexuallebens zurückführen. Der Arzt müsse verschüttete Erlebnisse dieser Art im Gedächtnis des Kranken mit Hilfe der Psychoanalyse wachrufen, um ihn von seinen Vorstellungen und Zwangsneurosen zu befreien. Natürlich gab es damals bereits eine ganze Reihe von Ärzten, die sich mit dem Sexualleben von Kleinkindern befaßten. Aber Freuds Theorie löste Empörung aus, weil sie einen der erhabensten Begriffe des menschlichen Daseins, die unschuldige Liebe, »verunglimpfte«. Hatte sich Freud doch nicht gescheut, zahllose, für die Menschheit bis dahin unantastbare Tabus zu brechen. Er wagte zu behaupten, daß bereits Säuglinge und Kleinkinder versuchen, sexuelle Lustgefühle bei sich wachzurufen und gewisse Praktiken des Trieblebens, die als mehr oder weniger widerwärtig und gesundheitsschädlich abgelehnt wurden, als absolut normal zu bezeichnen, da jeder Mensch so veranlagt sei. Außerdem hatte Freud gegen die unter Psychiatern und Psychologen üblichen Regeln verstoßen, weil er seine Theorien in unmißverständlicher Terminologie zum Ausdruck brachte – er sprach von Penisneid, Kastrationskomplex, Ge-

schlechtstrieb, anstatt sich verschwommener Umschreibungen zu bedienen. In seiner Sexualtheorie schreibt er unter anderem:
»Die Tatsache geschlechtlicher Bedürfnisse bei Mensch und Tier drückt man in der Biologie durch die Annahme eines Geschlechtstriebes aus. Man folgt dabei dem Muster des Triebs nach Nahrungsaufnahme, dem Hunger. Eine dem Wort Hunger entsprechende Bezeichnung fehlt aber der Volkssprache.«
Freud prägte daher für den Begriff des sexuellen Verlangens das Wort Libido. So wie der Hunger durch die Nahrungsaufnahme befriedigt wird, erlangt die Libido durch Vollzug des Geschlechtsakts Befriedigung.

Freud erkannte aber auch, daß sich das sexuelle Interesse auch auf andere Körperteile als die Geschlechtsorgane erstreckt und viele erogene Zonen ihren Reiz auf das von der Libido getriebene Wesen ausüben. So empfinde der Säugling beim Stillen an der Mutterbrust, beim Daumenlutschen, Schaukeln und Hätscheln ein Lustgefühl. Freud begründet sogar, warum die Gläubigkeit der Liebe sexueller Art ist. Nach Freud beschränkt sich das sexuelle Interesse in den seltensten Fällen nur auf die Genitalien, sondern greift auf den ganzen Körper über. Das gleiche geschieht im psychischen Bereich, wo es sich als Urteilsschwäche und Selbsttäuschung äußert.
»Die Sexualüberschätzung ist es, welche sich mit der Einschränkung des Sexualziels auf die Vereinigung der eigentlichen Genitalien so schlecht verträgt und Vornahme an anderen Körperteilen zu Sexualzielen erheben hilft«, schreibt Freud.

Aus Liebeshandlungen beziehungsweise Sexualzielen, die bei unseren Tierahnen noch zur Norm gehörten, um die Libido zu befriedigen, wurden mit fortschreitender biologischer Entwicklung neue Verhaltensmaßstäbe, und daraus entstanden Tabus und Abnormitäten. Freud kam daher zu der Schlußfolgerung, daß alle Menschen von Natur aus mehr oder weniger »pervers« veranlagt sind. Diese Veranlagung könne durch bestimmte Lebensumstände zum Ausbruch kommen. Es handele sich um angeborene, in der Konstitution gegebene Wurzeln des Sexualtriebes, die sich in manchen Fällen zu den wirklichen Trägern der Sexualität entwickeln und in anderen nicht genügend unterdrückt würden, meint Freud.
Zwischen beiden Extremen entstehe durch wirksame Einschränkung günstigstenfalls das sogenannte normale Sexualleben.
Die Libido ist nach Sigmund Freud die sexuelle Triebenergie, die Ursache aller menschlichen Zuneigung. In *Massenpsychologie und Ich-Analyse* nennt er das, was wir als Liebe bezeichnen, sexuelle Liebe mit dem Ziel sexueller Intimität. Aber auch scheinbar nicht-sexuellen Gefühlen wie Eigenliebe, Eltern- und Kindesliebe, Freundschaft und sogar Begeisterung für irgendwelche Ideen liege diese sexuelle Triebenergie zugrunde. Alle diese Gefühle seien nur unterschiedliche Ausdrucksformen für ein und denselben instinktiven Trieb. Er habe zwar nur in den Beziehungen der Geschlechter eine sexuelle Auswirkung, äußere sich aber in allen anderen stets durch Intimitätsstreben und Hingabebereitschaft. Libido sei die fundamentale Kraft, die den Menschen zur Zivilisation und Kultur beflügelt habe.
Die Attraktion der Freudschen Konzeption liegt in ih-

rem Bestreben, Geist und Gefühl auf einen Nenner zu bringen. Freuds Feststellung, die menschliche Sexualität sei keine isolierte Erscheinungsform, sondern untrennbar mit der Persönlichkeit des Menschen verbunden, trifft unbestreitbar zu, solange sie als Basis der gesamten menschlichen Psyche erklärt wird.

Seiner Meinung nach handelt es sich bei allen nichterotischen Anziehungskräften um Selbsttäuschung – lediglich um Sublimate, Abweichungen und Perversitäten derselben Libido. Der Ursprung aller zwischenmenschlichen Beziehungen sei in der narzißtischen Liebe des Kindes zu suchen, die im späteren Leben ergänzt beziehungsweise gemäßigt würde.

Vom Standpunkt der modernen Wissenschaft ist die Entstehung emotionaler Spannungen weitaus vielschichtiger, als es sich Freud vorgestellt hat. Vor allem ist seine Behauptung, die Liebe sei nur eine Sublimation des Geschlechtstriebs, kaum zu akzeptieren. Er differenziert nicht zwischen Sexualität und Erotik. Entspräche seine Theorie den Tatsachen, gäbe es vor allem keine emotionalen Attraktionen zwischen Tieren, die angeblich ausschließlich ihrem Geschlechtstrieb nachgehen. Aber Ethologen und Verhaltensforscher wissen inzwischen, daß sich Tiere auch unterschiedlicher Gattungen anziehend finden und Zärtlichkeiten – selbstverständlich ohne Sexualität – austauschen, daneben aber ihr normales Geschlechtsleben führen.

Nach Erich Fromm ist die sexuelle Anziehungskraft zwischen den Geschlechtern nur teilweise durch das Bedürfnis nach Befreiung von Spannung motiviert; es handele sich dabei aber hauptsächlich um den Wunsch nach Einheit mit dem sexuellen Partner. Die erotische

Anziehung äußere sich auch nicht nur in der sexuellen Attraktion.

Der amerikanische Sexualforscher Alfred C. Kinsey von der Universität Indianapolis begann 1938 das Sexualverhalten der Menschen gründlich zu erforschen. Er wurde von einer Reihe prominenter Wissenschaftler auf den Gebieten der Anthropologie, Biologie, Chemie, Genetik, Medizin, Psychiatrie, Soziologie und Statistik unterstützt. In Anknüpfung an die Freudsche Theorie wollten Kinsey und seine Mitarbeiter weniger neue Theorien aufstellen, als vielmehr mit Tatsachen aufwarten. Sie wollten durch sorgfältige, langfristig angelegte Forschung Material beschaffen, mit dessen Hilfe Theorien überprüft, modifiziert und ergänzt werden sollten, wie der Präsident des Kinseyschen Untersuchungsausschusses, der bekannte Zoologe Robert M. Yerkes, erklärte. Aufgrund dieses Konzepts wurden 5 300 Männer und 5 940 Frauen über ihr Geschlechtsleben befragt und gleichzeitig das Sexualverhalten von Mensch und Tier verglichen. In seinem Report versucht Kinsey, die Geschlechtslust als möglichen Ursprung für dieses Verhalten überhaupt zu erklären. Er sagt: »Eine der charakteristischen Leistungen der Materie, ob Pflanze, Tier oder Mensch, ist die Fähigkeit, auf Berührung zu reagieren. Die normale erste Reaktion eines Organismus besteht darin, sich gegen jedes Objekt zu drängen, mit dem es in Berührung kommt. Einzellige Lebewesen ballen sich zusammen. Mehrzellige Lebewesen drängen sich in die Ecke, schmiegen sich spontan an andere Körper an ... Reagiert das Tier mit Gegendruck auf das Objekt, so kann sich daraus eine Kette physiologischer Erscheinungen entwickeln. Wenn der taktile

Reiz rhythmisch wird oder ein stetiger Druck anhält, kann sich der Reaktionsgrad erhöhen und neuromuskuläre Spannungen erzeugen, die als Sexualreaktionen kenntlich sind.«

In der Sexualität spielt die Komponente der Prägung eine ganz besondere Rolle. Das heißt: Unsere sexuellen Vorlieben und Abneigungen werden bereits in der Kindheit und Jugend festgelegt. Das läßt sich ganz eindeutig bei Tieren beobachten. So haben viele Jungvögel die Tendenz, dem ersten fliegenden Gegenstand, der ihnen vor die Augen kommt, zu folgen. Diese äußerst starre Art des Lernens wird Prägung genannt. Auch bei den Jungen höherer Tierarten, Primaten inbegriffen, zeigen sich diese Prägungsmerkmale. Menschenbabys halten hartnäckig an einem bestimmten Spielzeug fest, an einer Decke, einem Tuch, von dem ihr Wohlbefinden, ihre Sicherheit abhängt. Kinder akzeptieren nur dann einen Ersatz, wenn die Ähnlichkeit mit dem Original keinen Unterschied mehr erkennen läßt. Diese Art des Lernens vollzieht sich in verschiedenen Zeitabschnitten, während der kritischen Entwicklungsphasen, und kann danach kaum mehr durch Belohnung oder Bestrafung korrigiert werden. Auch die Aneignung der Sprache, der Eßgewohnheiten, musikalischer oder anderer Vorlieben scheint in einige dieser Prägungscharakteristiken einbezogen zu sein. Selbst sexuelle Eigenarten gehen auf diesen Prozeß zurück. Der Anthropologe Paul Gebhard führt dazu das Beispiel eines Mannes an, der während der Pubertät eine kindliche Balgerei mit einem Mädchen hatte, das größer und stärker war als er selbst. Während er sich unter ihr wand, wurde er zum ersten Mal in seinem Leben erregt und hatte einen

Orgasmus. Dieser Vorfall bestimmte sein zukünftiges sexuelles Verhalten. Er fühlte sich nur von großen, muskulösen Frauen angezogen, und bei sexuellen Kontakten versuchte er stets, Balgereien zu inszenieren.

Psychiater stimmen zunehmend darin überein, daß viele sexuelle Abartigkeiten wie Fetischismus, Exhibitionismus, Voyeurtum, Masochismus und Transvestismus durch Prägung mitbestimmt werden; daß einige Menschen in einer kritischen Phase ihrer sexuellen Entwicklung homosexuell, andere heterosexuell geprägt werden. Das würde auch erklären, warum Erwachsene, die diese frühe Prägung sicher überstanden haben, zu einer abweichenden sexuellen Erfahrung gezwungen oder verführt werden können, ohne davon abhängig zu werden. Das heißt: Ein gelegentlicher homosexueller Akt hinterläßt keine homosexuelle Prägung.

Wenn abnorme sexuelle Vorlieben durch Prägung entstehen können, dürfte es bei den üblichen, sogenannten normalen, um so leichter sein. Der neuseeländische Sexualforscher John Money glaubt, daß die sexuelle Identität zwischen dem ersten und vierten Lebensjahr geprägt wird; das Kind erkennt schon sehr früh unwiderruflich, ob es männlich oder weiblich ist.

Eine weitere wichtige Komponente unserer durch Prägung festgelegten erotischen und sexuellen Vorlieben kann unsere Reaktion auf Gerüche, insbesondere auf den Körpergeruch sein. Den uns angenehmen Geruch eines anderen Menschen nehmen wir nur selten bewußt wahr, selbst wenn er unsere Sympathie mitentscheidend beeinflußt. Dagegen reagieren wir auf den für uns unangenehmen Geruch eines Menschen meist ganz bewußt. Generell lösen Gerüche Assoziationen mit längst vergessenen Eindrücken während der Kindheit aus.

Prägung scheint also eine wichtige evolutionäre Grundlage der Liebe zu sein. Durch sie läßt sich die Unberechenbarkeit der Liebe erklären, vor allem aber, warum unsere »Liebesfähigkeit« auf bestimmte Menschen begrenzt ist – warum uns also der Pfeil des Eros nur in bestimmten Fällen ins Herz trifft.

»Die Sexualität kann zwei Menschen zu immer größerer Einigkeit und Gemeinsamkeit führen. Mit ihr werden alte Bündnisse bekräftigt und neue geschlossen, mit ihrer Hilfe werden vorhandene Barrieren allmählich abgebaut und zwei Menschen immer enger aneinandergebunden. Sexualität bedeutet auch Intimität und Zuneigung, das Zusammenwachsen zweier Seelen im Feuer der Leidenschaft zu einer Einheit, die vielleicht ewig währt – wenn sie nicht zerbricht unter den Hammerschlägen des Alltags. Sie kann der höchste, immer wieder erneuerte Ausdruck der Liebe sein«, stellt der amerikanische Psychiater Eric Berne zu Recht fest.

Der kanadische Psychologe John Lee von der Universität Toronto hat eine interessante Typologie der Liebe aufgestellt. Die Analyse von Fragebögen über verschiedene Aspekte von persönlichen Beziehungen läßt drei voneinander abweichende Ausdrucksformen der Liebe erkennen.

Fragen des Inhalts, wie eine Partnerschaft anfing, wie schnell es zu Intimitäten kam, ob starke Eifersucht mit im Spiel war, wie sich gelegentliche Trennungen auswirkten, die Art und Häufigkeit auftretender Streitigkeiten, Abbruch der Beziehungen und Wiederaufnahme mußten beantwortet werden. Aus den Ergebnissen typisierte Lee die primären Ausdrucksformen der Liebe und benützte dafür die Begriffe: Eros, Ludus und Storge

Eros   äußert sich in körperlicher Anziehungskraft, Sinnlichkeit, Selbstsicherheit, Bezauberung durch Schönheit, inniger Vertrautheit und Harmonie mit dem Partner
Ludus   ist die verspielte, hedonistische Liebe ohne jede Verpflichtung
Storge ist die Form der herzlichen, kameradschaftlichen und leidenschaftslosen Liebe.

Zudem wurden noch drei Untereinheiten dieser Haupttypen erkannt:

Mania   die fieberige, besitzergreifende und eifersüchtige Liebe
Pragma die praktische, realistische und ausgleichende Liebe
Agape   die selbstlose, geduldige und pflichtbewußte Liebe.

Der Abweichungsgrad zwischen jeweils zwei Ausdrucksformen (Typen) der Liebe bestimmt, inwieweit Partner zusammenpassen oder nicht. So kann es zum Beispiel zu Schwierigkeiten zwischen einem Eros- und Storge-Typ kommen.
Das Großartigste in der Entwicklung und Fortpflanzung des Lebens dürfte wohl sein, daß der Sexualtrieb nicht allein bestimmend ist, sondern eine Gefühlsskala auslöst, die weit über den Körperkontakt hinausgeht – daß aus der reinen Geschlechtsbeziehung das einzigartige Phänomen der psychischen Liebe erwachsen ist. Ihre Kraft aber schöpft die Liebe aus dem magischen Feuer der Erotik.

»Marie! Marie!« beginnt Franz Liszts glühender Liebesbrief an die Gräfin d'Agoult. »Ach lassen Sie mich diesen Namen hundert Mal, tausend Mal wiederholen, jetzt sind es drei Tage, daß er in mir lebt, mich bedrängt und in mir brennt. Ich schreibe Ihnen nicht, nein, ich bin bei Ihnen. Ich sehe Sie, ich höre Sie ... Die Ewigkeit in Ihren Armen. Himmel, Hölle, alles, alles in Ihnen und abermals in Ihnen. Ach, lassen Sie mich verrückt, wahnsinnig sein ... Die kleinliche, vernünftige, enge Wirklichkeit genügt mir nicht mehr, wir müssen unser ganzes Leben, unsere ganze Liebe, unser ganzes Unglück erleben! ... Lassen Sie mich verrückt und wahnsinnig sein, da Sie nichts, nichts für mich tun können.
An jenem Tage, an dem Sie mir sagen: Franz, wir wollen einander alles sein, werden wir weit, weit weg sein von der Welt und allein leben, lieben und sterben.«

XIV

Radar der Seele

Als der vierundzwanzigjährige Franz Liszt 1835 diesen Brief an die sechs Jahre ältere, melancholische Schönheit Marie d'Agoult schrieb, wurde er bereits in ganz Europa als »größter Klaviervirtuose aller Zeiten« gefeiert. Wo immer der schlanke, elegante Mann mit dem schmalen Kopf und dem ausdrucksvollen Profil in den Konzertsälen sein von Unruhe getriebenes Spiel darbot, lag dem »Ahasver des Klaviers« das Publikum zu Füßen. »Hysterische Frauen suchten ihm die Hand zu küssen oder einen Knopf abzureißen; man genoß seine Extravaganz«, schreibt der Musikkritiker Karl Schumann. »Im Triumph wurde er zur Kutsche getragen. Die Presse, die neue Großmacht des Industriezeitalters, heizte den Kult an, und Spötter wie Heine mokierten sich über den ›Rattenfänger‹! Neben Paganini und Johann Strauß war Liszt ein frühes Phänomen der Massenpsychologie.« – Die Parallele zur heutigen Rock- und Popszene drängt sich förmlich auf. –
Wie sich Liszts Spiel auf das Publikum ausgewirkt hat, geht aus einem Artikel hervor, der 1844 in Paris im *Corsaire* erschien: »Und er – kommt, setzt sich an den Flügel, ohne etwas zu merken, in seine Aufgabe versunken, gedankenvoll, zitternd im Fieber der Eingebung. Er fährt zerstreut mit der Hand über die Tasten, er prüft das Instrument, er liebkost es, streichelt es zuerst

sanft, um sich zu vergewissern, daß es ihn nicht mitten im Rennen im Stich lassen, nicht unter seinen Fingern zerbrechen wird; dann wird er warm, läßt sich hinreißen und tobt darauf los ohne Mitleid. Der Aufschwung ist gekommen, folge ihm, wer kann! Das hingerissene, tief aufatmende Publikum kann seine Begeisterungsrufe nicht zurückhalten, man stampft fortdauernd mit den Füßen ... flüsternd wird wieder Stille geboten; sie wird mühselig hergestellt, bis schließlich am Ende des Stücks, auf dem Höhepunkt der Leistung, alles losbricht und der Saal widerhallt vom Donner des Beifalls.«
Dann vollzog sich die Wandlung – vom »byronesken« Dandy, dem Dämon der Konzertsäle zum Abbé und Kirchenkomponisten; vom Musterschüler der brillanten Richtung zum Ahnherrn der Atonalität und Visionär neuer Klangwellen.
Über die Persönlichkeit von Franz Liszt urteilt der heute in Venedig lebende Harvard-Musikwissenschaftler Everett Helm: »Liszt wollte die Ruhe der Einsamkeit, aber er konnte ohne die Gesellschaft nicht existieren. Er wollte sich auf große Werke konzentrieren, zersplitterte sich jedoch in tausend Einzelunternehmungen. Er träumte vom einfachen Leben, konnte aber der Welt des Mammons nicht entsagen. Er pries die Schönheit der Natur, aber das ländliche Leben langweilte ihn ... Er erklärte seine scheinbare Indifferenz gegenüber öffentlicher Anerkennung, Orden und Auszeichnungen, während er die Hand danach ausstreckte. Er gab sich als Demokrat, ging aber vor dem Adel in die Knie. Der Zerrissenheit seiner Persönlichkeit, die zeit seines Lebens eine Gefahr für ihn bedeutete, konnte er in seinen letzten Jahren nicht mehr Herr werden. Die ganze Tra-

gik seines Lebens wird nun evident. Er aber spielt konsequent die Rolle weiter, die ihm von der Fürstin (Carolyne von Sayn-Wittgenstein, einer späteren Lebensgefährtin, die Marie d'Agoult ablöste) zugeteilt worden war – die Rolle des frommen, bescheidenen, seelenguten Abbé. Kein Wunder, daß er sich mit dieser Rolle identifizierte, denn er hatte mitgeholfen, sie zu entwerfen.« Liszts Werke, seine Kompositionen für Klavier, seine Messen und Orgelwerke wie seine symphonischen Dichtungen sind ein genialer, in Musik übersetzter Ausdruck von Empfindungen. Sie sind einerseits von sinnlicher Erotik, andererseits von mystischer und metaphysischer Sehnsucht geprägt, von berauschendem Glück und lastender Schwermut.

Kunst – ob Musik, Malerei, Plastik oder Literatur – vermag alle räumlichen und zeitlichen Grenzen zu sprengen. Sie kann Barrieren zwischen einzelnen Menschen oder ganzen Völkern überwinden – hierzu ein besonders schönes Beispiel: Als die Angehörigen eines völlig isoliert lebenden, feindseligen Indianerstammes im Urwald des Amazonasgebietes hingerissen dem Bolero von Ravel lauschten, den ein Forscherteam über Lautsprecher vorgespielt hatte, waren die Feindseligkeiten beendet.
Die Vorstellungswelt des Künstlers, seine subjektive Wirklichkeit, lebt in seinen Werken und läßt den Empfänger – den Zuhörer oder Betrachter – daran teilhaben und emotional oder intellektuell reagieren. Ein Kunstwerk kann so zur verbindenden oder trennenden Kraft zwischen seinem Urheber und dem Empfangenden werden. Kunstwerke können uns glücklich oder melancholisch stimmen und Widerstände in uns wek-

ken. Sie bringen uns zum Nachdenken, können neue Perspektiven eröffnen und Visionen neuer Welten in unserer Phantasie entstehen lassen. Kunst kann die Vergangenheit heraufbeschwören, die Gegenwart erhellen und die Zukunft vorwegnehmen und beeinflussen.
Über die Frage, was Kunst in letzter Konsequenz ist, scheiden sich bis heute die Geister. Wahrscheinlich ist die Deutung richtig, daß Kunst die schöpferische Gestaltung und Anordnung von Materie, Energie, Begriffen und Symbolen ist, auf die unsere Sinne reagieren. Die Reaktion auf ein bestimmtes Kunstwerk hängt aber von der Disposition des Empfangenden ab. Alles Schöpferische entsteht aus seelischen Vorgängen, die durch das komplizierte Wechselspiel zwischen Körper, Geist und Emotionen ausgelöst werden. Ein Kunstwerk ist somit Brennpunkt zwischen der persönlichen Identität des Urhebers und der des Empfängers. Die persönliche Identität jedoch ist eines der rätselhaftesten Phänomene der Seele.

In der Psychologie hat es zwischen den sogenannten Nativisten und Empiristen langwierige Meinungsverschiedenheiten über unsere Sinneswahrnehmungen gegeben. Während die Nativisten den Standpunkt vertreten, die Welt würde von unseren Sinnen so dargestellt, wie sie in Wirklichkeit ist, vertreten die Empiristen den Standpunkt, wir formten durch unsere Sinneseindrücke ein Bild der (Welt) Wirklichkeit. Die Vorstellung, daß wir Reize mehr oder weniger passiv aufnehmen, lehnen sie kategorisch ab und sprechen in diesem Zusammenhang sarkastisch von der Doktrin der unbefleckten Wahrheit, die sich nicht aufrechterhalten ließe.

Beispielhaft dafür sind eine Reihe von Untersuchungen. So veranlaßte der Harvard-Psychologe Jerome Brunner einen Spielkartenfabrikanten, einige Kartensätze mit Symbolen drucken zu lassen, deren Farben vertauscht waren; das heißt, Herzkarten waren schwarz und Pikkarten rot gedruckt. Brunner ließ seine Versuchspersonen jeweils einen kurzen Blick auf die einzelnen Spielkarten werfen. Ein ihnen gezeigtes schwarzes Herzas war von einigen als Pikas gesehen worden, vielleicht weil sie stärker farborientiert waren. Andere, deren Interesse eher Formen als Farben galt, glaubten ein Herzas gesehen zu haben. Zudem war einigen der Versuchspersonen irgend etwas Sonderbares an den Karten aufgefallen, ohne spezifizieren zu können, was es war. Ein paar hatten erstaunlicherweise sogar ein bräunliches oder violettes Farbsymbol wahrgenommen.
Einleuchtend die Erkenntnis dieser Untersuchungen: Unsere Wahrnehmung von Farben steht nur in lockerem Zusammenhang mit dem, was wir in Wirklichkeit sehen. Die Beobachtung wird von der inneren Einstellung überdeckt, beziehungsweise es findet eine Vermischung statt.
Aber die subjektive Wahrnehmung beschränkt sich nicht nur auf das Visuelle, sondern wirkt sich auch auf das aus, was wir hören oder schmecken.
Wenn ein Mensch immer dann gekitzelt wird, sobald er einen bestimmten Ton hört, wird er sicherlich behaupten, der Ton klänge anders, als wenn er nicht gekitzelt wird. Beim Geschmack dürfte es ähnlich sein: Ein bei Kerzenlicht eingenommenes Gericht schmeckt besser als das gleiche in der Kantine unter Neonbeleuchtung.
Nach dem englischen Psychologen Richard Gregory

scheint es sich bei Wahrnehmung um die Suche nach Informationen zu handeln, die in verschiedenen Situationen über Objekte und deren Verhaltensweisen gespeichert wurden. »Das auf der Netzhaut erscheinende Bild tut kaum mehr, als die relevanten gespeicherten Daten auszuwählen«, meint Gregory. »Wir können uns Wahrnehmung vorstellen als die Wahl der angemessensten gespeicherten Hypothese im Hinblick auf die gegenwärtigen sensorischen Daten.« Wenn jedoch der Verdurstende in der Wüste der Fata Morgana eines Ziehbrunnens folgt, erweist sich, daß eine scheinbare Wahrnehmung, nicht immer die vorauszusetzende, sondern gelegentlich auch die erwünschte Hypothese ist. In anderen Worten: Oft sehen wir nur, was wir sehen möchten. Beim Hören wird die Diskrepanz nach Gregory noch offensichtlicher. Wir hören, was wir erwarten, und ergehen uns in einleuchtenden Erklärungen über Bemerkungen, die teilweise in anderen Geräuschen untergehen.

Experimente mit Testpersonen zeigen dies besonders deutlich: Wenn sie mit einer Anzahl unsinniger Wortgebilde konfrontiert werden, hören, ergänzen oder raten sie daraus oft sinnvolle Worte.

Darüber hinaus gibt es allem Anschein nach Aufzeichnungen des visuell Wahrgenommenen, bei denen eine »Rückfrage« erfolgen kann, noch bevor überhaupt etwas visuell erfaßt wird. Professor John Ross von der *University of Western Australia* sagt hierzu: »Wir nehmen eine Wahrnehmenshaltung ein, um die Welt zu verstehen.«

Es fragt sich, ob nicht außer den normalen Sinneseindrücken andere Faktoren mitsprechen, wie zum Beispiel elektromagnetische Kräfte, auf die wir reagieren.

Das Universum ist ein elektromagnetisches Feld. Alle Zustände und Vorgänge im menschlichen Organismus sind bioelektrischer Natur. All unsere Funktionen werden elektrisch gesteuert. Strahlen Menschen etwa elektromagnetische Energie aus? Wäre es möglich, daß uns das positive oder negative Energiefeld eines anderen Menschen anzieht oder abstößt? Sind diese unsichtbaren Kräfte der Grund, daß wir von der Ausstrahlung eines Menschen sprechen?

Der Körper wird durch die Fülle der ständig von außen auf ihn einwirkenden oder vom Gehirn ausgelösten Reize von einem permanenten, pulsierenden Energiefeld umgeben. Dabei hat das vom Gehirn verursachte Feld die größte Intensität und den weitesten Ausstrahlungsradius. Einige Menschen sind in der Lage, dieses Energiefeld, die sogenannte Aura, zu sehen. Gemälde religiösen Inhalts stellen diese Ausstrahlung häufig als Heiligenschein oder Aura dar. Sie kann inzwischen durch elektrofotografische Spezialapparaturen sichtbar gemacht werden. Der Sowjetrusse Semjon D. Kirlian und seine Frau Valentina entwickelten die Kirlian-Kamera, mit deren Hilfe die elektromagnetischen Felder lebender Organismen beobachtet und durch Elektrofotografie festgehalten werden können. Durch die Kirlian-Kamera werden elektrische Hochfrequenzfelder mit einer Oszillation von 200 000 Funken pro Sekunde zwischen zwei Elektroden erzeugt. Sobald lebende Materie in den Bereich dieses Hochspannungsfeldes gebracht wird, entstehen Strahlungsentladungen – eine Korona aus funkelnden Punkten und Blitzen. Ein frischgepflücktes Blatt ist beispielsweise von einem Strahlenkranz umgeben, der verlöscht, wenn das Blatt welkt. In ihrer Zusammenarbeit mit der Universität

Alma Ata in der Sowjetunion konnten die Kirlians durch ihre Kamera nicht nur beweisen, daß sich die Aura, entsprechend der Gesundheits- oder Gemütsverfassung eines Organismus, in Farbe und Intensität ändert, sie stellten auch eine andere eigenartige Nebenerscheinung fest. Reißt man nämlich von einem frischen Blatt ein Stück ab, bleibt die Aura des fehlenden Stückes noch für eine gewisse Zeit phantomhaft erhalten. Erst nach dem Tod verläßt die Aura den Körper ganz.
Auch wenn wir diese elektromagnetische Ausstrahlung bei anderen Menschen im allgemeinen optisch nicht wahrnehmen, kann nicht ausgeschlossen werden, daß wir unbewußt darauf reagieren, da unser eigenes Energiefeld mit dem von anderen kollidiert. Ganz abgesehen davon müssen wir uns darüber im klaren sein, daß unser Unterbewußtsein wesentlich mehr Informationen aufnimmt, verarbeitet und speichert, als wir uns vorstellen können.

Das Unterbewußtsein läßt sich am besten durch Hypnose unter Laborbedingungen testen. Voraussetzung ist ein zwischen Versuchsperson und Hypnotiseur wirksamer, telepathieähnlicher Zustand. In einer der hier kurz erwähnten Versuchsreihen wurden die Versuchspersonen in einen mit beziehungslosen Gegenständen vollgestopften Raum geführt, in dem zusätzlich Filmprojektionen und Tonsignale abliefen.
Nachdem jede der Testpersonen dem Wirrwarr der Eindrücke eine Minute lang ausgesetzt war, mußte sie sich nach einer Pause von fünf Minuten mündlich und schriftlich dazu äußern. In allen Fällen waren die Antworten widersprüchlich und mangelhaft. Danach wur-

den dieselben Personen unter Hypnose gebeten, den Versuchsraum noch einmal in Einzelheiten zu beschreiben. Die an den Versuchen beteiligten Wissenschaftler wurden von der Genauigkeit der Schilderungen überrascht, es gab plötzlich keine Widersprüche mehr. Bis auf eine Versuchsperson konnten sich alle anderen fast an jede Einzelheit im Testlabor erinnern.

Das geradezu phänomenale Erinnerungsvermögen eines Studenten wurde durch Hypnose ans Licht gebracht. Ihm fiel eine Zeitung ein, die vier Meter von ihm entfernt an der Wand des Testraums befestigt war. Er hatte nicht nur die Schlagzeile gelesen, sondern ihm waren aus dem Leitartikel ganze Passagen im Gedächtnis geblieben.

Die Anwesenden, weder die Wissenschaftler noch die Versuchspersonen, waren in der Lage, aus dieser Entfernung den klein gedruckten Artikel im »Wachzustand« zu entziffern. Das Unterbewußtsein des Studenten schien den Wortlaut sozusagen »teleskopisch« erfaßt zu haben.

Als eigentlicher Entdecker des Unbewußten gilt Sigmund Freud. Er vertritt die Ansicht, daß die Triebe und Leidenschaften des Menschen durch das Wachbewußtsein in die Tiefen des Unbewußten »verdrängt« werden. Von dort versuchen sie dann wieder an die Oberfläche in die »gute Stube« des *Ichs* vorzudringen. Mit diesen im *Es* angesiedelten Kräften wird das *Ich* im Menschen laut Freud nicht fertig. Fehlleistungen, vor allem aber »der nächtliche Vorstoß des Verpönten und Verdrängten im Traum« sind hinlänglicher Beweis, daß sich das *Es* nicht vom *Ich* dominieren läßt. Das in die Tiefen des seelischen »Kellers« verbannte *Es* sucht stets nach neuen

Tricks, um das Wachbewußtsein des Menschen zu überlisten. Es enthüllt sich zum Beispiel in Ausrutschern, in unkontrollierten Versprechern oder durch sinnveränderndes Verschreiben, den sogenannten *Freudschen Fehlleistungen*. Wenn ein Politiker seinen Gegner während einer Debatte beschuldigt: »Da sind Dinge zum Vorschwein (statt Vorschein) gekommen...«, oder wenn, wie in einer Zeitung der dreißiger Jahre, von Setzer und Redakteur unbemerkt, abgedruckt wurde: »... eine unverbindliche Treueerklärung der SA an den Führer« (unverbindlich statt unverbrüchlich), so ist unschwer zu erkennen, daß sich hier das Unbewußte Luft gemacht hat.
Laut Freud werden Triebe, die dem *Ich* des Menschen Freude machen, unterdrückt, weil es eine Kontrollinstanz im Menschen, das sogenannte *Über-Ich,* befiehlt. Dieses im »Obergeschoß« des Menschen plazierte *Über-Ich* wird von Gewissen und moralischen Tabus bestimmt. Laut Freud ringen beide – *Über-Ich* und *Es* – um die Macht über den Menschen, wobei das *Es* meist als Sieger hervorgeht. Im Grunde bliebe der Mensch ein vom Unbewußten regiertes, trieb- und emotionsgesteuertes Wesen, behauptet Freud.
Die Entwicklung der menschlichen Persönlichkeit ist ein äußerst komplexer, von den verschiedenartigsten Faktoren abhängiger Vorgang. Von besonderer Bedeutung sind dabei unter anderem die individuellen Erbanlagen, Konstitution, stammesgeschichtliche Verhaltenstendenzen, körperliche und geistige Reifungsvorgänge, soziales Milieu und System, frühe Kindheitserlebnisse und Lernprozesse.
Der ehemalige Mitarbeiter Freuds, der Schweizer Psychologe Carl Gustav Jung, glaubte im Gegensatz zu

dem Atheisten Freud an eine »von Natur religiöse« Seele im Menschen. Aus dieser Überzeugung heraus deutet Jung das Unbewußte anders als dieser. Seine Erfahrungen als Arzt brachten ihn dazu, eine andere Auffassung des Unbewußten zu vertreten, die er das *Kollektive Unbewußte* nannte.

In diesem *Kollektiven Unbewußten* spiegeln sich die im Lauf der Entwicklung gesammelten Erfahrungen der Menschheit wider. In anderen Worten: Das allen Menschen zu allen Zeiten gemeinsame, allgemeine Unbewußte, also das *Kollektive Unbewußte,* und das der eigenen Erfahrung entstammende *Persönliche Unbewußte* stehen sich gegenüber.

Das *Kollektive Unbewußte* ist eine tiefere Schicht des Unterbewußten von unpersönlicher Natur und liegt sozusagen im zweiten Kellergeschoß des Unbewußten. Nach Jung sind im *Kollektiven Unbewußten* die sogenannten Archetypen – die Urbilder der Menschheit, die Symbole – festgehalten, in denen die Urerfahrungen des menschlichen Seelenlebens zum Ausdruck kommen. Es handelt sich dabei um urtümliche, von jeher existierende kollektive Vorstellungen beziehungsweise Bilder – darunter die Schlange, der Drachen, gute oder böse Geister, der alte weise Mann –, die immer wieder auftauchen.

Da diese Urbilder im Wachbewußtsein des modernen Menschen nicht mehr gebraucht werden, sind sie ins Unbewußte versunken. Erst im Traum kommen sie wieder an die Oberfläche.

Calvin Hall, Professor der Psychologie und Direktor des *Institute of Dream Research* in Santa Cruz, interessierte das Problem der Trauminterpretation in erster

Linie vom wissenschaftlichen Standpunkt. Die Traumtheorien der Psychoanalytiker in den vierziger Jahren ließen für ihn immer mehr zu wünschen übrig. Vor allem, weil das Fundament, auf dem sich diese Theorien aufbauen, hauptsächlich aus nichttypischem Traummaterial bestand, das Patienten diesen Psychoanalytikern geliefert hatten.

Hall wollte aber wissen, was der sogenannte normale Mensch träumt und nicht der psychisch gestörte. Er rief daher ein Forschungsprogramm ins Leben, in dem er und seine Mitarbeiter in jahrzehntelanger Arbeit das Traummaterial von Menschen aus vielen Ländern und Gesellschaftsschichten sammelten und analysierten. Aus diesem Material zog Hall die Schlußfolgerung, daß Träume im großen ganzen prosaischer Natur sind. Gebäude und Menschen tauchen auf, meistens Familienangehörige oder enge Freunde. Dreißig Prozent aller Traumtätigkeiten sind vertraute Körperbewegungen, wie zum Beispiel Gehen, Springen, Reiten. Passive Handlungen wie Sitzen, Zuschauen, Zuhören nehmen unter anderem fünfundzwanzig Prozent der Trauminhalte ein. Dabei träumen Frauen meistens passiver als Männer.

Die Hallschen Untersuchungen ergaben zudem, daß die Menschen viel mehr unangenehme Träume haben als angenehme. Und: Die schlechten Träume häufen sich noch mit zunehmendem Alter. Angstträume überwiegen in Träumen Zornträume, und Glücksgefühle sind rarer als traurige. Dagegen tauchen in fünfzig Prozent aller Träume erotische Elemente auf. Hall meint, es könnten sogar mehr sein, da er sich nicht sicher ist, ob erotische Träume häufig aus Hemmungen unterschlagen werden. Von unseren Arbeitsplätzen, dem Büro, der

Fabrik oder ähnlichem, träumen wir fast nie. Hall ist der Ansicht, daß das Fehlen solcher Träume im Grunde unsere Abneigung gegen Arbeit, Lernen und alles Geschäftliche widerspiegelt. Verständlicherweise möchten wir unsere Zeit viel lieber nach eigenem Ermessen verbringen. Zudem stammt das Gerüst unserer Träume aus der Welt unserer Gefühle, des Intimbereichs, des Persönlichen und der Konfliktstoffe.
Für Hall sind Träume nichts anderes als die natürliche Bildersprache des Schlafenden. Gedanken formen sich zu Bildern, durch die der Träumende weder vorsätzlich getäuscht noch irregeleitet werden soll.
»Ein Traum ist ein persönliches Dokument, ein Brief an sich selbst«, sagt Hall.
Er fand allerdings in keiner Weise die Freudsche Theorie bestätigt, nach der unsere ausgefallenen Sexualbedürfnisse im Traum zensiert werden und sich nur in maskierter Gestalt zeigen, damit unser zartes Gewissen keinen Schaden leidet und wir auch nicht vor Schreck aufwachen. Hall stellte ganz im Gegenteil fest, daß ein Träumender in der einen Nacht einen symbolischen Sexualtraum haben kann und in der darauffolgenden einen unmißverständlichen nichtsymbolischen. »Warum sollte das träumende Gehirn in der einen Nacht mit einer bewußten Maskerade aufwarten, nur um diese in der nächsten achtlos zu verwerfen?« fragt Hall.
Das Verhalten der Forscher Freud und Jung gegenüber männlichen und weiblichen Personen im Traum war besonders aufschlußreich. Hier zeigte sich ein deutlicher Unterschied. Der typische Mann träumt häufiger davon, mit einem Mann Differenzen zu haben, und öfter von freundlichen Beziehungen zu Frauen. Jungs Träume entsprachen hier der Norm. In den Träumen

von Freud war es umgekehrt. Er hatte öfter Auseinandersetzungen mit Frauen, und sein Verhältnis zu Männern war häufig wesentlich besser. Freud unterhielt zu einigen Männern enge Freundschaften. Er sprach von der Überwindung seiner Homosexualität und gab zu, daß er in seinen Beziehungen zu Männern zwischen Haß und Liebe schwanke. Einem Kollegen schrieb Freud einmal, daß die Zuneigung einer Gruppe couragierter und verständiger junger Männer das Kostbarste sei, was ihm die Psychoanalyse geschenkt habe.
Hall zieht den Schluß, daß Freud unter einem invertierten Ödipuskomplex gelitten habe, der seine Persönlichkeit und seine Träume prägte. Das zeige sich in seiner eigenen Aussage, der seines Biographen und in seinen Träumen. In seiner Analyse über Jung stellt Hall fest, daß es in dessen Leben nichts außer dem typisch männlichen Ödipuskomplex gegeben habe.

Inzwischen haben Wissenschaftler in der Traumforschung eine ungeheure Entdeckung gemacht, die für zwischenmenschliche Beziehungen neue Dimensionen eröffnet.

XV

Begegnung in fremden Dimensionen

Es war ein außergewöhnlicher Traum, aus dem die englische Schlafforscherin Dr. Ann Faraday eines Morgens zu erwachen glaubte. In ihrem Traum stand sie auf und ging im Schlafzimmer auf und ab. Alles war wie immer, bis auf das Fenster in einer der inneren Zimmerwände. Das machte Ann Faraday bewußt, daß sie nicht wach war, sondern träumte. Bei dieser Erkenntnis schoß ihr gleichzeitig der Gedanke durch den Kopf, daß sie ihren Patienten unter ähnlichen Umständen stets den Rat gab, ein Traumgeschehen einfach wie einen Film ablaufen zu lassen, ohne es beeinflussen zu wollen. Dem eigenen Rat folgend, ging sie zum Traumfenster und schaute hinaus. Da ihr gleichzeitig bewußt war, daß es in Wirklichkeit nicht existierte, mußte sie über sich lächeln.

Neben ihrem Schlafzimmer befand sich das ihrer Tochter. Ihr Verstand erwartete, daß sie durch das Traumfenster in diesen Raum schauen würde. Doch statt dessen beobachtete sie sich selbst in den Anblick einer mit Gänseblümchen übersäten Wiese versunken, die in der Ferne in einen Wald von Glockenblumen überging. Für einen Augenblick setzte das Orientierungsvermögen der Forscherin aus. Sie vermeinte, tatsächlich am Fenster eines jener schönen englischen Herrenhäuser zu stehen, die oft inmitten naturbelassener Grünflächen eingebettet sind. Schließlich trennte sie sich von dem zauberhaften Anblick und wandte sich um. Unverändert wie immer, lag ihr Schlafzimmer vor ihren Augen. »Ich muß schlafwandeln«, schoß es Ann Faraday durch den Kopf. Um sich ihrer Situation klar zu werden, sozusagen das Beste aus ihrer »Hellsichtigkeit« zu machen, trommelte sie mit beiden Fäusten auf ihrem Bett herum. Sie mußte wissen, ob es sich wie im Wachzustand anfühlte. Sie spürte keinen Unterschied. Gleichzeitig sah sie ihren Mann, der neben ihr im Bett lag und schlief. Sie rüttelte ihn wach, um festzustellen, ob ein menschlicher Körper auch im Traum physisch spürbar ist und fühlte, daß er warm und elastisch war. Während sie im Traum ernsthaft darüber nachzugrübeln begann, ob sie nicht vielleicht doch wach sei und ihren Mann aus dem Schlaf gerissen habe, sah sie gleichzeitig, daß sie zusammengerollt und allein im Bett lag. Es wurde ihr bewußt, daß ihr Mann bereits vor Stunden aufgestanden war. Sodann, berichtet die Schlafforscherin, sei ein Strom seltsamer Energiestöße durch ihren Körper gegangen, der in ihr das Gefühl ausgelöst habe, »high« zu sein. Es sei ein Stadium gewesen, in dem sie gespürt habe, daß ihr Körper von dieser Energie fortgetragen, auf eine innere Reise gegangen sei. Gleichzeitig wäre ihr jedoch bewußt gewesen, im Bett zu liegen und zu schlafen, da sie Hundegebell, im Keller rumorende Handwerker und entfernten Straßenlärm hörte.

Dieses bewußt wahrnehmende Träumen nennt der amerikanische Psychologe Charles Tart »high dream«. Der Schlafende erlebt im Traum, wie er sich selbst in einer anderen Welt – der Traumwelt – wahrnimmt. Im Traum registriert er die Veränderung seines Bewußtseinszustandes.

In diesem Zustand bedauerte Ann Faraday die Menschheit, der es versagt blieb, dieses einmalige Erlebnis mit ihr zu teilen. Schließlich sah sie im Traum auf die Uhr und freute sich, daß sie noch eine Viertelstunde weiterträumen konnte, bevor sie ihr Mann mit einer Tasse Kaffee wecken würde.

In diesem Moment betrat er das Schlafzimmer mit einer Tasse Kaffee in der Hand. Jetzt wachte Ann Faraday wirklich auf und wußte mit Sicherheit, daß sie alles nur geträumt hatte – sogar den Blick auf die Uhr, in dem sich ihr Wunsch widergespiegelt hatte, die ihr noch verbleibende Zeit des Träumens abzuschätzen.

Als sie ihrem Mann den Traumablauf in allen Einzelheiten berichtete, verließ dieser das Schlafzimmer, um einen Notizzettel zu holen, auf dem er sein eigenes Traumerlebnis festgehalten hatte: Etwa drei Stunden früher hatte er geträumt, seine Frau habe ihn aus dem Schlaf gerüttelt, weil er auf der falschen Bettseite lag. Dabei hatte er sich über ein Fenster in der falschen Zimmerwand gewundert. Er war darüber so sehr ins Grübeln geraten, daß er davon aufwachte. Er stand auf und hielt seinen Traum schriftlich fest.

Ann Faraday und ihr Mann teilten hier ein Traumerlebnis, in dem das Fenster die Schlüsselfunktion einnimmt. Im Traum fand zwischen beiden eine telepathische Kommunikation statt, die deutlich beweist, daß der Traum selbst ein Fenster zu paranormalen Bewußtseinsdimensionen sein kann.

Der paranormale, Zeit und Raum überschreitende Traum ist heute nicht weniger umstritten als zu Zeiten des römischen Staatsmannes Cicero, der sich gegen die Traumweissagung als puren Aberglauben verwahrte. Heutzutage interpretieren Parapsychologen Träume,

die von irgendwoher Informationen einzufangen scheinen, als Beispiele außersinnlicher Wahrnehmungen, insbesondere aber als telepathische Übermittlungen.
Parapsychologen definieren die Telepathie als die Übertragung seelischer Vorgänge von einer Person auf eine andere ohne die Vermittlung über einen unserer bekannten fünf Sinne.
Es gibt wohl kein umstritteneres Gebiet als die Parapsychologie, was nicht weiter überraschend ist, da hier Vernunft und Gefühl, Glauben und Wissen hart aufeinanderprallen. Jeder, der sich mit diesem Gebiet auseinandersetzt, muß gegen Vorurteile anderer kämpfen. Während extreme Skeptiker die Parapsychologie als »blödsinnige Pseudowissenschaft« abtun – weil sie nur den Schwindel und die Manipulation sehen wollen –, sind ihre Anhänger oft blauäugige, fanatische Gläubige. Es gibt aber auch einige rühmliche Ausnahmen, jene nämlich, die objektive und seriöse Forschungen auf diesem Gebiet anstellen. Zu dieser Kategorie gehören Wissenschaftler, die kontrollierte Experimente in der Traumtelepathie durchgeführt und ihre Ergebnisse in psychologischen, medizinischen und psychiatrischen Fachzeitschriften veröffentlicht haben. Es handelt sich dabei um spontane telepathische Träume, also um Träume, die fast alle von uns hin und wieder haben, deren wir uns aber ganz selten bewußt werden. Aus den überzeugenden Erkenntnissen dieser Experimente, auf die wir noch näher eingehen werden, können brisante Rückschlüsse gezogen werden.
1. Das Tagesgeschehen beeinflußt unser Traumleben.
2. Das Traumleben wirkt sich entscheidend auf unser Verhalten gegenüber anderen Menschen im Tagesgeschehen aus.

3. Im Wachzustand, vor allem aber im Traumzustand kommt es immer wieder – meist unbewußt – zu telepathischer Beeinflussung der Menschen untereinander.
4. Der Schlüssel zu einer paranormalen Daseinsebene liegt in unseren Träumen.

In der antiken Welt wurde die Realität paranormaler Phänomene im großen ganzen als etwas Selbstverständliches akzeptiert. Da eine enge Verknüpfung dieser Phänomene mit Glaubensbekenntnissen und magischen Praktiken bestand, war jeder Versuch einer kritischen Untersuchung tabu – die Götter waren empfindlich und wurden leicht zum bedrohlichen Feind.

Dennoch versuchten einige wenige unabhängige Denker, das Gebiet »objektiv« zu durchleuchten. Demokrit (ca. 470–380 v. Chr.) behauptete zum Beispiel in seiner Abhandlung *Über innere Vorstellungen,* daß Träume die Abbilder der Gedanken und Gefühle anderer Menschen seien, die durch die »Poren des Träumenden in seinen Körper eindringen«. Die Genauigkeit solcher Abbilder könnte durch Witterungseinflüsse und die geistige und seelische Verfassung der sie ausstrahlenden Person beeinträchtigt werden. Jemand, der sich in höchster Erregung befinde, würde bei dem Träumenden ein besonders lebhaftes Traumgeschehen auslösen.

Interessanterweise deckt sich Demokrits Auffassung der Traumtelepathie mit modernen Erkenntnissen. Denn die Forschung hat bestätigt, daß telepathische Kommunikation oft mit irgendeiner Krise der sendenden Person zusammenhängt.

In den Frühzivilisationen der Menschheit wurde den prophetischen Träumen – also Träumen, in denen zukünftige Ereignisse vorausgesehen wurden – besonderer Wert beigemessen. Erinnern wir uns doch an den Traum des Pharao von den sieben fetten und den sieben mageren Kühen, die Joseph als sieben fruchtbare Jahre, gefolgt von sieben Hungerjahren deutete. Auch der Traum der Calpurnia gehört dazu. Als dritte Frau des Caesars träumte sie in der Nacht, bevor er starb, von seiner Ermordung. Vergebens flehte sie ihn am folgenden Morgen an, nicht in den Senat zu gehen. Die großen, untergegangenen Kulturen kannten im Zusammenhang mit der Prophetie weder das Problem des freien Willens noch die freie Wahl. Da die Elemente und das Schicksal der Menschen ohnehin von der Gnade oder Ungnade der Götter abhingen, hatte es keinen Sinn, darüber nachzudenken. Die Babylonier, Ägypter, Griechen oder Römer erhielten wenigstens durch ihre Träume eine Andeutung kommender Ereignisse, eine Vorwarnung dessen, was ihnen bevorstand.

Auf einer rötlichen Granittafel, zwischen den Tatzen der großen Sphinx von Giseh eingemeißelt, ist der Menschheit ein Traum von besonderer Bedeutung erhalten geblieben. Der Traum des Thutmosis IV. (etwa 1450–1405 v.Chr.) hat einst ein ganzes Volk beeinflußt. Seit knapp dreieinhalbtausend Jahren hütet ihn die große Sphinx zwischen ihren steinernen Pranken. Und so lautet der Traum, den der Ägypter Thutmosis nach einem Spaziergang um die Mittagszeit im Schatten der Sphinx träumte: »Betrachte mich, schau mich an, du, mein Sohn Thutmosis. Ich bin dein Vater. Das Königreich soll dein sein ... die Erde in ihrer ganzen Länge und Breite dir gehören ... Fülle und Reichtum dein eigen sein. Als Lebensfrist sollen dir viele Jahre gewährt werden ... die besten aller Dinge dir gehören ... Der

Sand der Gegend, in der ich mein Leben friste, hat mich zugedeckt. Versprich mir, meinen Herzenswunsch zu erfüllen, dann werde ich dich als Sohn und Helfer anerkennen.«
Als Thutmosis Pharao von Ägypten wurde, löste er die ihm im Traum auferlegten Verpflichtungen ein. Er machte es sich zur vorrangigsten Aufgabe, den Tempel des Gottes Harmachis – die Sphinx von Giseh – durch seine Untertanen aus dem Flugsand ausgraben und erhalten zu lassen.

Heute werten Psychotherapeuten die Träume ihrer Patienten auf eine Weise aus, die der alten Technik der Traumtherapie südkalifornischer Diegueno-Indianer erstaunlich gleicht. Ein Diegueno mit sexuellen Problemen sucht seinen Schamanen, den Medizinmann, auf. Dieser ermuntert seinen Patienten, mit ihm über seine Träume und sein Sexualleben zu sprechen – wie es tatsächlich verläuft und wie es seiner Vorstellung nach sein sollte. Der Schamane eröffnet seine Behandlung mit der Behauptung, es habe keinen Sinn, ihm etwas zu verschweigen, da er ohnehin alle Träume seines Patienten kenne. Manchmal wendet der Schamane eine leichte Hypnose an, um den Kranken zu helfen, ungehemmt zu sprechen. Danach unterhält sich der Medizinmann mit seinem Patienten über dessen Phantasievorstellungen und Sexualleben, läßt ihn zur Ader und verschreibt ihm eine bestimmte Diät. Einem Junggesellen empfiehlt er zu heiraten, damit er seine Phantasiewünsche durch echte Erlebnisse ersetzen kann.
Der Schamane hat innerhalb seines Stammes nicht nur die Aufgaben des Medizinmannes – des Arztes – zu erfüllen, sondern ist als Zauberpriester auch der Mittler

zwischen den Geistern, den Seelen der Verstorbenen und seinen Stammesbrüdern. Er versetzt sich durch bestimmte Ekstasetechniken in körperliche Starre, um seine Seele im Traum vom Körper lösen und auf die Reise schicken zu können. Im Traum vollzieht er den Kontakt mit den Seelen der Ahnen, den Geistern und Göttern.
Der Primitive ließ sich durch zwei Phänomene verwirren: zum einen durch den Gegensatz von Leben und Tod, zum anderen durch die in Träumen und Visionen auftauchenden menschlichen Wesen. Daraus schloß er, daß jeder Mensch neben seinem wirklichen Dasein auch ein Phantomleben führt, das sich in einem von seinem Körper getrennten Wesen darstellt. Dann vollzog sich in der Gedankenwelt des primitiven Menschen die Vereinigung beider Daseinsformen – der realen und irrealen – zu einem Wesen. Es konnte den Menschen im Wachen als Vision und im Schlaf als Traum heimsuchen und war sein gespenstisches, vom Körper getrenntes Ebenbild. Das löste beim primitiven Menschen die Vorstellung des Weiterlebens nach dem Tode aus.
Die Gedankenfolge Traum, Tod und Fortbestehen nach dem Tod ist auch Grundlage des Schamanismus. Er begann in der Frühzeit der Menschheit und ist im Grunde der Ursprung aller Mythologien und Religionen.
Der Schamanismus bereitet das Bewußtsein des einzelnen gezielt darauf vor, die Einflüsse nicht faßbarer Kräfte als selbstverständlich hinzunehmen. Darum ist wohl auch auf einer Schamanentrommel die kosmische Reise eines Menschen durch die Mitte der drei Welten symbolisch dargestellt. Durch das Erklingen des »Urtons« aus der Trommel ordnet sich das All, und die Ekstase vollzieht sich. Die Traumreise kann nun bewußt wiedererlebt werden.

Der australische Ureinwohner sieht in der Schöpfung »die ewige Traumzeit«, mit der die irdische Geschichte unlösbar verbunden ist. Die Welt ist der Traum eines erwachten Träumenden. Ein Traum, in dem die Ebenen der Wirklichkeit verschmelzen. Im Schamanismus wird immer wieder das Bemühen deutlich, den Zyklus von Leben, Tod und Wiedergeburt mit Hilfe des Traumes zu bewältigen. Als »neu geschmiedeter Mensch« glaubt der Schamane, die materiellen Grenzen des Daseins zu überwinden – die physikalischen Grenzen aufzuheben und in die Struktur des Universums einzugreifen. Und durch den Traum ist diese Möglichkeit ja auch tatsächlich gegeben.

In vieler Hinsicht ist mit Träumen eine besondere Art des Erlebens verbunden. Sie vollziehen sich »unter Ausschluß der Öffentlichkeit«, der Mensch kennt hier keine Hemmungen, denn in dieser, über die Sinne hinausgehenden Welt existieren weder Verpflichtungen noch Tabus. Träume kündigen sich nicht an, sie sind unbeabsichtigt, meist unbeeinflußt durch den Willen und lassen sich nur in Ausnahmefällen steuern.
Im Traum erleben wir eine uns selbstverständliche Wirklichkeit – ob wir unserer eigenen Beerdigung beiwohnen, oder ob wir in einen Abgrund stürzen und unverletzt weitergehen. Im Traum ist alles möglich, wir können schweben, fliegen, können Dinge tun, die uns im Wachen versagt bleiben. In Träumen kommt es zu Begegnungen an Orten, die wir im Leben nie gesehen haben, und mit völlig fremden Menschen. Im Traum lebt der Schläfer in einer anderen Dimension, in einer anderen Wirklichkeit, wenn auch die Empfindungen seines Traumlebens denen seines Wachzustandes in ei-

ner gleichen Situation entsprechen. Doch selbst »unrealistische« Träume vermitteln durch ihren glaubwürdigen Charakter den Eindruck einer hintergründigen, im Wachzustand nicht verständlichen Wahrheit.
Träume sind ein Universalphänomen. Wie wir heute wissen, träumt jeder Mensch jede Nacht. Wir verbringen ein Drittel unseres Lebens im Traum. Da die Traumzeit unseres irdischen Daseins unglaublichen Einfluß auf unsere Psyche und damit auf unser Handeln hat, müssen wir näher auf die moderne, faszinierende Traumforschung eingehen.
Im Jahr 1953 trat in der Traumforschung der Wendepunkt ein. Damals befaßte sich Professor Nathaniel Kleitman im *Department of Psychology* an der Universität Chicago mit Untersuchungen des Schlafes von Kleinstkindern. Dabei entdeckte einer seiner Mitarbeiter, daß sich die Augäpfel eines schlafenden Babys unter den geschlossenen Lidern schnell und ruckhaft bewegten.
Aufgrund dieser Entdeckung wurden nun auch Erwachsene in die Schlafuntersuchungen einbezogen. Die Wissenschaftler stellten bei den Versuchspersonen fest, daß sich auch ihre Augen unter den geschlossenen Lidern von Zeit zu Zeit ruckhaft bewegten. Um die mühsamen und zeitraubenden Experimente zu erleichtern, kamen Kleitman und seine Mitarbeiter auf die Idee, die Schläfer durch den Elektroenzephalographen zu überwachen. Kleine, am Kopf der Versuchsperson angebrachte Metallplättchen – Elektroden – leiten die elektrischen Impulse des Gehirns in die EEG-Anlage, wo sie, millionenfach verstärkt, durch einen Schreiber auf einer Papierrolle sichtbar gemacht werden. Mit den elektrischen Impulsen der Augen verhält es sich ähnlich.

Sobald sich die Augäpfel im Schlaf bewegen, werden diese Impulse durch die um die geschlossenen Lider angebrachten Elektroden über das EEG-Gerät auf den Schreiber übertragen. Ein Elektro-Okulogramm entsteht.

In zahllosen Nächten überwachten Kleitman und seine Mitarbeiter erstmals den Schlafzustand systematisch. Gespannt verfolgten die Wissenschaftler im gespenstischen Licht der Kontrolleuchten die automatischen Zackenlinien der EEG- und EOG-Stifte auf den Papierrollen.

Vier grundverschiedene Gehirnstromwellen wurden aufgezeichnet. Umfangreiche Untersuchungen machten deutlich, daß der Mensch vier verschiedene Tiefen des Schlafstadiums durchmacht.

Beim Einschlafen, wenn der Alpharhythmus schwindet, rollen unsere Augen langsam, bis sie nach ein paar Minuten stillstehen. Während des Hinübergleitens in den Frühschlaf lösen oft bizarre Bildfetzen das Wachstadium ab.

Im Schlaflaboratorium wird das Hinüberdämmern in das erste Schlafstadium durch kleine, enge und unregelmäßige Kurven der EEG- und EOG-Schreiber dargestellt.

Ein plötzliches Geräusch kann dieses erste Schlafstadium noch leicht unterbrechen, und meistens würden wir sogar behaupten, überhaupt noch nicht geschlafen zu haben. Ohne Störung versinken wir dagegen schnell in das zweite Schlafstadium. Das Elektroenzephalogramm verzeichnet schnelle Ausschläge, die sogenannten Schlafspindeln, während das Elektro-Okulogramm gleichzeitig die langsamen Bewegungen der Augäpfel unter den geschlossenen Lidern durch leichte Kurven veranschaulicht. Sobald sich die Schlafspindeln des EEG in unregelmäßige, kleine – unterbrochen durch große langsame – Wellen verändert, setzt Schlafstadium drei ein.

Blutdruck und Körpertemperatur sinken dabei, der Herzschlag verlangsamt sich, und die Atmung wird tief und regelmäßig. Unserer Umwelt nicht mehr bewußt, erreichen wir das vierte Schlafstadium. Die sogenannten Deltawellen – große, gleichmäßige Wellen – sind dafür charakteristisch. Etwa 90 Minuten nach dem Einschlafen geraten wir wieder ins dritte Stadium und danach ins zweite des Leichtschlafes.

Kleitman und sein Team wurden damals durch die Tatsache überrascht, daß sich die langsamen Augenbewegungen ihrer Versuchspersonen unerwartet wieder in schnelle, ruckhafte verwandelten, sobald diese vom zweiten wieder ins erste Schlafstadium hinüberwechselten.

In dieser sogenannten REM-Phase (rapid eye movements – schnelle Augenbewegungen) wandern die Augen synchron hin und her, als beobachteten sie ein Tennisspiel. Zudem signalisiert das EEG während dieser Phase eine überaus lebhafte Gehirntätigkeit. Blutdruck und Sauerstoffverbrauch erhöhen sich, damit verbunden ist starkes Herzklopfen und bei Männern Erektionen. Kleitman schloß daraus auf starke Emotionen der Schläfer während der REM-Phase.

Diese Phase der schnellen Augenbewegungen ist ein sogenanntes paradoxes Schlafstadium, in dem wir der Welt völlig entrückt sind. Denn es ist weitaus schwerer, uns daraus zu wecken als aus dem vierten Stadium, dem Tiefschlaf.

Während Schläfer sich unmittelbar vor und nach der

REM-Phase unruhig bewegen, verhalten sie sich in ihrem Verlauf – trotz erhöhten Blutdrucks und reger Gehirntätigkeit – absolut reglos. Die Augen wandern schnell hin und her, aber die Muskulatur ist vollkommen schlaff.

Die Schlafforscherin Ann Faraday vergleicht diesen Zustand der Schlafenden mit dem von Zuschauern im Theater: »Vor Beginn der Vorstellung rutschen sie unruhig auf ihren Sitzen herum und scharren mit den Füßen. Sobald aber die Lichter verlöschen und der Vorhang sich hebt, werden sie ruhig und konzentriert.« Sie werden vom Spielablauf gefangengenommen und verfolgen ihn mit den Augen. Sie atmen schneller und bekommen Herzklopfen. Sie sitzen vertieft da und schauen wortlos zu. Sobald der Vorhang fällt, strecken und bewegen sie sich und nehmen ihre anfängliche Körperhaltung wieder ein.

Verständlicherweise stellte sich Kleitman damals die Frage, ob nicht die schnellen Augenbewegungen in der REM-Phase das Traumgeschehen beobachten. Diese Überlegung löste den großen Durchbruch in der Traumforschung aus. Versuchspersonen wurden Nacht für Nacht während der REM-Phasen – und ebenfalls in den Nicht-REM-Phasen – durch schrilles Klingeln aus dem Schlaf gerissen und gefragt, ob sie geträumt hätten. Fast immer wurde die Frage schlaftrunken bejaht.

Im Verlauf einer Schlafperiode wiederholt sich die REM-Phase bis zu fünfmal. Das heißt, ein Viertel unseres nächtlichen Schlafs besteht aus diesen Traumstadien. Wenn alle REM-Träume eines Menschen während seines ganzen Lebens gefilmt werden könnten, würde es fünf Jahre dauern, um diesen Film abzuspielen.

Schlafende, die aus Nicht-REM-Phasen geweckt wurden, verneinten die Frage, ob sie geträumt hätten. Daraus folgerten Schlafforscher irrtümlich, daß die Nicht-REM-Phasen als traumlose Schlafstadien betrachtet werden müßten.

Meistens bleiben uns Träume als bildliches Geschehen in Erinnerung, an dem wir persönlich und als Zuschauer beteiligt sind. Sobald wir den Traum allerdings als eine Folge von Emotionen, Gedanken, Bildern oder einer Mischung daraus definieren, ändern sich die Ereignisse des Traumgeschehens in der Nicht-REM-Phase erheblich.

Da von den über zehntausend an den Kleitmanschen Experimenten beteiligten Versuchspersonen, die aus REM-Phasen geweckt wurden, achtzig Prozent die Frage bejahten, ob sie geträumt hätten, aber nur sieben Prozent derjenigen aus Nicht-REM-Phasen – wurde lange Zeit nur die REM-Phase als Traumphase betrachtet.

Später machte Dr. David Foulkes von der Universität Wyoming ähnliche Versuche und kam durch eine veränderte Frageformulierung zu völlig anderen Ergebnissen.

Seine aus den Phasen eins, zwei und vier geweckten Versuchspersonen wurden nicht mehr gefragt, ob sie etwas geträumt hätten, sondern vielmehr, ob ihnen etwas durch den Kopf gegangen sei. Diese Frage wurde plötzlich von 75 Prozent der Beteiligten bejaht. Es war ihnen »tatsächlich etwas durch den Kopf gegangen«, wenn auch nicht so bildhaft und dramatisch wie in den REM-Phasen. Bei Versuchspersonen, die in REM-Phasen geweckt wurden, erhöhte sich die Anzahl durch die neue Fragestellung sogar auf 87 Prozent.

Ann Faraday bevorzugt die Bezeichnung REM- und Nicht-REM-Träume, um zwischen diesen beiden Aktivitäten während des Schlafs zu unterscheiden. Der Nicht-REM-Traum sei oft genug traumähnlich, meinte Ann Faraday, um damit die unsinnige Ansicht zu widerlegen, es handele sich dabei um reines Denken und nicht um Träumen. Dennoch sei der Inhalt beider so unterschiedlich, daß zwischen dem REM- und Nicht-REM-Traum differenziert werden muß.

Bezeichnend ist, daß die meisten aus REM- und Nicht-REM-Träumen geweckten Versuchspersonen sich daran erinnern konnten, geträumt zu haben. Ließ man sie jedoch durchschlafen, ohne sie aufzuwecken, behaupteten sie am Morgen, nicht geträumt zu haben.

In modernen Schlaflaboratorien wertet heute der Computer die Untersuchungsergebnisse aus. Er nimmt kleinste Frequenzschwankungen wahr und macht diese durch Spektralanalysen sichtbar. Unsere derzeitige Meßtechnik ist so weit fortgeschritten, daß die Farbe, die eine träumende Versuchsperson gerade sieht, bis auf kleinste Schattierungen registriert werden kann. Diese Möglichkeit ist durch die umgehende Reaktion unseres Gehirns auf alle auch noch so flüchtigen Sinnesreize, auch wenn sie nur eingebildet sind – wie Lichtveränderungen, Geräusche, Gerüche oder Berührungen –, gegeben. Der Elektroenzephalograph registriert umgehend die winzigsten Spuren unserer Gehirnreaktionen.

Das moderne Schlaflaboratorium hat also sozusagen als Seismograph der Seele die Möglichkeit, in das rätselhafte Dunkel unseres Daseins – Schlaf und Traum – hineinzuleuchten.

Das Traumstadium ist der natürliche Schauplatz für das Spiel kreativer Kräfte. In Träumen fügen sich Informationen auf einzigartige Weise zusammen. Im Traum entstehen neue Modelle und Beziehungen, die einem aufnahmefähigen, beobachtenden Verstand manchmal als Inspiration und Hinweis dienen können. So hatte beispielsweise der Physiker Niels Bohr während seiner Studentenzeit einen außergewöhnlichen Traum, in dem er sich auf einer lodernden Sonne sitzen sah. Planeten, die durch dünne Fäden mit dieser Sonne verbunden waren, zischten an ihm vorbei. Plötzlich erkaltete die Sonne, das Gas erstarrte zu einer festen Masse und die Sterne zerbröckelten. Als Bohr erwachte, erkannte er, daß ihm der Traum das Atommodell »gezeigt« hatte. Die Sonne stellte den festen Mittelpunkt dar, den Atomkern, um den die durch Energiefelder oder Quanten gehaltenen Elektronen kreisen. Für das Fundament der modernen Atomphysik ist also gewissermaßen ein Traum verantwortlich.

Der amerikanische Mechaniker und Erfinder Elias Howe begründete einen ganzen Industriezweig durch einen Traum. Seine Unfähigkeit, die Nähmaschine zu vollenden, ließ seinen Verstand auch im Schlaf nicht los. Er träumte, Wilde hätten ihn gefangen und vor ein Stammesgericht geschleppt. Der Häuptling stellte ihm das Ultimatum, entweder die Nähmaschine innerhalb von 24 Stunden fertigzustellen oder durch die Speere seiner Krieger zu sterben. Auch im Traum konnte Howe die ihm gestellte Aufgabe nicht erfüllen. Er sah, wie sich die Wilden näherten, um das Todesurteil zu vollstrecken. Die geschleuderten Speere stiegen aufwärts und senkten sich auf ihn herab. Howe vergaß seine Angst, als er wahrnahm, daß alle Speere etwas oberhalb der Spitze »augenförmige« Schlitze hatten. Er erwachte und begriff, daß das Öhr seiner Nähmaschinennadel nicht an das obere Ende oder in die Mitte der Nadel gehört, sondern oberhalb der Nadelspitze sein muß. Er rannte in seine Werkstatt und stellte eine solche Nadel her. Er löste sein Problem und rief 1845 einen neuen Industriezweig ins Leben.

Es gibt fast auf allen menschlichen Wissensgebieten Beispiele dieser Art, ob in Kunst, Wissenschaft, Literatur, Musik, Medizin oder gar in der Philosophie. So verbrachte zum Beispiel der große Philosoph und Mathematiker René Descartes während seiner Militärzeit einen Winterurlaub im Hotel. Das Leben in der Armee machte ihn unzufrieden und zornig. In seinem Gehirn lösten zusammenhanglose, gegensätzliche Ideen einander ab. Eines Nachts hatte er einen Traum, in dem sich alle, vorher widerstreitenden Gedanken plötzlich harmonisch vereinten. Auf diese Weise gewann er Erkenntnisse, die, bedingt durch seine an der Mathematik orientierten Zweifelsbetrachtungen, große Wirkung auf die gesamte Philosophie der Neuzeit hatten. Immer wieder verarbeitet und akzeptiert ein schöpferischer Geist bewußt seine Träume und die kreativen Elemente seiner inneren Erfahrung. So auch August Kekulé-von Stradonitz (1829–1896), der Pionier der chemischen Großindustrie. Durch seine Entdeckung der Ringstruktur des Benzols und der Vierwertigkeit des Kohlenstoffs wurde er zum bedeutendsten Förderer der theoretischen Grundlage der organischen Chemie. Wie es zu seiner Entdeckung kam, erzählte er seinen faszinierten Zuhörern im Sommer 1890 in Berlin während der Feier der Deutschen Chemie-Gesellschaft zum 25jährigen Jubiläum seiner Benzoltheorie:

»In einem Sessel vor dem Kamin versank ich in Halbschlaf. Die Atome gaukelten vor meinen Augen. Mein durch wiederholte Träume ähnlicher Art geschärfter Geist unterschied größere Gebilde verschiedenartiger Gestalt. Lange Reihen, die sich dahinschlängelten und drehten. Plötzlich biß sich eine Schlange in den eigenen Schwanz, und das Gebilde wirbelte höhnisch vor meinen Augen. Wie vom Blitz getroffen erwachte ich und verbrachte den Rest der Nacht damit, die Theorie auszuarbeiten. – Lernen wir träumen, meine Herren, dann finden wir vielleicht die Wahrheit«, schloß Kekulé seine Ansprache.
Wir alle sollten träumen lernen – aber vor allem mehr über unsere Träume lernen.
Was sind Träume eigentlich?
Es sind meistens die in unserer Erinnerung haftengebliebenen fragmentarischen Reste jener Eindrücke, die den Schlafzyklus während der regelmäßig wiederkehrenden REM-Phase charakterisieren. Inhalt der Träume sowie die Fähigkeit, sich im Wachzustand daran zu erinnern, unterscheiden sich von Mensch zu Mensch. Sie variieren aber auch beim gleichen Menschen von Tag zu Tag beziehungsweise von Nacht zu Nacht. Kulturen, die Träumen einen größeren Wert beimessen als wir, haben auch mehr Übung, also besser entwickelte Fähigkeiten, sich im Wachen an das Traumgeschehen zu erinnern.
Ein Traum kurz vor dem Erwachen bleibt am ehesten im Gedächtnis. Aber oft genug versuchen wir einen Traum »festzuhalten«, der längst versunken ist.
Träume haben unter anderem drei Eigenschaften, die besonders für die Psychotherapie von Bedeutung sind:

a) Träume beschäftigen sich mit offenen emotionalen Problemen, die in der Psychiatrie als ungelöste Konfliktgebiete gelten. Ein im Tagesablauf kaum beachtetes, zufälliges Ereignis kann später zum besonderen Konfliktstoff werden. Als Zeitzünder löst es im Schlaf den Hauptinhalt eines Traumerlebens aus. Der auslösende Vorfall kann im Traum oft identifiziert werden und wird »Tagesrückstand« genannt.
b) In Verbindung mit dem in sein Bewußtsein eingedrungenen Konfliktstoff wird der Träumende aktiv. Im Rückblick auf sein bisheriges Leben sucht er die Vergangenheit nach Vorfällen ab, die irgendeine Beziehung zu dem ihn belastenden Konflikt haben könnten. In den Traum verwobene, längst vergessene Vorfälle aus seiner Kindheit könnten möglicherweise den Ursprung seiner gegenwärtigen Unruhe beleuchten. Es ist, als stelle sich der Träumende im Halbschlaf die Frage, was mit ihm los sein könnte. Die Antwort darauf ist das durch den »Tagesrückstand« eingedrungene, quälende Unruhegefühl.
c) Sobald der Träumende den eigentlichen Vorfall und dessen Verkettung mit bestimmten Aspekten seiner Vergangenheit gefühlsmäßig identifiziert hat, wird die volle Bedeutung des ihn beunruhigenden Vorfalls und seine Fähigkeit, damit fertig zu werden, im Traum erforscht. Hier vollzieht sich dann ein Prozeß, der entweder zu einer Entscheidung der durch den Konflikt mobilisierten Gefühle führt, oder bei deren Versagen oft das Erwachen auslöst.

Der Traum beginnt mit der Hintergrundszene und drückt die Stimmung, den Gefühlsaspekt oder die durch den »Tagesrückstand« ausgelösten Ideen aus. Im mittleren Teil des Traums wird das nun projizierte, durch Vergangenheit und Gegenwart angereicherte Thema weiterentwickelt und mit Erfahrungen und Gefühlsebenen verkettet. Die Endphase des Traums führt schließlich zur Auflösung. Wenn sie erfolgreich ist, wird der Schlafzyklus fortgesetzt, bei Mißerfolg wacht der Träumende auf.

Im Verlauf des Prozesses wird der Träumende in eine nach innen gerichtete emotionale »Buchführung« verwickelt, die längst fällige »Ausstände« ans Licht bringt. Hier setzt das Bemühen ein, die »Rechnung zu begleichen«. In diesem Zusammenhang werden alle Einzelheiten genauestens aufgespürt. Wenn die Unstimmigkeiten zu groß sind, um im Traum geklärt werden zu können, wird das erwachende Gehirn des Träumenden zur Beratung gezogen.

Im Wachzustand werden wir oft hin und her gerissen und reagieren meist um der Zweckmäßigkeit willen. Ein solches Verhalten wirkt sich auf die Dauer zersetzend auf unser Wertempfinden und unsere Selbstachtung aus. Eben diese gelegentlichen Kompromißbereitschaften kommen im Verlauf der Selbstüberprüfung des Träumenden an die Oberfläche. Das Ausmaß entwürdigenden Verhaltens, in das wir tagsüber verwickelt werden, spiegelt genau das Ausmaß wider, in dem wir in unseren Träumen verwundbar sind.

Entscheidend ist, daß der Traum im Zusammenhang mit der Verarbeitung von Tagesrückständen und deren Vergleichsanalyse mit gespeicherten Daten der Vergangenheit die Psyche gleichzeitig auf die Konfrontation mit zukünftigen, zwischenmenschlichen Geschehnissen vorbereitet. Hier vollzieht sich also ein Rückkoppelungseffekt. In anderen Worten: Das Tagesgeschehen –

Ereignisse, Erfahrungen – beeinflußt das Traumleben. Und das Traumgeschehen beeinflußt wiederum zukünftige Tagesereignisse. So wirken sich unsere Träume als unsichtbare Kraft auch auf unser Verhalten zu anderen Menschen aus.

Von allen veränderten Bewußtseinsstadien, die von Parapsychologen daraufhin untersucht wurden, ob sie auf ASW (außersinnliche Wahrnehmung) ansprechen, fanden sie Träume besonders geeignet, vor allem aber die REM-Phase. Die amerikanischen Wissenschaftler Montague Ullman, Stanley Krippner und Alan Vaughan haben im Auftrag des amerikanischen *National Institute of Mental Health* Forschungen auf dem Gebiet der Traumtelepathie durchgeführt. Bevor ein Psychoanalytiker seinem Beruf nachgehen kann, muß er sich erst selbst einmal einer Psychoanalyse unterziehen. Als sich Ullman 1947 deswegen analysieren ließ, wurde ihm erstmals bewußt, daß sich im Traum paranormale Fähigkeiten äußern können. Ullman berichtet, er habe folgendes über seinen Psychoanalytiker geträumt und diesen darüber bei der nächsten Sitzung informiert:

»Ich betrat den Warteraum und bemerkte sofort, daß die Möbel anders als sonst standen. Ich war von den lebhaften Farben beeindruckt, suchte das große Polstersofa, das fehlte, und erblickte dafür verschiedene moderne Stühle. Als ich ins Behandlungszimmer kam, entdeckte ich ebenfalls Veränderungen, die mit Mobiliar zusammenhingen. Die flache Liege mit dem Lederbezug war nicht mehr da, an ihrer Stelle stand ein anderes Möbelstück. Ich wunderte mich, warum ich mich nicht hinlegte, sondern mich beinahe sitzend zurücklehnte, meinem Analytiker ins Gesicht sah, anstatt mich abzuwenden.

In diesem Augenblick betraten einige Männer die Praxis. Sie schienen wichtig und wohlhabend zu sein ...
Während sich der Psychoanalytiker mit ihnen unterhielt, ging ich in einen anderen Teil des Zimmers und sprach mit einem Halbwüchsigen, der mit den drei Männern gekommen war.
Als wir die Sitzung nach dieser Unterbrechung fortsetzten, hatte ich in Verbindung mit dem Psychoanalytiker ein unruhiges und ärgerliches Gefühl – vielleicht, weil er sich während meiner Sitzung mit diesen Leuten beschäftigt hatte.«
Während der Sitzung wurde Ullmans Traum nicht weiter analysiert und geriet in Vergessenheit – bis zu einer späteren Sitzung, als er beim Betreten des Wartezimmers sofort feststellte, daß dort das große Sofa verschwunden war. Dafür fielen ihm kleine Stühle mit farbenfrohen Bezügen auf. Im Behandlungszimmer vermißte Ullman die gewohnte, flache Lederliege; an deren Stelle befand sich das große Sofa aus dem Wartezimmer.
Als Ullman den Psychoanalytiker darauf ansprach, erhielt er zur Antwort, die Liege würde beim Polsterer aufgearbeitet.
Etwa in der Mitte dieser Sitzung klingelte plötzlich das Telefon. Der Psychoanalytiker wurde vom Manager des Hotels, in dem er wohnte, in eine langatmige Konversation über ein größeres Appartement verwickelt, um das er gebeten hatte. Im allgemeinen beendete der Psychoanalytiker derartige Anrufe sehr schnell, doch diesmal nahm das Gespräch kein Ende, und Ullman wurde immer ärgerlicher. Er suchte in seinem Notizbuch nach der Adresse eines Hotels, dessen Mitbesitzer sein Onkel war, und gab sie dem Analytiker mit der Be-

merkung, der Onkel könne ihm in dieser Angelegenheit wahrscheinlich behilflich sein. Der wiederum fragte Ullman, ob dieser Onkel ein bekannter Industrieller sei. Aus diesem Stichwort entwickelte sich eine kurze Unterhaltung über Manager-Persönlichkeiten, in deren Verlauf der Arzt zum größten Unbehagen Ullmans in seinem Notizbuch herumblätterte. Er befürchtete nämlich, ein paar seiner Bemerkungen über parapsychologische Untersuchungen könnten mißverstanden werden.

In diesem Augenblick erinnerte sich Ullman wieder an seinen Traum, dem die veränderte Möblierung im Behandlungs- und Wartezimmer genau entsprach. Offensichtlich verkörperten die »wichtigen, wohlhabenden Männer« die Industriellen, über die sie sich gerade unterhalten hatten. Und natürlich gab es auch Ullmans eigenen, unterdrückten Ärger über den Psychoanalytiker, der sich während einer Sitzung »zu sehr mit Eindringlingen« beschäftigt hatte. Daher kam Ullman wieder auf seinen Traum zu sprechen, und die beiden diskutierten nun parapsychologische Möglichkeiten in Verbindung mit Träumen. Der Arzt erklärte, er hätte sich lange vor Ullmans Traum entschlossen, die Liege aus dem Behandlungszimmer zum Polsterer zu geben. Also könne der Traum über die Möbelumstellung als telepathische Verbindung zwischen ihm und Ullman interpretiert werden und der Teil über die störenden »wichtigen, wohlhabenden Männer« als Präkognition.

Dieses Traum-»Schlüsselerlebnis« regte Ullman in den 60er und 70er Jahren dazu an, im *Maimonides Medical Center* in Brooklyn, New York, paranormale Träume, vor allem aber die Auswirkung der Telepathie im Traum, zu erforschen.

In den von Ullman und Kollegen der *City University of New York* durchgeführten Experimenten wurden männliche und weibliche Versuchspersonen in schalldichten Räumen an ein EEG-Gerät angeschlossen, das vom Experimentator in einem weiteren Raum überwacht wurde. In einem anderen Gebäude, ebenfalls in einem schalldichten Zimmer, war der telepathische Übermittler – der Sender – untergebracht. Während der REM-Phase der »Empfänger«-Versuchsperson hatte der »Sender« die Aufgabe, sich auf ein bestimmtes Bild zu konzentrieren und dieses telepathisch an den Träumenden zu übermitteln.

Diese Bilder und Symbole entstammten einer Reihe von Kunstdrucken, die aufgrund ihrer emotionalen Intensität, lebhaften Farben und Einfachheit ausgewählt worden waren.

Nach Beendigung der REM-Phase wurde der Schlafende geweckt, über seinen Traum befragt und sein Bericht auf Tonband aufgenommen. Die nächtlichen Träume der einzelnen Versuchspersonen wurden zusammen mit den ausgewählten Kunstdrucken an drei unabhängige Sachverständige zur Begutachtung geschickt, um die Traumberichte auf Übereinstimmungen mit dem telepathisch übermittelten Bildmotiv der Kunstreproduktion zu überprüfen. Die Ergebnisse dieser Überprüfung wurden nach folgender Punktskala bewertet:

a) keine Übereinstimmung   1 bis 20 Punkte
b) etwas Übereinstimmung   21 bis 40 Punkte
c) mäßige Übereinstimmung   41 bis 60 Punkte
d) große Übereinstimmung   61 bis 80 Punkte
e) außerordentliche Übereinstimmung
    81 bis 100 Punkte

Die Erfolgsquote richtete sich verständlicherweise
1. nach Eignung des Empfängers
2. nach Eignung des Senders
3. nach den übermittelten Bildmotiven
4. nach der Anzahl der Versuchsnächte.

Bei der Kategorie »außerordentliche Übereinstimmung« wurden in einigen Fällen bis zu 65 Prozent Treffer erzielt.

Ein schlafender Empfänger, dem das Bild des japanischen Künstlers Hiroshige *Regenguß in Shono* telepathisch übermittelt wurde, auf dem ein Mann gebückt vor dem Regenschauer flüchtet, träumte: »Irgend etwas über einen kranken Orientalen ... etwas, das mit einem Brunnen zu tun hat ... mit Wassersprühen.«

Einem anderen Empfänger wurde El Grecos *Die Anbetung der Hirten* im Traum übermittelt. Sein Bericht darüber lautete: »Die Jungfrau Maria. Eine Christusstatue ... Eine alte Kirche, deren Eingangssäulen von Gras überwachsen waren. Die Mutter Gottes hielt das Jesuskind im Arm.«

Gleich das erste Experiment brachte ein interessantes Ergebnis: Der als Sender agierende Mitarbeiter Ullmans, Sol Feldstein, konzentrierte sich auf ein Bild des japanischen Malers Tamayo, auf dem zwei tückisch aussehende Hunde mit gefletschten Zähnen Fleisch fressen. Eine weibliche Versuchsperson träumte, sie hätte gemeinsam mit einer Freundin an einem Bankett teilgenommen. Diese Freundin habe eifersüchtig darüber gewacht, daß nur ja niemand mehr Fleisch erhielt als sie selbst. Die anderen Gäste hätten über die junge Frau getuschelt und sie gierig genannt.

Diese Tendenz, die Vorstellungsbilder eines Empfängers in eine andere Terminologie zu übertragen, die mit des-

sen täglichem Leben in Verbindung steht, konnte seither oft festgestellt werden, ebenso wie die Neigung, störendes oder emotional aufgeladenes Material in weniger »beunruhigende Bereiche« zu übertragen.
In einem anderen Experiment las der Sender in den Nicht-REM-Phasen in einer Zeitschrift einen illustrierten Artikel über Oben-ohne-Badeanzüge. Später berichtete einer der männlichen Schläfer, er habe einen Traum über die antiken Büsten zweier Frauen gehabt. Dieser Zwischenfall lenkte die Aufmerksamkeit auf das Problem des »Einsickerns« unbeabsichtigten Materials in die Träume der Versuchspersonen. Daraufhin wurde das Lesen während der Versuche untersagt. Bei den Experimenten in Maimonides stellte sich heraus, daß die besten Resultate erzielt wurden, wenn beide – Sender und (Traum-)Empfänger – männlichen Geschlechts waren. Die zweitbesten Ergebnisse zeigten sich bei einem weiblichen Sender und einem männlichen Empfänger, während die Resultate unbedeutend waren, wenn beide weiblich waren.
Die Wissenschaftler Ullman, Krippner und Vaughan ziehen folgenden Schluß aus ihren Versuchen:
»Unsere elementarste Erkenntnis könnte auf der wissenschaftlichen Demonstration der Freudschen Feststellung beruhen: ›... der Schlaf schafft günstige Bedingungen für Telepathie‹.«
Der außersinnlichen Wahrnehmung (ASW) aufgeschlossene Personen fühlen sich im Schlaflabor relativ entspannt. Da sie keine inneren Widerstände haben, sind sie häufig besonders aufnahmefähig für Telepathie. Das hat sich in den Versuchsreihen deutlich gezeigt. Ungeachtet des Berufs, der Herkunft, des Lebenswegs, wachgerufener paranormaler Fähigkeiten oder

auch der Kenntnis, schon früher einmal ein ASW-Erlebnis gehabt zu haben, konnte die Mehrzahl der Versuchspersonen – 56 von 80 – von Übereinstimmungen berichten, die auf Telepathie zurückzuführen sind.«

Die ersten Versuchsreihen zur Erforschung der Telepathie im Wachzustand fanden bereits in den zwanziger Jahren unter Professor Leonid Wasiliew in der Sowjetunion statt.
Wasiliew, der am Institut für Hirnforschung der Universität Leningrad Professor für Physiologie war, starb 1966. Er wies in seinen Versuchen überzeugend nach, daß telepathische Beeinflussung experimentell demonstriert werden kann; daß es des weiteren keine Möglichkeit gibt, telepathische Übermittlungen materiell abzuschirmen, wie das beispielsweise mit Radiosignalen gemacht werden kann.
Ab 1927 führte Professor Joseph Banks Rhine von der amerikanischen Duke-Universität in North Carolina systematische Versuchsreihen durch. Diese Experimente – die vorerst mit Kartensymbolen durchgeführt wurden – zeigten, daß außersinnliche Wahrnehmungen, wie Hellsehen, Telepathie und Präkognition, also die Wahrnehmung zukünftiger Ereignisse, als reales Phänomen betrachtet werden müssen, und daß in fast jedem Menschen derartige Fähigkeiten schlummern.
1937 kam es durch Zufall zu einem aufsehenerregenden telepathischen Experiment zwischen dem Polarflieger Hubert Wilkins und dem Schriftsteller Harold Sherman.
Wilkins hatte sich freiwillig für eine Suchaktion zur Verfügung gestellt, als bekannt wurde, daß der russische Polarflieger Levanewsky als vermißt galt. Sher-

man, der seine telepathischen Fähigkeiten über Jahre trainiert hatte, bot sich gleichzeitig an, während der Suchaktion mit Wilkins telepathischen Kontakt aufzunehmen. Sherman und Wilkins vereinbarten, sich dreimal in der Woche zu einer bestimmten Stunde aufeinander zu konzentrieren und darüber Aufzeichnungen zu machen. Wilkins führte Tagebuch, und Sherman übersandte seine telepathischen Eindrücke am Tag nach der geistigen Verbindungsaufnahme an den amerikanischen Psychologen Gardener Murphy in New York. Point Barrow und Aklavik am Mackenzie-Fluß waren die Ausgangspunkte für die Suchaktion von Wilkins. Von dort aus überflog er mehr als dreitausend Kilometer des Polargebiets, um den vermißten Russen zu finden. Sherman hielt sich an die verabredeten Konzentrationszeiten, während Wilkins dazu nicht immer in der Lage war. Trotzdem »erblickte« Sherman im Geist den Piloten in den unterschiedlichsten Situationen. Während er zum Beispiel Wilkins, der Planung entsprechend, auf dem Weg zu seinem Bestimmungsort vermutete, »sah« er ihn in einem Ballsaal. Später stellte sich heraus, daß Wilkins tatsächlich einer Balleinladung Folge geleistet hatte. Er war wegen ungünstiger Witterungsverhältnisse gezwungen gewesen, nach Regina in Kanada umzukehren.

Ein anderes Mal »erlebte« Sherman durch seine telepathischen Fähigkeiten mit, wie Wilkins ein Loch in das Polareis hackte, um zu fischen. Ebenso »sah« er ein Eskimo-Fellzelt abbrennen. Sherman nahm sogar wahr, daß sich Wilkins viel früher auf dem Rückweg befand als vorgesehen war, weil das Unternehmen wegen der Schlechtwetterlage früher als geplant abgebrochen werden mußte.

Die *New York Times* hatte beabsichtigt, während des Verlaufs der Expedition eine ständige Radioverbindung aufrechtzuerhalten. Aber wegen der Schlechtwetterlage kamen in fünf Monaten nur 13 Funkverbindungen gegenüber 68 guten telepathischen Kontakten zustande.

Die Bedeutung paranormaler Fähigkeiten für Geheimdienste beziehungsweise die Kriegführung ganz allgemein haben die Tschechen bereits 1925 erkannt. Denn das tschechische Kriegsministerium veröffentlichte in jenem Jahr ein Handbuch unter dem Titel: *Hellsehen, Hypnose und Magnetismus.*

Die Erforschung telepathischer Beeinflussung und indirekter Hypnose gehören im Ostblock inzwischen zur Tradition. Die Bedeutung der mentalen Einflußnahme im Interesse von Geheimdiensten liegt auf der Hand.

Ein außerordentliches Beispiel für die Möglichkeiten solcher Kräfte ist die mysteriöse Gestalt des Polen jüdischer Herkunft Wolf Gregorewitsch Messing, der die besondere Begabung hatte, Menschen geistig zu beeinflussen. Für das international gefeierte Medium Messing hatten sich bereits Einstein und Gandhi interessiert. Seine öffentliche Prophezeiung in Warschau, Hitler würde sterben, wenn er sich gegen den Osten wende, erschien in der polnischen Presse und hatte zur Folge, daß Hitler ein Kopfgeld von zweihunderttausend Reichsmark auf die Ergreifung von Messing aussetzte. Nach der Besetzung von Warschau wurde Messing aufgespürt, von der Gestapo verhört und zusammengeschlagen. Was dann geschah, war außergewöhnlich. Es gelang ihm, durch mentale Beeinflussung die Gestapo-Wachmannschaft zu bewegen, das Verhörzimmer zu verlassen und sich in einem entfernten Raum zu

versammeln. Er selbst konnte ausbrechen und in die Sowjetunion flüchten. Zunächst wurde dort erklärt, daß Wahrsager und Hexer unerwünscht seien und Telepathie nicht existiere.
Stalin, der von Messings Auftauchen in der Sowjetunion unterrichtet worden war, befahl ihm, seine Fähigkeiten unter Beweis zu stellen. Dann könne er in der Sowjetunion bleiben.
Messing wurde die Aufgabe gestellt, in die von Männern der sowjetischen Geheimen Staatspolizei (GPU) bewachte Datscha Stalins in Kunzewo ohne Erlaubnis und ohne Passierschein einzudringen. Die Männer hatten die Weisung, Messing bei seinem Auftauchen sofort zu verhaften.
Messings Vorgehen gehört zu den faszinierendsten Kapiteln telepathischer Beeinflussung, die je bekannt geworden sind. Einige Tage nach diesem Befehl arbeitete Stalin am Schreibtisch in seiner Datscha. Zu gleicher Zeit näherte sich dem Tor zum Grundstück ein schmächtiger, dunkelhaariger Mann, den Stalins Leibwächter respektvoll passieren ließen. Im Haus ging er einen Gang entlang, bis er die offene Tür von Stalins Arbeitszimmer erreichte. Dort blieb er stehen. Stalin blickte überrascht auf: Wolf Messing hatte es tatsächlich geschafft, bei ihm einzudringen.
Aber wie?
Messing erklärte Stalin, er habe den Wachen und dem Hauspersonal suggeriert, er sei Lawrenti Berija.
Tatsächlich war der berüchtigte Chef des Staatssicherheitsdienstes recht oft Gast in Stalins Landhaus, wenn er auch nicht die geringste Ähnlichkeit mit dem krausköpfigen Messing hatte. Dieser sah sich noch nicht einmal veranlaßt, sich eines persönlichen Merkmals von

Berija zu bedienen, des für ihn typischen Zwickers. Stalin war sich sofort der Tragweite dieses Phänomens bewußt. Seiner Meinung nach war es ungefährlicher, die telepathischen »Zaubertricks« von Messing zu akzeptieren, als den Mann ins Gefängnis zu werfen. Niemand konnte wissen, was er dann unternehmen würde. Messing stand von nun an unter Stalins persönlichem Schutz und konnte ungehindert in der Sowjetunion herumreisen. Es dürfte kein Zweifel bestehen, daß Stalin einen Mann mit solch ungewöhnlichen Fähigkeiten für seine Zwecke benutzte.

1966 gelang es den Sowjetrussen mit erstaunlichem Erfolg, ASW-Experimente im sogenannten »Moskau-Sibirien-Telepathietest« durchzuführen. Der Journalist Karl Nikolajew sollte vor einer Abordnung von Wissenschaftlern der sowjetischen Akademie der Wissenschaften seine Behauptung unter Beweis stellen, daß Telepathie über große Entfernungen möglich sei.
Unter strenger Beobachtung der Fachleute ging er daran, Gegenstände in einem Isolierraum zu identifizieren, die der Biophysiker Juri Kamenskij in Moskau aus einem gleichfalls isolierten Raum über dreitausend Kilometer Entfernung durch Gedankenübertragung darstellte.
Kaminskij entnahm versiegelten Päckchen nacheinander verschiedene Gegenstände, die Nikolajew aufgrund von Kaminskijs telepathischer Übermittlung bis in alle Einzelheiten beschrieb.

Viele von uns erleben hin und wieder paranormale Phänomene. Sie kommen bei einander nahestehenden Personen relativ oft zum Ausdruck: Wenn von zwei ge-

trennt lebenden Freunden der eine intensiv an den anderen denkt, geschieht es oft genug, daß dieser kurz darauf von ihm spricht. Oder: Zwei Menschen befinden sich in einem Raum. Dem einen geht eine Melodie durch den Kopf, die der andere dann pfeift. Wir denken an einen uns nahestehenden Menschen – das Telefon läutet, und er ist am Apparat.
Viele Menschen, auch einige Tiere, sind mit Fähigkeiten zur telepathischen Kommunikation ausgestattet – einerseits zum Senden und andererseits zum Empfang telepathischer Nachrichten.
Nach heutigem Erkenntnisstand darf man eine ständige, unbewußte telepathische Beeinflussung in zwischenmenschlichen Beziehungen nicht ausschließen, die unsere Sympathien und Antipathien gegenüber anderen Menschen durchaus mitentscheidend prägen können.
Parapsychologen hegen keinen Zweifel mehr daran, daß Menschen parapsychologische Phänomene auslösen können, wenn auch die dabei wirksam werdenden Mechanismen bisher ungeklärt sind. Es wird jedoch vermutet, daß irgendein tragendes Medium – eine übermittelnde Kraft – für ASW notwendig ist, damit Psi-Signale vom Empfänger aufgefangen werden können.
Zahlreiche Wissenschaftler, zu denen auch der englische Biologe Alister Hardy gehört, betrachten die Telepathie als elementares biologisches Prinzip, dem in der Evolution eine Schlüsselrolle zukommt. Ihrer Ansicht nach könnte Telepathie nicht nur den Zusammenhalt so komplizierter Gesellschaftsstrukturen wie die der Bienen oder Ameisen garantieren, sondern auch dafür verantwortlich sein, daß neue Eigenschaften, die zur

Anpassung an veränderte Umweltbedingungen entwickelt wurden, schnelle Ausbreitung finden.
Alles deutet darauf hin, daß zwischen jeder Art von belebter – ja sogar zwischen unbelebter – Materie ein Informationsaustausch stattfindet. Tiere und Pflanzen nehmen diese Informationen unbewußt – »instinktiv« – auf. Beim Menschen übernimmt das Unterbewußtsein die Verantwortung für diese außersinnlichen Wahrnehmungen. Nur in Ausnahmefällen dringen diese Informationen über eine Kette von Reaktionen ins Bewußtsein, da wir uns viel häufiger in einer Art »Halbbewußtsein« befinden, in das die vom Unterbewußtsein gefilterten Informationen tröpfchenweise entlassen werden. Wir haben ein ungutes Gefühl – eine Vorahnung –, wissen aber nicht, warum. Wir fühlen uns beobachtet und erfahren später, daß wir tatsächlich beobachtet wurden. Immer wieder entstehen so unbegreifliche Phänomene wie Intuition oder Präkognition.
Der amerikanische Mathematiker William Cox ging jahrelang den Ursachen von Eisenbahnunfällen nach. Als Nebenprodukt fielen dabei Daten über die Gesamtzahl der Reisenden in den betreffenden Zügen zum Zeitpunkt der Unfälle ab. Dieses Material verglich er mit der Anzahl der Passagiere, die vor dem Entgleisen des Zuges sieben Tage lang die gleiche Strecke mit eben diesem Zug gefahren waren. Dann überprüfte Cox zusätzlich die Anzahl der Reisenden am vierzehnten, einundzwanzigsten und achtundzwanzigsten Tag vor dem Unglück.
Ergebnis: Züge, denen Entgleisungen bevorstanden, wurden tatsächlich gemieden. In den beschädigten oder aus den Gleisen gesprungenen Wagen befanden sich

stets weniger Fahrgäste als gewöhnlich in der gleichen Tageszeit auf der gleichen Strecke. Hier zeigte sich ein derartiger Unterschied, daß der Zufall mit 1:100 ausgeschlossen werden konnte.
Wer von uns weiß schon, ob unsere Vorahnungen nicht auf einer mathematischen Wirklichkeit beruhen, und ob nicht eine Art von Kollektivwissen über die Zukunft existiert. Hängt die Kunst des Überlebens nicht zuletzt davon ab, Unglücksfälle möglichst zu verhindern oder zu meiden, indem man seinen Ahnungen mehr Beachtung schenkt? Und damit schließt sich der Kreis.

Es geschah am 28. Juni 1914 in der ungarischen Stadt Großwardein, frühmorgens gegen halb vier. Bischof Josef von Lanyi schreckte mit Herzklopfen aus tiefem Schlaf auf. Er sah sich verwirrt in seinem Schlafzimmer um, aber nichts war verändert. Also mußte er geträumt haben – so lebendig, daß er auch jetzt noch, nach dem Erwachen, alle Einzelheiten vor Augen sah. Oben auf seiner Morgenpost hatte ein an ihn gerichteter Brief gelegen, der einen Trauerrand und das schwarze Siegel mit dem Wappen des Thronfolgers der österreichisch-ungarischen Monarchie trug. Die Handschrift war Lanyi nur zu vertraut. Es war die des Erzherzogs Franz Ferdinand, dessen Sprachlehrer er gewesen war.
Beunruhigt hatte der Bischof den Brief geöffnet, dabei tauchte am Briefkopf für ein paar Sekunden ein farbenprächtiges Bild auf: Ein Auto, in dem der Erzherzog und seine Frau saßen, ihnen gegenüber zwei höhere Offiziere. Buntgekleidete Menschen säumten die Straße. Plötzlich lösten sich zwei Männer aus der Menschenmenge und schossen mehrere Male auf das Thronfolgerpaar, ohne daß jemand sie daran hindern konnte.

Zutiefst erschüttert las der Bischof dann die folgenden Zeilen:

»Euer Bischöfliche Gnaden! Lieber Dr. Lanyi!
Teile Ihnen hierdurch mit, daß ich heute mit meiner Frau in Sarajewo als Opfer eines politischen Meuchelmordes falle. Wir empfehlen uns Ihren frommen Gebeten und heiligen Meßopfern und bitten Sie, unseren armen Kindern auch weiterhin in Liebe und Treue so ergeben zu bleiben wie bisher.

Herzlichst grüßt Sie
Ihr Erzherzog Franz.«

Der Bischof zeichnete die Uhrzeit und alle Einzelheiten des Traumes auf, die ihm im Gedächtnis geblieben waren. Am Morgen ließ er seine Mutter zu sich bitten und berichtete ihr im Beisein eines Zimmermädchens als Zeugin den unheimlichen Traum. Genau zwölf Stunden später, am 28. Juni 1914, nachmittags um halb vier, wurde Lanyis Traum Wirklichkeit. Das Erzherzogpaar starb unter den Kugeln der Attentäter.

XVI

Symbiose

Am Übergang vom Mittelalter zur Neuzeit wirkte das bis auf unsere Tage größte Universalgenie der Menschheitsgeschichte, Leonardo da Vinci.

Erzogen in der Vorstellungswelt seiner katholischen Vorfahren, wurde er zum überragenden Naturforscher, Physiker, Mathematiker, Ingenieur, Techniker, Baumeister, Bildhauer und Maler. Als Künstler ebenso unbestritten wie als technisch-physikalisches Genie, machte er eine Unmenge von Erfindungen, die erst Jahrhunderte später verwirklicht werden konnten.

Daß er seinen Zeitgenossen als Sonderling erschien, ist wohl nur zu verständlich. Oft genug ärgerte er sich maßlos, allerdings auch vergebens, über die Dummheit und Unvernunft seiner Mitmenschen, wenn sie ihn auch als Maler faszinierten. Es entstanden Gemälde wie zum Beispiel *Das Abendmahl, Mona Lisa* und *Die Heilige Anna Selbdritt,* in denen einzigartig Größe und Schönheit im Menschen festgehalten sind.

Der Idealist Leonardo da Vinci war die Verkörperung einer vollkommenen Synthese von Glauben und Wissen, von Vernunft und Gefühl. In der distanzierten Kühle seiner Malerei offenbart sich das Wunder seines Wesens: die letzte und endgültige Verschmelzung zwischen dem Glauben der Vergangenheit und dem Wissen der Zukunft – zwischen Sensus und Ratio. In seinen künstlerischen Werken drückt sich beides aus. Das ergreifendste Zeugnis seines Schaffens stellt sich in den Zeichnungen *Vom Untergang der Welt* dar. Hier hat Leonardo da Vinci die Erfahrungen seines der Erforschung der Natur gewidmeten Lebens in einer einzigartigen Symbiose von rationaler, kreativer und emotionaler Vorstellungskraft zum Ausdruck gebracht: in der Versinnbildlichung der die Welt durchdringenden Urkräfte, aus denen sie entstanden ist und durch die sie dereinst zerstört wird.

Der von ihm vorgezeichnete Untergang der Welt war noch nie so sehr in Reichweite wie heute. Die Menschheit hat den Weg zum Selbstmord bereits beschritten, weil sie bisher keine Symbiose zwischen Sensus und Ratio – Natur und Technik – eingegangen ist.

Ist es nicht bezeichnend für den Menschen, die Natur unter seinen Willen zwingen zu wollen, aber keinen Gedanken daran zu verschwenden, der eigenen, bösen Triebkräfte Herr zu werden? Hier manifestiert sich, wie sehr der Mensch immer noch von seinem Reptilienhirn dominiert wird. Nicht genug, daß er seine Aggressionen an den eigenen Artgenossen ausläßt, er vernichtet zudem den eigenen Lebensraum. Der Mensch mordet den Menschen und tötet die Natur – Fauna wie Flora –, das heißt: er tötet seine Welt.

Die Ursachen für die gegenwärtigen Kalamitäten liegen offen auf der Hand:

1) Extrem divergierende Anwendung meist falscher Wertordnungen.
2) Unkontrollierter technischer Fortschritt, der durch die industrielle Revolution ausgelöst wurde.
3) Eine zügellose Bevölkerungsexplosion.

4) Falsche Vorstellungen und Einschätzungen der Natur des Menschen und der Beziehung zu seinem Lebensraum.

All diese Faktoren stehen in Wechselwirkung zueinander – beeinflussen sich gegenseitig. In anderen Worten: Die divergierenden Wertmaßstäbe wirken sich nicht nur auf die Umwelt aus, sondern verursachen Krisen, Konflikte, Kriege. Kriegsgefahren lösen prophylaktischen Rüstungswettlauf aus. Rüstungswettlauf und Bevölkerungsexplosion treiben den technischen Fortschritt an, der seinerseits die Umwelt zerstört und, durch die Enthumanisierung, Vereinsamung, Ängste und Aggressionen mit sich bringt. Die bisher zur Behebung dieser Probleme verkündeten »magischen Rezepte der Politschamanen«, vor allem in den Industriestaaten, lauten: Wachstum; Produktionssteigerung; Zersiedelung und Einbetonierung der Landschaft (was gleichbedeutend ist mit Zerstörung wertvoller Gefühlsbereiche der Menschen).

Im Zusammenhang mit einer möglichen Lösung unserer derzeitigen Probleme sagt der englische Sozialanthropologe Gregory Bateson: »Alle Ad-hoc-Maßnahmen können die tieferen Ursachen der Schwierigkeiten nicht beheben. Schlimmer noch, sie tragen gewöhnlich sogar dazu bei, diese Schwierigkeiten noch zu vergrößern ... Symptome zu erleichtern, ohne die Krankheit selbst zu behandeln, ist in der Medizin nur dann angebracht und vertretbar, wenn die Krankheit entweder mit Sicherheit zum Tode führt oder von selbst ausheilt.

Der technologische Fortschritt kann heute nicht mehr aufgehalten, vielleicht aber in gezielte Bahnen gelenkt werden, die sich auf den Menschen und seine Umwelt positiv auswirken.«

Die rapide wachsende Weltbevölkerung mit ihren derzeit knapp fünf Milliarden Menschen stellt eines der schwierigsten Probleme der Erde dar. Wenn sich die Menschen weiterhin im Übermaß vermehren, bedeutet das für ihr Überleben eine zusätzliche Gefahr. Es muß also dringend auf eine Balance zwischen dem Geburtenzuwachs und der Sterblichkeitsrate hingearbeitet werden, am besten durch Geburtenkontrolle, damit das Gleichgewicht wieder hergestellt wird.
Bisher hat jedes ökologische System als Nebeneffekt zunehmenden Ungleichgewichts seine eigenen Beschränkungen geschaffen. Der Mensch als lebender Organismus ist ja Teil eines größeren ökologischen Lebenssystems. Wenn er das Gleichgewicht der Natur durch sinnlosen Raubbau stört, »rächt« sich das gesamte System durch seine Bemühungen, das Ungleichgewicht zu korrigieren. Vergiften wir die Umwelt, werden wir als Teil dieses Systems mit vergiftet. Das Sterben der Wälder hat Klimaveränderungen zur Folge, die sich auf die Agrarwirtschaft auswirken – Hungersnöte sind das Resultat. Starker Verbrauch fossiler Brennstoffe reichert die Atmosphäre mit Kohlendioxyd an – der so gefürchtete Treibhauseffekt ist die Folge. Auch darauf reagiert die Natur mit drastischen klimatischen Veränderungen. Inzwischen ist das Ungleichgewicht bereits so weit fortgeschritten, daß wir nicht sicher sein können, ob die Natur in ihren Korrekturbestrebungen nicht den Bogen überspannt und uns »abstößt«.
In seiner frühen Entwicklungsgeschichte mußte der

Mensch zum Überleben noch in den Lauf der Natur eingreifen, um sich durchsetzen zu können. Daran heute noch festhalten zu wollen, ist ein lebensgefährlicher Anachronismus. Denn um weiter existieren zu können, muß der Mensch nun mit der Natur zusammenarbeiten, also eine Symbiose mit seinem ökologischen System vollziehen.
Seit einiger Zeit hat bei vielen Menschen eine Veränderung der Denkweise eingesetzt. Sie äußert sich in zunehmendem Umweltbewußtsein und in einer tiefen Sehnsucht nach Frieden und Sicherheit. Sie drückt sich in neuen Anfängen der Städteplanung aus, in einer lebensfreundlicheren Architektur, und offenbart sich in der nostalgischen Sehnsucht nach einer lebenswerteren Welt, in der Gefühle, Zärtlichkeit und romantische Liebe wieder gefragt sind. Sie wird Wellen schlagen, diese veränderte Denkweise, und sich ebensowenig aufhalten lassen wie der technische Fortschritt. Früher oder später – hoffentlich nicht zu spät – wird sich dieses geistige Umdenken auch in politischen Mechanismen, ökonomischen Strukturen und militärischen Maximen niederschlagen und die alten, gefährlichen Prämissen entwurzeln. Ein angemessener Weg zur Lösung dieser Probleme, welche die Menschheit bedrohen, läge in einer internationalen Zusammenarbeit und Gesetzgebung. Aber wahrscheinlich ist es ebenso sinnlos wie naiv, auf eine derartige Entwicklung zu hoffen.

Bevor aber Politiker darangehen könnten, die Menschen aus der gegenwärtigen verfahrenen Situation herauszuführen, müßten erst einmal die Probleme ausgeräumt werden, die durch menschliche Verhaltensmuster entstehen, durch Haß, Mißgunst, Eifersucht und

Vorurteile. Es sind dies die trennenden Kräfte, die in Symptomen des Klassen- und Rassenhasses sichtbar werden, natürlich auch in gestörten Eltern-Kind- beziehungsweise Vorgesetzter-Untergebener-Beziehungen.
Hierfür sind nicht zuletzt die unsichtbaren Kräfte verantwortlich, durch die unsere Sympathien und Antipathien, unsere Vorlieben und Abneigungen, bestimmt werden. Eine Seite des menschlichen Verhaltens wird grundlegend geprägt durch die Indoktrination, durch die Beeinflussung von außen. Ihr ist der Mensch zeit seines Lebens ausgesetzt: im Elternhaus und in der Ausbildung, durch Massenmedien und religiöse Institutionen gleichermaßen.
Heute besteht ohnehin die Gefahr, daß die menschliche Psyche durch die in alle Lebensbereiche vorstoßenden Computer und elektronischen Medien verkümmert. Zwischenmenschliche Beziehungen und Bindungen, die Erotik, Gefühle wie Freude und Trauer, die Phantasie und vieles andere mehr werden schablonisiert und dem Menschen von klein auf »audi-visuell vorgekaut«.
Neueste Untersuchungen zeigen auf, daß bildschirmsüchtige Kinder seelische und geistige Schäden davontragen, die dann psychotherapeutisch behandelt werden müssen. Diese Schäden manifestieren sich in Konzentrationsschwäche, in der Unfähigkeit, sich selbst zu beschäftigen, in mangelnder Kreativität und im Verlust des sprachlichen Ausdrucksvermögens – also in Abgestumpftheit.
Der Mensch als von der Elektronik abhängige Marionette, dessen zwischenmenschliche Beziehungen durch den Fetisch »Bildschirm« gestört werden, ist nicht weniger schrecklich als George Orwells Horrorvision *1984:* Eine von totalitärer Gewalt bis in die Intimbereiche des

einzelnen beobachtete, registrierte und verwaltete Menschheit.
Schon vor zweieinhalbtausend Jahren schrieb der chinesische Weise Lao-tse in seiner philosophischen Lehre vom Tao über die Reglementierung der Menschen:

Je weniger Verwaltung/
desto wohltätiger waltet der Einklang.
Je mehr Verwaltung/
desto widriger wächst die Wirrnis.
Vertrauendes Lassen löst Einstimmigkeit aus/
und Glück.
Bestimmendes Lenken-Wollen wirkt Unstimmigkeit/
und Unglück.
Wer nicht bedenkt/ was er wirkt/
verkehrt Ordnung in Unordnung/ Heil in Unheil/
Aufklärung in Blendung und Verblendung.
Anders der Weise:
Er ist gerecht/ ohne zu richten.
Er lenkt/ ohne zu regeln.
Er ist Vorbild/ ohne zu verbilden.
Er leuchtet/ ohne zu blenden.

Was die Menschenführung anbelangt, gibt es über die Worte von Lao-tse keinen Zweifel: Je härter und bürokratischer ein Volk verwaltet wird, desto unwilliger wird es. Trennende Kräfte werden hervorgerufen, die zu seiner Spaltung führen.
Je unauffälliger und verdeckter, je zurückhaltender und herzbetonter ein Volk regiert und verwaltet wird, desto friedlicher und einmütiger bleibt es.
Der Sinn von Politik und Verwaltung kann nicht darin liegen, die Menschen ausschließlich als gut funktionie-

rende Rädchen innerhalb eines Gesellschaftssystems heranzubilden. Primäres Ziel muß vielmehr sein, die geistige Entwicklung des Menschen in Bahnen zu leiten, die selbständiges Denken und Fühlen fördern. Das setzt nicht nur ein besseres Bildungsniveau voraus, sondern vor allem eine grundlegende Umstellung des Bildungswesens selbst. Lehrfächer für Gefühl und Vernunft, Ökologie, Selbsterkenntnis, Kreativität und Imagination sowie zwischenmenschliches Verhalten sollten bereits in den Grundschulen eingeführt werden. Die Bestrebungen sollten sachlich, ohne politische Indoktrinationsmotive, immer darauf abgestellt sein, eine Symbiose von Gefühl und Vernunft herzustellen.

Welche bindende Kraft existiert nun zwischen zwei so divergenten Welten wie der des Gefühls und jener der Vernunft?
Nur der Mensch, kein anderes Lebewesen, hat mit zwei derartig extrem gelagerten Kräften zu kämpfen. Und kein anderes irdisches Lebewesen hat so unter seinem Unvermögen, eine Synthese zu finden, zu leiden.
Das Gefühlsleben des Menschen hat sich schon immer einer rationalen Deutung, ja, der Welt des Rationalen überhaupt, widersetzt. Grund dafür ist allein schon, daß rationales Denken manches für falsch und widersinnig erklärt, was dem Gefühl lieb und teuer ist. Vernunftdenken greift mit seinen Geboten und Verboten Traditionen an, zerstört Althergebrachtes, ganze Vorstellungswelten und mystische Geheimnisse, oder macht sie gar lächerlich. Nichts aber erträgt der Mensch schwerer, als die Welt seiner Gefühle vor sich oder gar anderen entblößt, häufig sogar lächerlich gemacht zu sehen.

Dem sogenannten Verstandesmenschen fehlt jedes Verständnis dafür, daß einem Gefühlsmenschen – gegen besseres Wissen – »zwei mal zwei auch fünf bedeuten kann«. Hier kommt eben das Sensualdenken zwanghaft zum Durchbruch, dem sich auch der klare Denker oft genug nicht entziehen kann. Wie ließe sich sonst erklären, daß auch kühle Logiker nicht selten ihr Horoskop heimlich in den Illustrierten prüfen. Es läßt sich nun einmal nicht leugnen, daß selbst ein rational veranlagter Mensch in irgendeinem verborgenen Winkel seines Wesens irrationale, magische und mystische Vorstellungen hegt und pflegt und sich vor nichts mehr scheut, als eben diese Vorstellungen anderen zu offenbaren.
Es hat den Anschein, als bestehe eine unüberbrückbare Kluft zwischen den beiden im Menschen wirkenden Kräften – der Vorstellungs- und Erlebniswelt der Gefühle und jener der Vernunft. Da aber beide Welten in- und zueinander wirken, muß es zwischen These und Antithese bereits eine psychische und biologische Brücke geben, eine Brücke, die der Mensch zwar kennt, deren Namen zu nennen ihm jedoch erstaunlich schwerfällt: die Liebe. Sie muß die Triebfeder des Menschen und seiner Weiterentwicklung überhaupt sein – die Liebe zum anderen und zu sich selbst. Die alles verbindende Liebe.

Liebe ist eines der mißbrauchtesten und mißdeutetsten Wörter der menschlichen Sprache. Es entspricht, in seiner primitivsten Bedeutung, dem Trieb des Menschen zum anderen Geschlecht und endet in seiner höchsten Form als geistig-spirituelle Sublimation in einem kosmischen Bewußtsein. Die tragende Kraft des menschlichen Gefühlslebens ist die Liebe. Sie allein befähigt den

Menschen zum Heroismus, gibt ihm die Kraft, sich für andere einzusetzen, also aus Liebe zum Nächsten zu handeln. Dabei spielt es keine Rolle, ob sich diese Liebe in einer Nichtigkeit des täglichen Lebens äußert, oder sich als Selbstaufopferung eines einzelnen für viele ihm Unbekannte dokumentiert. Hinter einer solchen Handlung verbirgt sich stets ein Impuls, eine Kraft aus der Gefühlswelt, der als kategorischer Imperativ bezeichnet werden könnte. Viele der großen positiven Taten in der Geschichte der Menschen sind mit Sicherheit durch Liebe – Liebe zu einem anderen Menschen, zu einem Volk, einem Land ... – motiviert worden.

Während seiner langen Evolution hat sich der Mensch zunächst einmal vom Tier zum menschenähnlichen Wesen und danach vom emotionalen »Kindmenschen« zum vernunftbegabten Individuum entwickelt. Gemessen an seiner Gesamtentwicklung, verbrachte der Mensch einen verhältnismäßig langen Zeitraum in einem Stadium, das etwa dem zwischen Kindheit und Pubertät entspricht.
Erst im 20. Jahrhundert kommt es zum entscheidenden Gegensatz zwischen Glauben und Wissen. Dafür ist die totale Umgestaltung der menschlichen Sozialordnung durch die aus den Wissenschaften geborene Technik verantwortlich.
Die Kluft zwischen den Industriestaaten und den unterentwickelten Ländern wird ständig breiter: Während Wissen und Können der hochentwickelten Staaten täglich zunehmen – damit auch deren Macht und Reichtum –, während hier der Lebensstandard laufend angehoben wird, ohne daß diese Verbesserung als Fortschritt bezeichnet werden könnte, versinken die soge-

nannten Entwicklungsländer immer mehr in Armut. Aber mit jedem neuen Tag vergrößert sich auch der Gegensatz zwischen den bisherigen, fast ausnahmslos dem Gefühlsleben entstammenden Ordnungen und den neuen, der Ratio gehorchenden Systemen.
Die Vorkämpfer neuer sozialer und humaner Ordnungen stehen vor der zwingenden Erkenntnispflicht, die Menschen und ihren Lebensraum in den Mittelpunkt ihrer Entscheidungen zu stellen, das heißt, Wirtschaft und Technik den Bedürfnissen des Menschen unterzuordnen. Es ist unsinnig, die mit dem fortschreitenden Wissen unserer Zeit lebende Menschheit in Ordnungen zwingen zu wollen, die den Menschen nur noch zum gut funktionierenden, dem politischen Räderwerk angepaßten Automaten degradieren.
Diejenigen, die für das Althergebrachte kämpfen, haben den Nachteil, für ihr Festhalten an Vergangenem nur subjektive Argumente vorbringen zu können. Dagegen haben die nachdrängenden Generationen den Vorteil, jederzeit mit Beweisen für die Wirklichkeitsnähe oder Wirklichkeit ihrer Erkenntnisse aufwarten zu können.
Aber es kann nie im Interesse der Vertreter der Naturwissenschaften sein, das Gefühlsleben der Menschen mit seinem Reichtum an Phantasie und Kreativität zu diffamieren oder gar abschaffen zu wollen. Das wäre unwissenschaftlich. Nicht zuletzt beweist gerade die Naturwissenschaft heute, daß der Mensch ohne ein ausgewogenes Gefühlsleben verloren ist.
Das Wesen des Menschen kann vom Tierhaften nie ganz befreit werden, doch wird es durch das Gefühlsdenken veredelt, sublimiert und oft genug zu einer Welt von Schönheit und Empfindungsreichtum geführt.

In letzter Konsequenz geht es um die Frage der menschlichen Ordnung. Hier aber dürfen die Wissenschaften den Leitsätzen der Glaubenswelt keinesfalls weichen, da diese, in ihren Leitlinien zutiefst gespalten, aus ihrer subjektiven Vorstellungswelt heraus teilweise geradezu paradoxe Thesen entwickelt hat. Die Naturwissenschaften fordern also zu Recht, daß ihre beweisbaren Erkenntnisse bei einer Neuordnung der menschlichen Gesellschaft auf die Wirklichkeit angewandt und mit den Erfahrungswerten bisheriger Ordnungen in einer Symbiose vereint werden.

Glauben und Wissen sind zwei gleichwertige Komponenten der menschlichen Natur – weder Antagonismus, noch qualitativ unterschiedlich –, in deren Grenzbereich der Kompromiß entsteht.

Kompromiß darf allerdings nicht bedeuten, daß unsere Beurteilungen und Entscheidungen – unsere Sympathien und Antipathien – vom reinen Sensualdenken gesteuert werden. Hier sollte der Vernunft endlich ein größerer Stellenwert eingeräumt werden, da sonst die irrationalen Kräfte unserer Tiervergangenheit – unseres Reptilienhirns – die Oberhand gewinnen.

Wenn wir verhindern wollen, daß die Menschheitsgeschichte weiterhin durch selbstzerstörerische Kräfte bis hin zum Völkermord gestaltet wird, sollten wir einsehen, daß ein grundlegender Wandel einsetzen muß. Ein Wandel, der sich in jedem einzelnen von uns vollziehen muß.

Die Stunde ist da, um die trennenden Barrieren der Vorurteile, der Abneigung und des Hasses niederzureißen. Nur die verbindenden, aufbauenden Kräfte der Vernunft, der Verantwortung, vor allem aber der Liebe geben uns eine Chance zum Überleben.

Literaturverzeichnis und Quellennachweis

ALDINGTON, R.: Lawrence of Arabia, *Harmondsworth, 1971*
AMERY, C.: Natur als Politik, *Reinbek bei Hamburg, 1976*
ANDERS, G.: Die Antiquiertheit des Menschen, *München, 1980*
ARNOLD-FORSTER, M.: The World at War, *Glasgow, 1973*
AUROBINDO, S.: Die Synthese des Yoga, *Bellnhausen über Gladenbach, 1972*
AYER, A. J.: The Problem of Knowledge, *Harmondsworth, 1961*
BALINT, M.: Die Urformen der Liebe und die Technik der Psychoanalyse, *Stuttgart, 1981*
BARASH, D.: Das Flüstern in uns, *Frankfurt/M., 1981*
BARNETT, A.: The Human Species, *Harmondsworth, 1961*
BATESON, G.: Steps to an Ecology of Mind, *Frogmore, 1973*
BECKER, R. DE: The Understanding of Dreams, *London, 1968*
BELOFF, J.: New Directions in Parapsychology, *London, 1974*
BERNE, E.: Games People Play, *London, 1967*
BERNE, E.: Spielarten und Spielregeln in der Liebe, *Reinbek bei Hamburg, 1971*
BERSCHEID, E., DION, K., WALSTER, E. und WALSTER, G. W.: Physical Attractiveness and Dating Choice: A Test of the Matching Hypothesis, Journal of Experimental Social Psychology, 7, *1971*
BERSCHEID, E. und WALSTER, E.H.: Interpersonal Attraction, Reading, *Massachusetts, 1969*
BERSCHEID, E. und WALSTER, E.H.: ›Physical Attractivness‹ in L.Berkowitz (ed.) Advances in Experimental Social Psychology – *New York, 1975*
BLACKER, TH.: A Pilgrimage of Dreams, *London, 1973*
BRONOWSKI, J.: Der Aufstieg des Menschen, *Frankfurt/M., Berlin, Wien, 1976*
BROWN, J.A.C.: Freud and the Post-Freudians, *Harmondsworth, 1976*
BUTTLAR, J.v.: Schneller als das Licht, *Düsseldorf-Wien, 1972*
BUTTLAR, J.v.: Reisen in die Ewigkeit, *Düsseldorf-Wien, 1973*

BUTTLAR, J. v.: Zeitsprung, *München, 1977*
BUTTLAR, J. v.: Der Supermensch, *Luzern, 1979*
BUTTLAR, J. v.: Die Einstein-Rosen-Brücke, *München, 1982*
BYRNE, D., ERVIN, C. R. und LAMBERTH, J.: Continuity between the Experimental Study of Attraction and Real-life Computer Dating, Journal of Personality and Social Psychology, 16, *1970*
BYRNE, D.: The Attraction Paradigm, *New York, 1971*
CALIGOR, L. und MAY, R.: Dreams and Symbols, *New York–London, 1968*
CLARK, R. W.: Albert Einstein Biographie, *Esslingen, 1974*
CLORE, G. L., WIGGINS, N. H. und ITKIN, S.: Judging Attraction from Non-verbal Behavior: The Gain Phenomenon, Journal of Consulting and Clinical Psychology, 43, *1975*
COMFORT, A.: The Anxiety Makers, *London, 1968*
COXHEAD, D. und HILLER, S.: Träume, *Frankfurt/M., 1976*
DAVIES, P.: Am Ende ein neuer Anfang, *Düsseldorf/Köln, 1979*
DAWKINS, R.: Das egoistische Gen, *Berlin/Heidelberg/New York, 1978*
Die kleine Chronik der Anna Magdalena Bach, *Leipzig, 1930*
DION, K., BERSCHEID, E. und WALSTER, E.: What is Beautiful is Good, Journal of Personality and Social Psychology, *1972*
DOUGLAS, A.: Extra-Sensory Powers, *London, 1976*
DREAMS and DREAMING (Selected Readings) *Harmondsworth, 1973*
DUNNE, J. W.: An Experiment with Time, *London, 1927*
DUVALL, E. M.: Adolescent Love as a Reflection of Teenagers ›Search for Identity‹, in Lasswell, M. E. und Laswell, T. E. (eds.), Love, Marriage, Family: A Developmental Approach, *Glenview, Illinois, 1973*
ECCLES, J. C.: Das Gehirn des Menschen, *München/Zürich, 1975*
ECCLES, J. C.: Brain and Conscious Experience, *Heidelberg, 1966*
EIBL-EIBESFELDT, I.: Liebe und Haß, *München, 1970*
EICHNER, K. und HABERMEHL, W.: Der Ralf-Report, Das Sexualverhalten der Deutschen, *Hamburg, 1978*
ELLIS, H.: Psychology of Sex, *London, 1933*
FARADAY, A.: Dream Power, *London, 1973*
FARADAY, A.: The Dream Game, *Harmondsworth, 1976*
FARB, P.: Das ist der Mensch, *München, 1983*
FLUGEL, J. C.: Man, Morals and Society, *Harmondsworth, 1962*
FREEMAN, D.: Liebe ohne Aggression, *München, 1983*
FREUD, S.: Leonardo, *Harmondsworth, 1963*
FREUD, S.: Two Short Accounts of Psycho-Analysis, *Harmondsworth, 1963*

FREUD, S.: Die Traumdeutung, *Frankfurt/M., 1961*
FREUD, S.: Selbstdarstellung, *Frankfurt/M., 1971*
FREUD, S.: Totem and Taboo, *London, 1960*
FREUD, S.: Über Träume und Traumdeutung, *Frankfurt/M., 1975*
FREUND, M.: Deutschland unter dem Hakenkreuz, *München, 1982*
FROMM, E.: Es geht um den Menschen, *Stuttgart, 1981*
FROMM, E.: Die Kunst des Liebens, *Frankfurt/M., Berlin, Wien, 1980*
GALTON, F.: Inquiries into Human Faculty and its Development, *London, 1883*
GERBER, U., KROLL, I., LANGE-GARRITSEN, H., RÖMELT, S., PÖHLMANN, H.G.: Was ist der Mensch?, *Gütersloh, 1979*
GOETZ, C. und MARTENS, V. VON: Memoiren, *Stuttgart, 1977*
GOFFMAN, E.: Frame Analysis, *Harmondsworth, 1975*
GOULD, P. und WHITE, R.: Mental Maps, *Harmondsworth, 1974*
GOVINDA, LAMA ANAGARIKA: Grundlagen Tibetischer Mystik, *Zürich/Stuttgart, 1956*
GOVINDA, LAMA ANAGARIKA: Der Weg der weißen Wolken, *Zürich/Stuttgart, 1969*
GRANTHAM, A.E.: Hills of Blue, *London, 1927*
GREEN, C.: Lucid Dreams, *London, 1968*
GREEN, C.: The Decline and Fall of Science, *London, 1976*
GRIBBIN, J.: Genesis, *New York, 1981*
GRUHL, H.: Ein Planet wird geplündert, *Frankfurt/M., 1975*
HABBE, CH. (Hg.): Ausländer, *Reinbek bei Hamburg, 1983*
HALL, C.S. und NORDBY, V.J.: The Individual and his Dreams, *New York, 1972*
HART, L.: T.E. Lawrence in Arabia and After, *London, 1934*
HELM, E.: Liszt, *Reinbek bei Hamburg, 1972*
HIGHAM, CH.: Errol Flynn the Untold Story, *New York, 1980*
HITE, S.: Hite-Report – Das sexuelle Erleben der Frau, *München, 1979*
HITE, S.: Hite-Report – Das sexuelle Erleben des Mannes, *München, 1981*
HUMPHREYS, CH.: Buddhism, *Harmondsworth, 1962*
HUSTON, T.L.: Foundations of Interpersonal Attraction, *New York, 1974*
HUXLEY, A.: Brave New World, *Harmondsworth, 1955*
JOVANOVIC, U.J.: Schlaf und Traum, *Frankfurt/M., 1974*
JÜNGER, E.: An der Zeitmauer, *Stuttgart, 1959*
JUNG, C.G.: Über Grundlagen der analytischen Psychologie, *Frankfurt/M., 1981*

JUNG, C.G.: Memories, Dreams, Reflections, *London/Glasgow, 1963*

KAHN, H. und WIENER, A.J.: Ihr werdet es erleben, *Reinbek bei Hamburg, 1971*

KINSEY, A.C., POMERY, W.B. und MARTIN, C.E.: Sexual Behavior in the Human Male, *Philadelphia, 1948*

KINSEY, A.C., POMEROY, W.B., MARTIN, C.E. und GEBHARD, P.H.: Sexual Behavior in the Human Female, *Philadelphia, 1953*

KISSINGER, H.A.: Memoiren 1968–1973, *München, 1979*

KISSINGER, H.A.: Memoiren 1973–1974, *München, 1982*

KNUSSMANN, R.: Der Mann, ein Fehlgriff der Natur, *Hamburg, 1982*

KOCH, E.R. und KESSLER, W.: Am Ende ein neuer Mensch?, *Stuttgart, 1974*

KOESTLER, A.: Der Mensch, Irrläufer der Evolution, *Bern/München, 1978*

KON, J.S.: Freundschaft, *Reinbek bei Hamburg, 1979*

KRIPPNER, ST. und RUBIN, D.: Lichtbilder der Seele, *Bern/München, 1975*

LANDY, D. und SIGALL, H.: Beauty is Talent: Task Evaluation as a Function of the Performer's Physical Attractiveness, Journal of Personality and Social Psychology, 29, *1974*

LAO-TSE: TAO-TEH-KING, *Pfullingen, 1961*

LAUSCH, E.: Manipulation, *Stuttgart, 1972*

LAUSTER, P.: Die Liebe, *Düsseldorf, 1980*

LAWRENCE, A.A.: Oberst Lawrence geschildert von seinen Freunden, *Leipzig, 1938*

LAWRENCE, T.E.: Seven Pillars of Wisdom, *London, 1935*

LAWRENCE, T.E.: The Mint, *London, 1955*

LAVRAKAS, P.: Building a Better Man, Behavior Today, 6, *1975*

LEE, J.: Styles of Loving, Psychology Today, U.K. edition 1, No. 5. *1975*

LEEK, S.: Dreams, *London, 1976*

LESHAN, L. und MARGENAU, H.: Einstein's Space & van Gogh's Sky, *New York, 1982*

LINDEN, E.: Apes, Men, and Language, *New York, 1975*

LORENZ, K.: Über tierisches und menschliches Verhalten Bd. I und II, *München, 1973*

LORENZ, K. und LEYHAUSEN, P.: Antriebe tierischen und menschlichen Verhaltens, *München, 1973*

LORENZ, K.: Die Rückseite des Spiegels, *München, 1973*

LÜSCHER, M.: Signale der Persönlichkeit, *Reinbek bei Hamburg, 1976*

LÜSCHER, M.: Der 4-Farben-Mensch, *München, 1977*
MATHES, E.W. und KHAN, A.: Physical Attractivness, Happiness, Neuroticism, and Self-esteem, Journal of Psychology, 90, *1975*
McGUIGAN, F. J. und SCHOONOVER, R.A.: The Psychophysiology of Thinking: Studies of Covert Processes, *New York, 1973*
MACK, J.E.: A Prince of our Disorder, *London, 1976*
MAILER, N.: Gefangen im Sexus, *München-Zürich, 1972*
MANCERON, C.: The Men of Liberty, *London, 1977*
MANN, TH.: Der Tod in Venedig, *Frankfurt/M., 1977*
MARCUSE, F.L.: Hypnosis, *Harmondsworth, 1963*
MASTERS, W.H. und JOHNSON, V.E.: Die sexuelle Reaktion, *Frankfurt/M., 1967*
MEADOWS, D.L. und MEADOWS, D.H.: Das globale Gleichgewicht, *Reinbek bei Hamburg, 1976*
MEYER-ABICH, K.M. und BIRNBACHER, D. (Hg.): Was braucht der Mensch, um glücklich zu sein?, *München, 1979*
MITSCHERLICH, A. und M.: Eine deutsche Art zu lieben, *München, 1970*
MORRIS, D.: Der nackte Affe, *München, 1968*
MORRIS, D.: Der Menschen Zoo, *München-Zürich, 1969*
MURSTEIN, B. J.: Self-ideal-self Discrepancy and the Choice of Marital Partner, Journal of Consulting and Clinical Psychology, 37, *1977*
NEYSTERS, P.: Erfahrung mit Liebe und Partnerschaft, *Würzburg, 1977*
NORDHOFF, J.: Erste Liebe, *Reinbek bei Hamburg, 1980*
PFEIFFER, J.E.: Aufbruch in die Gegenwart, *Düsseldorf-Wien, 1981*
PIETROPINTO, A. und SIMENAUER, J.: Abschied vom Mythos Mann, *Frankfurt/M., 1978*
POPPER, K.R. und ECCLES, J.C.: Das Ich und sein Gehirn, *München, 1982*
POULET, R.: Wider die Liebe, *Frankfurt/M., Berlin, Wien, 1981*
POURTALÈS, G. DE: Franz Liszt, *München-Zürich, 1982*
PRINZ ZU LÖWENSTEIN, H.: Deutsche Geschichte, *Frankfurt/M., 1950*
RAPAPORT, D.: Emotions and Memory, *New York, 1961*
REIK, TH.: Der unbekannte Mörder, *Hamburg, 1978*
REIMANN, V.: The Man who Created Hitler, *London, 1976*
RICHTER, H.E.: Der Gotteskomplex, *Reinbek bei Hamburg, 1979*
ROSE, ST.: The Conscious Brain, *Harmondsworth, 1976*
ROTH, U.: Persönlichkeitspsychologie, *Stuttgart, 1969*
RUSSELL, B.: Warum ich kein Christ bin, *München, 1963*
RÝZL, M.: Parapsychologie, *München-Genf, 1970*

SAGAN, C.: Broca's Brain, *London, 1979*
SIEBENSCHÖN, L.: Die Unfähigkeit zu lieben, *München, 1976*
SIGALL, H. und LANDY, D.: Radiating Beauty: Effects of Having a Physically Attractive Partner on Person Perception, Journal of Personality and Social Psychology, 28, *1973*
SINGER, J.: The Inner World of Daydreaming, *New York, 1967*
SINBERG, R. M., ROBERTS, A. F. und MCCLAIN, D.: Mate Selection Factors in Computer Matched Marriages, Journal of Marriage and Family, 34, *1972*
SMITH, A.: Powers of Mind, *New York, 1975*
SPERBER, M.: Alfred Adler oder Das Elend der Psychologie, *Frankfurt/M., Berlin, Wien, 1983*
SCHELER, M.: Wesen und Formen der Sympathie, *Bern, 1974*
SCHMIDBAUER, W.: Evolutionstheorie und Verhaltensforschung, *Hamburg, 1974*
SCHOECK, H.: Der Neid, *München, 1980*
SCHUMANN, K.: Das kleine Liszt-Buch, *Salzburg, 1974*
STENDHAL: Über die Liebe, *München, 1921*
STEWART, D.: Lawrence von Arabien, *Düsseldorf*
TARG, R. und PUTHOFF, H.: Jeder hat den 6. Sinn, *Köln, 1977*
TAYLOR, G. R.: Die Geburt des Geistes, *Frankfurt/M., 1982*
TAYLOR, J.: The Shape of Minds to Come, *Frogmore, 1974*
TOFFLER, A.: Die Zukunftschance, *München, 1981*
TROBISCH, W.: Liebe dich selbst, *Wuppertal, 1982*
ULLMAN, M., KRIPPNER, ST. und VAUGHAN, A.: Dream Telepathy, *London, 1973*
VASILIEV, L. L.: Experiments in Distant Influence, *London, 1976*
VESTER, F.: Denken, Lernen, Vergessen, *Stuttgart, 1975*
WALSTER, E.: The Effects of Self-esteem on Romantic Liking, Journal of Experimental Social Psychology, 4, *1966*
WEIL, A.: The Natural Mind, *Boston, 1972*
WEIZSÄCKER, C. F. VON: Der Garten des Menschlichen, *München-Wien, 1977*
WIGGINS, J. S., WIGGINS, N. und CONGER, J. C.: Correlates of Heterosexuell Somatic Preference, Journal of Personality and Social Psychology, 10, *1968*
WIGGINS, N. und WIGGINS, J. S.: A Typological Analysis of Male Preferences for Female Body Types, Multivariate Behavioural Research, 4, *1969*
WILHELM II.: Ereignisse und Gestalten 1878–1918, *Leipzig, 1922*
WILSON, G. und NIAS, D.: Love's Mysteries, *London, 1977*
YOUNG, J. Z.: An Introduction to the Study of Man, *London, Oxford, New York,* 1974

Stichwortregister

Abartigkeiten, sexuelle 226
Abendland 141
Aberglauben 101
Abgestumpftheit 286
Abneigung 118, 192
Abnormität, genetische 67
Aborigines 86
Abstraktionsdenken 108
Abweichung, genetische 39
Adrenalin 70
Affen 40, 76, 78, 80, 83, 190
Affenvorfahren 45, 190
Agape 228
Aggressionen 47, 57, 58, 60 f., 62, 65 ff., 70 ff., 116, 191, 282
Agitatoren, politische 88
Agoult, Marie Gräfin de 229, 231 f.
Ahnungen 278
Aktivierungstheorie 93
Alexander VI., Papst 142
Alkoholismus 172
Alkoholmißbrauch 165
Alpha-Tier 80
Alter ego 181
Altweibermühle 195
Ambitionen, politische 78
Amine 66
Amphetamine 90
Amphibien 44
Amygdala 62
Analogvorstellungen 127
Andropow, Juri 198
Angriffsverhalten 66
Angst 47, 53, 66, 144, 145
Animismus 105, 109, 133
Anpassungsfähigkeit 41
Antipathie 180, 191, 192, 286, 292
Anziehungskraft 189
Aphrodite 213 f.
archaische Vorstellungen 50
Aristoteles 154
Armut 291
Arroganz 123
Arterhaltung 37, 218
Aschenbach, Gustav von 217 f.
Assoziationsfelder 50
Astrologie 101
Astronauten 121
ASW (außersinnliche Wahrnehmungen) 265, 271
Atheismus 137, 154
Athletiker 197
Attentäter 279
Aufklärung 152
Aufstiegskampf 83
Augen-Hand-Koordination 46
Augensprache 188
Aura 32, 237
Ausdrucksmöglichkeiten 38, 186
Ausländer-raus-Einstellung 73
Auslese, natürliche 41
Aussehen 174, 196, 203
Ausstrahlung 33, 35
Ausstrahlung, elektromagnetische 238
Autofahren 48
Autorität 74
Autoritätsprinzip 163
Azteken 129

Bach, Anna Magdalena 167-169
Bach, Johann Sebastian 167-169
Bandenzugehörigkeit 172
Barbiturate 90
Bard, Peter 93 f.
Bauchspeicheldrüse 68
Bebel, August 152
Bedrohung 66
Beerdigung 253
Befehle, elektronische 63
Befruchtungsperiode 81
Begehrlichkeit 180
Begrüßungszeremoniell 85
Beine 207-210
Berija, Lawrenti 274 f.
Beschwörungsformeln 101
Besitz 58, 83
Betrug 200
Bevölkerungsexplosion 282
Bewußtsein 50, 89
Bewußtseinsdimensionen, paranormale 247
Bewußtseinsebene 91
Bewußtseinsfundament 89
Bildungsniveau 288
Blutdruck 256
Blutzucker 69
Bohr, Niels 260
Brahma 134, 138
Brahmanismus, 133, 134, 136, 138, 140

Brauchtum, rituelles 45
Brüderlichkeit 153
Brutalität 88
Buddhismus 129, 136, 140, 145
Buschmänner 86
Busen 207, 208

Cannon, Walter 93
Centers, Richard 174
Charme 193
Chauvinist 195
Christentum 128, 131, 132, 135, 138 ff., 145, 159
Chromosomenmuster 66
Churchill, Winston 33
Cliquenidentität 164
Code, elektromagnetischer 37
Coffein 90
Computerauswahlverfahren 177
Computertechnik 37

Dämon 101, 104
Darwin, Charles 37
Daseinskampf 37, 45
Daten, sensorische 236
Datenverarbeitung 158
Daumenlutschen 221
Delgado, José M.R. 63 f.
Demagogie 184
Demokrit 249
Denken, analytisches 51
–, animalisches 115
–, magisches 100 f., 106
–, rationales 111 ff.
–, sensuales 115
Denunziation 142, 156
Depressionen 90, 202
Descartes, René 261
Diebstahl 200
Diesseits 105
Disraeli, Benjamin 170
Don Juan-Werther-Vergleich 215
Dominanz 178 f.
Dominanzverhalten 85
Drachen 241
Drogen 90
Drogengenuß 66
Drogenmißbrauch 165
Drogensucht 172
Drohgebärden 78
Drüsen 68
Dschihad 146
Duell 84
Du-Erkennung 29

299

Duftreize 196
Durstgefühle 49
Dynamik 58

Eduard VIII., König v.
  England 169
EEG-Anlage 254
Egoismus 159, 215
Ego-Stadium 187
Egozentrik 35
Ehe, morganatische 17
Ehrbarkeit 102
Ehrgeiz 71
Eibl-Eibesfeldt, Irenäus
  185
Eifersucht 144, 285
Eigenliebe 26, 222
Eigentum 123
Einfühlungsvermögen 174
Einstein, Albert 117 f., 273
Einzeller 44, 69 f.
Einzelwesen 116
Ekstase 114
Ekstasetechniken 252
Elektroenzephalographie
  (EEG) 89, 254 f., 259
Elektrofotografie 237
Elektro-Okulogramm 255
Elisabeth I., Königin v.
  England 71
Elite 123
Eltern-Kind-Beziehung
  286
Emanzipation 71
Emotionen 88
Empfindungsvermögen
  109
Empfindungswerte 91
Empiristen 234
Endorphine 68
Energiefeld 237
Engels, Friedrich 152, 154 f.
Enthüllungsartikel 78
Enthumanisierung 283
Entwicklung, waffentechnische 54
Entwicklungsdynamik 163
Entwicklungsländer 162 f.,
  291
Epileptiker 52
Erbanlagen 61, 240
Erbmasse 160
Erbprogramm 39, 96
Erbsünde 103
Erfahrungswerte 164
Erfolg 174
Erfolgschancen 201
Erfolgspotential 174
Ergebenheit 190
Erinnerungsvermögen 239
Erlöser 113

Eroberungsdrang 79
Eros 213 f., 227 ff.
Erotik 75, 215, 218, 286
Erregungsniveau 89
Erregungszustand 82
Erziehung 58
Ethik 131
Euphorie 121
Evangelien 138
Evolution 69
Evolutionsgeschichte 35
Evolutionsphasen 27, 48
Evolutionstheorie, Darwinsche 37
Exhibitionismus 35, 226
Expansion 123

Fähigkeiten, paranormale
  265, 270
Familienoberhaupt 81
Fanatismus 88, 142
Faraday, Ann 245 ff., 259
Farbsymbol 235
Fehlurteile 159, 195, 201
Fehlverhalten 204
Feigheit 64
Fetischismus 226
Fetischkult 128
Fetusstadium 42
Feudalherrschaft 81
Flirtsignal 189
Flynn, Errol 193–195
Folter 142
Fortpflanzung 184, 228
Fortschrittsgläubigkeit
  152
Franz Ferdinand, Erzherzog 16 ff., 278 f.
Franz Joseph I., Kaiser
  12 f.
Frauen, maskuline 186
Frauentyp 208
Freiheit 27, 153
Freizeitgestaltung 172
Freßzentrum 62
Freude 49, 53, 286
Freud, Sigmund 91,
  220 ff., 223, 239 ff.
Freudsche Fehlleistung
  240
Freundschaft 169 ff., 188
Fromm, Erich 161, 182
Frühmensch 100
Führungsspitze 58
Furcht, panische 64

Gandhi (Mahatma) 273
Gandhi, Indira 75
Gang, aufrechter 122
Gastrin 67
Gebärde 183

Geburtenkontrolle 284
Gedächtnisfelder 88
Gefügigkeit 64
Gefühl 70, 89, 264, 286
Gefühlsvampire 119
Gefühlswelt 50, 78, 99
Gegenpole 186
Geheimdienste 273
Gehirn 40 ff., 49 ff., 86 ff.
Gehirnhälften 51 f.
Gehirn-Karte 66
Gehirnmanipulation, elektrische 62, 63
Gehirnstromwellen 255
Gehirntätigkeit 256
Gehirntumor 65
Gehirnvolumen 40
Gehör 89
Geister 105 f.
Gelada-Pavian 86
Geltungstrieb 76
Gemeinschaft 27 f.
Genitalien 221
Genprogramm 39
Gerichtsverhandlungen
  200
Geruch 89
Gesäß 208
Geschlechtsakt 40, 82, 219
Geschlechtsorgane 221
Geschlechtstrieb 25, 40,
  109, 218 ff.
Geschmack 89
Gesellschaft 27
Gesellschaftsformen 60
Gesellschaftsstruktur 78,
  276
Gesetz der Wahrscheinlichkeit 127
Gesetzesbrecher 200
Gesetzgebung 123
Gesichtsausdruck 89, 188,
  194
Gestapo 156, 273
Gestikulation 184
Gesundheit 205
Gewalttätigkeit 59, 65, 133
Gilgamesch-Epos 195
Glaube, mosaischer 128
Glaubensbekenntnisse 126
Glaubensemotion 160
Glaubenswelt 292
Gleichheit 153
Glücksgefühl 170
Goebbels, Joseph 185
Goethe, Johann Wolfgang
  von 176
Goetz, Curt 170–171
Gorilla 39, 46
Grausamkeit 117
Gregor I., Papst 141

Greisenalter 94
Großhirn 42 f., 50, 53, 54, 109
Großhirnrinde 48, 50, 88 f.
Großwildjäger 86
Grundschule 288
Gruppen-Ich 28
Gruppenindividualität 28
Gruppenkollektiv 174
Gruppenorganisation 28

Haarschnitt 197
Habgier 144
Habitus 199
Habsburg, Rudolf von 13 f., 169
Händchenhalten 190
Häresie 148
Häßlichkeit 205, 215
Hall, Calvin 241 ff.
Halluzinationen 90
Handschrift 171
Harmonie 188
Hardy, Alister 276
Haß 53, 64, 142, 144
Hass, Hans 185
Hautfarbe 159
Hauttyp 207
Hungergefühle 49
Heiligenschein 237
Heiliger Krieg 146
Heine, Heinrich 231
Heisenbergsche Unschärferelation 210
Helios 101
Hellenismus 140
Hellsehen 271
Hemisphäre, linke 51
Hemisphäre, rechte 51
Hemmschwelle 88
Hemmungen 178
Herdenboß 80
Herdenleben 41
Herdentier 154
Herrschaftsordnung 124
Herz 92
Herzschlag 48, 256
Hesiod 213
heterosexuell 226
Heuchelei 85
Hexen 142–145
high dream 246
Hinduismus 134
Hingabe 169
Hierarchie 83, 142
Hinterkopf 48
Hirnanhangdrüse 49
Hirnregionen 62
Hirnrinde 46 f., 93
Hirnstamm 48
Hirnstromwellenbild 95

Hirnverletzung 67
Hiroschima 118
Hitler, Adolf 113, 185
Hochspannungsfeld 237
Höherentwicklung 37
Höhlenfeuer 96
Homo erectus 86
Homo sapiens 29, 46, 99
Homosexualität 226, 244
Hormone 49 f., 60, 67 ff.
Hypnose 91, 239
Hypnose, indirekte 273
Hypophyse 49, 68
Hypothalamus 49, 62

Ich-Begriff 26 f.
Ichbeziehung 112
Ich-Du-Trennung 26
Idealbild 180
Idealismus 88
Ideologen 113
Image 197
Imagination 288
Imperium, Römisches 131
Imponiergehabe 78
Impuls, elektrischer 64
Indianerhochkulturen 129
Indoktrination 286
Industriestaaten 283, 290
Inquisition 88, 142–144
Instinkt 47, 99
Instinkt, territorialer 54
Instinktprogrammierung 99
Institute of Dream Research 241
Institut für extraterrestrische Kommunikation 37
Insulin 68 f.
Intelligenz 174
Interessengruppen 162
Intimitäten 190
Intoleranz 131, 148
Intrigenwirtschaft 78
Islam 128, 136, 145
Israel 136, 152

Jagd 73, 75, 79, 86, 122
Jagdinstinkt 79
Jagdzaubermalereien 102
James-Lange-Theorie 93 f.
James, William 92
Jenseits 105, 109
Jerusalem 135, 136, 139
Johann, Erzherzog 12
Jung, Carl Gustav 240
Juden im Dritten Reich 73
Judenhaß 211
Judentum 134, 135, 136, 139
Jugendkult 194

Kaaba 146
Kastration 59
Kastrationskomplex 220
Katholizismus 138
Kausalitätsprinzip 127
Kekulé-von Stradonitz, August 261
Kennedy, John F. 211
Kernphysik 127
Ketzerei 142 ff., 148
Khomeini Ayatollah 147
Kind-Affe 39
Kind-Ego-Stadium 190
Kinderaugen 206
Kindercharakteristiken 190
Kinder, bildschirmsüchtige 286
Kindesliebe 222
Kinsey, Alfred C. 224 f.
Kirchengewalt 141
Kirlian-Kamera 237
Klassenhaß 286
Kleidung 186, 190
Kleinhirn 42, 48, 53
Klischeevorstellungen 190
Kluft, biologische 38
Koalitionsbildungen 78
Körperbewegung 188
Körperformen, weibliche 209
Körpergeruch 226
Körpergröße 175, 176, 178
Körpermerkmale 208
Kohl, Helmut 197, 211
Kohlendioxyd 284
Koma 89
Kommunismus 154, 155 f.
Kompetenz 80
Komponente, erotische 201
Kompromiß 292
Konfliktstoff 263
Konformität 73
Konkurrenzkampf 73
Konservative 199 f.
Kontrollinstanz 240
Konzentrationsschwäche 286
Kopfhaltung 41
Kopfhaut 89
Kopfjägerei 133
Koran 129, 146, 155
Korona 237
Korruption 163
Kortex 47, 48
Kraftmeierei 78
Kreativität 288
Kretschmer, Ernst 196, 197
Krieg 75, 115, 124
Kriminalität 58

Kulturaffe 79
Kulturvölker 218
Küssen 190
Kunstverständnis 174
Kurzschlußhandlung 61

Lachen 90
Lachfältchen 188
Lächeln 185
Langerhanssche Inseln 68
Lamaismus, tibetanischer 137
Lange, Carl 93 f.
Lautsprache 183
Lautstärke 184
Lawrence, T.E. (Lawrence von Arabien) 29–35, 182
Lebensangst 106
Lebensmut 106
Lebensraum 37, 282, 291
Lebensstil 208
Lebensstandard 153, 290
Leidenschaft 180, 215
Leitschimpanse 85
Lenin, Wladimir 152
Leo I., Papst 141
Leptosome 197
Lerngeschädigte 204
Lernpotential 204
Lernprozeß 38, 74
Leviten 135
Libido 221, 222
Liebe 53, 169, 171
Liebesleben 84
Liebespaare 188
Liebespartner 180
Limbisches System 61, 65, 90
Links-Rechts-Verschiebung 51
Liszt, Franz 229, 231 f.
Logik 149
Lorenz, Konrad 58
LSD 90
Ludus 227 f.
Lüge 184
Lust 49, 64, 215
Lustgefühl 221

Machtausübung 60, 124
Machtgefühl 124
Machthaber 117
Machtmonopol 75
Machtstreben 159
Männer, extrovertierte 207
Männer, feminine 186
Männlichkeit 73, 196
Märtyrer 114
Magen 92

Make-up 190
Manager-Persönlichkeiten 267
Mania 228
Manipulierbarkeit 64
Mann, Thomas 217
Mannschaftsgeist 173
Martens, Valérie von 170–171, 181
Marx, Karl 152, 154 f.
Masochismus 226
Massenhysterie 87
Massenmedien 286
Massenmörder 201
Massenpsychologie 231
Materialismus, dialektischer 151
Mayerling, Schloß 14
Medizinmann 251
Mehrzeller 70
Meir, Golda 75
Mekka 136, 145
Melancholie 218
Menschenaffen 38, 44, 190
Menschwerdung 26, 39, 103, 183
Mensur 196
Messias 134 f., 139, 152
Mienenspiel 184
Milieu, soziales 240
Minderwertigkeitskomplex 180, 202
Mischtypen 197
Mißgunst 285
Mittelhirn 90
Mitterrand, François 199
Mohammed 136, 145, 146, 155
Monatszyklus 60
Mond 100, 121
Mondfinsternis 130
Monotheismus 134, 140
Montenuovo, Alfred, Fürst 17 ff., 21 f.
Moral, öffentliche 102
Moralkodex 106, 112
Mord 58
Moskau-Sibirien-Telepathietest 275
Mund-zu-Mund-Fütterung 190
Muskelbewegungen 48
Muskelmänner 210
Muskulatur 48, 257
Mussolini, Benito 185
Mutation 39
Mutterbrust 221
Mythen 100 f.

Nächstenliebe 26
Nahrungsaufnahme 184
Nahrungstrieb 25
Nativisten 234
Naturkräfte 133
Naturwissenschaften 126, 129, 130, 291 f.
Neid 76, 144
Neotonie 39 ff.
Nero 113, 141
Nervensignale 50, 88
Nervenzellen 46
Netzhaut 236
Neugierde 79
Neurologe 42
Neurophysiologie 91
Neurosen 220
Neuro-Transmitter 70
Nirwana 137
No-Future 165
Nomadenvölker 128
Nuklearwaffen 96
Null-Bock 165

Objekt-Subjekt-Beziehung 26
Ödipuskomplex 244
Orgasmus 226
Orientierungsvermögen 245
Orwell, George 287
Osmanisches Reich 34
Osmose 70

Paarung 83
Palastrevolution 81
Panik 93
Papsttum 141
Parapsychologie 248
Parteiideologen 155
Partnereigenschaften 174
Partnerleitbild 206
Pascha 80, 82, 86
Pavian 40, 80, 85
Pazifismus 117 f.
Penis 82, 209
Penisneid 220
Pentateuch 128, 129
Persönlichkeit 27, 53
Persönlichkeitsmerkmale 177
Perversitäten 223
Phänomene, paranormale 249
Phantasie 107, 286
Phantomleben 252
Physiognomie 196
Politiker 78
Politschamanen 283
Popper, Karl R. 28 f.
Popularität 80

Präkognition 271, 277
Prestigewettstreit 84
Primaten 82, 85, 191, 225
Profit 161
Proteinketten 39
Protestantismus 138, 145
PSI-Signale 276
Psyche 57
Psychologie 91
Psychopharmakologie 91
Psychotherapie 262
Pubertät 195, 225, 290
Publikumsliebling 194
Puritanismus 138
Pykniker 197

Rabbiner 135
Ramapithecus 86, 96 f.
Rangordnung 80
Rangstreben 76
Rassenhaß 286
Rassenmerkmale 211
Rassenunterschiede 151
Rassenzugehörigkeit 159
Ratio 54, 99, 109 ff., 162, 281 f.
Raubtiervergangenheit 80
Rausch 114
Reagan, Ronald 198
Recht 153
Reflexionen 106
Reflexionseffekt 203
Reformation 145
Reifetest 95
Reizdenken 112
Religion 106, 129, 131 ff., 144, 148, 152
Religionsgründer 114, 130
REM-Phase 256 ff., 268
REM-Träume 257
Reptilienhirn 47, 282, 292
Reptilienverhalten 62
Revierverhalten 47, 54
Rezeptoren 68
Riechhirn 43
Rilke, Rainer Maria 213
Ringstruktur des Benzols 261
Rivalität 80
Rivalitätsgefühle 31
Rivalitätsverhalten 83
Rollenspiel 186
Rollenverteilung 173
Roosevelt, F. D. 118, 201
Rückkopplungseffekte 50, 264
Russell, Bertrand 145

Säugetierhirn 47, 65
Sarajevo 19, 279
Sauerstoffverbrauch 256

Schädelraum 47
Schamane 251
Schamanismus 252 f.
Schamhaftigkeit 219
Schauspieler 193
Scheinhunger 63
Scheinprozesse 200
Scheinwirklichkeit 87 f.
Scheinwut 62
Scheiterhaufen 143
Scheu 202
Schießpulver 157
Schiiten 147, 148
Schilddrüse 49
Schimpanse 39, 78, 82, 84 f., 186, 191
Schiwa 134, 138
Schlaflabor 270
Schlafstadium, paradoxes 256
Schlafzyklus 264
Schlüsselreize 185
Schmerz 49
Schmidt, Helmut 198, 211
Schminke 201
Schönheit 174, 194, 206, 215, 291
Schönheitsoperation 201
Schöpfungsbeginn, transzendentaler 126
Schüchternheit 190
Schutzinstinkte 205
Schwärmer 113
Schweißdrüsen 44
Schweitzer, Albert 169
Seele 105, 136
Seelenwanderung 136
Sehvermögen, stereoskopisches 44
Sektierertum 172
Selbstaufopferung 169, 290
Selbstbetrachtung 26
Selbstbetrug 159
Selbsteinschätzung 177, 202
Selbsterhaltungstrieb 105, 109
Selbsthypnose 106
Selbstmord 202
Selbstrechtfertigung 124
Selbsttäuschung 175, 181
Selbstversuch 115
Selbstvertrauen 178, 181, 202
Selbstwertgefühl 181
Sensualdenken 111 f., 151, 159, 175, 201, 211, 289, 292
Sensus 54, 99, 109 f., 281 f.

Sexualhormone 59
Sexualität 35, 64, 218, 228
Sexualleben, kindliches 220
Sexualpartner 81
Sexualtheorie 221
sexuelle Bereitschaft 73
Shintoismus 129
Signale, sexuelle 191
Signalunterdrückung 82
Silhouettenversuch 209
Sinberg-Studie 178
Sinneseindrücke 49
Sinnesorgane 48
Sitte 102
Sittengeschichte 219
Sonderling 281
Sonderschulen 204
Sozialhierarchie 47, 187, 290
Sozialismus 152, 199
Speisegesetze 139
Spektralanalyse 259
Sperry, Prof. Roger 51 ff.
Spießer 164
Spontanreaktion 92
Sportlichkeit 174
Sprachbarrieren 151, 164
Sprache 51, 122, 127
Sprache, interstellare 37
Sprachverlust 52
Sprachvermögen 45
Sprechrhythmus 184
Sprenger, Jakob 143
Staaten, totalitäre 154
Staatswesen 126
Stadtstaaten 123
Stalin, Josef 113, 201
Stammhirn 42
Statussymbole 83
Steinzeit 184
Sterblichkeitsrate 284
Stimme 170
Stimmhöhe 184
Stimulation, elektrische 64
Stoffwechselfunktion 48
Strahlenkranz 237
Strauß, Franz Joseph 198
Streitigkeiten 227
Stromstöße 74
Struktur, genetische 39
Studenten 174
Subjekt-Objekt-Trennung 111
Sublimation, spirituelle 289
Sublimierung 30, 223
Suggestion 91
Sunniten 147, 148
Symbiose 285, 288

303

Symbolgeräusche 106
Sympathie 26, 85, 191, 192, 286, 292
Systeme, subkortikale 47

Tabus 220
Täuschung 90
Talmud 135
Tao 287
Taoismus 129
Telepathie 270 f., 271, 274, 276
Territorium 54
Terroristen 71, 88
Testosteron 59 f., 70 ff.
Thalamus 48, 63, 93
Thatcher, Margaret 198, 211
Theismus 133
Tiefschlafphase 89
Tiervergangenheit 53, 67, 76, 79, 107, 119, 218, 292
Titelhändler 84
Tod 103, 133, 136
Todesangst 92
Traditionen 288
Tranquilizer 90
Transvestismus 226
Transzendenz 108, 125, 126
Trauer 286
Traum 239
Traumberichte 268
Träume, prophetische 249
Traumforschung 241, 244, 253
Traumleben 52, 248
Traum-Schlüsselerlebnis 267
Traumtelepathie 248
Treue 169
Triebe 47
Triebwelt 25
Trotzki, Leo 152
Tumor 65 f.

Überbevölkerung 27
Überindividualisierung 28, 158
Überlebenschancen 72
Überlieferung 184
Übermittlung, telepathische 248, 268
Überträgerstoff 70
Überwachungsapparat 156
Umweltbewußtsein 285
Umwelteinflüsse 58
Umwerben 84
Unaufrichtigkeit 205
Unendlichkeit, immaterielle 105

Ungerechtigkeit, soziale 163
Unmenschlichkeit 88
UNO 162
Unrecht 117
Unschuld 190
Unterbewußtsein 91, 238
Unsterblichkeit 196
Unterbewußtsein, kollektives 241
Untersuchungen, parapsychologische 267
Unterwürfigkeit 178 f.
Urteilsvermögen 50
Urmensch 54
Uterus 72

Vaterfigur 201
Verantwortungsgefühl 116
Verbote 288
Verdauungshormone 67
Vererbung 94
Vergänglichkeit 103
Vergleichsstudien 202
Verhaltensanpassungen 86
Verhaltensmuster 51, 285
Verhaltensregeln 107
Verhaltensskala 187 f.
Verhaltensstörungen 204
Verjüngungsbemühungen 195
Verkindlichung 41
Verleumdung 184
Vernichtung 182
Vernunft 54, 99, 177
Verrat 184
Versklavung 124
Versuchsraum 239
Vetsera, Mary 13 ff., 169
Vinci, Leonardo da 281 f.
Vitalität 106, 205
Völkermord 132, 292
Völkerzugehörigkeit 110
Volkspsychose 144
Vorahnung 277 f.
Vorgesetzter-Untergebener-Beziehung 286
Vorlieben 211
Vorrangstellung 81
Vorschulalter 204
Vorstellungsbilder 269
Vorstellungskraft 51
Vorurteile 159, 204, 205, 211, 286

Waal, Frans de 78, 82 f.
Wachzustand 249, 264
Waffenherstellung 79
Wahnsinn 182

Wahrnehmung, außersinnliche 277
Weinen 90
Weizsäcker, Carl Friedrich von 215
Weltbevölkerung 284
Weltkrieg, I. 23, 30
Weltordnung 131
Weltpolitik, kernwaffenbetonte 158
Wertempfinden 264
Wertmaßstäbe 107, 116
Wertschätzung 180
Wertsysteme 131
Wettbewerbsgeist 79
Wiedergeburt 136
Willensregung 183
Wirbelsäule 43
Wirbeltiere 44, 51
Wirklichkeit, objektive 148
Wirklichkeit, subjektive 149
Wirklichkeitsnähe 291
Wirtschaftskulturen 86
Wissensprogression 163
Wunderkraut 195
Wut 47, 53, 64, 66

Yale-Universität 59, 63, 73
Y-Chromosom 61, 66
Young, Hubert W. 33

Zärtlichkeit 285
Zärtlichkeitsvermögen 174
Zauberpriester 251
Zellenwachstum 70
Zellkolonnen 88
Zen-Buddhismus 137
Zentralnervensystem 43, 47
Zeugung 219
Zivilisation, außerirdische 37 f.
Zonen, erogene 221
Zuchtverfahren 72
Zuchtwahl 85, 205
Zuneigung 53, 118, 180, 192
Zusammengehörigkeitsgefühl 125, 174
Zusammenhänge, astrophysikalische 130
Zustandsveränderung 104
Zweierbeziehung 176
Zwillinge, eineiige 94
Zwischenhirn 23, 42, 49, 54
Zwischenhirn, hitziges 54